SCENARIO PLANNING

シェルに学んだ
シナリオプランニングの奥義

角和昌浩
KAKUWA MASAHIRO

日本経済新聞出版

まえがき

本書はシナリオプランニングの手法を解説したテキストです。

シナリオとは、この手法を世に広めた一人であるコンサルタント、ピーター・シュワルツの言葉を借りれば、「明日、世界がどのようになる可能性があるかについての物語」のことです。そしてシナリオプランニングとは、「今日行う選択が、将来どのような結果となり得るかを理解したうえで、今日、選択すること」です。


シュワルツの意味するところを、順を追って解説してみましょう。

シナリオプランニングは本来、戦略企画（Strategic Planning）の中に組み込まれるべきものです。すでに世界の多くの企業や政府機関にも広まっており、日本でも様々な組織やコンサルタントがこの手法を採用しています。

その中にあってシナリオプランニングの源流と目されているのが、英国に本拠を置くシェル（旧ロイヤル・ダッチ・シェルグループ）です。シェル社内には1970年代初頭から50年以上にわたってシナリオチームが常在し、現在も活動を継続しています。

筆者は1991年から95年にかけてロンドンのシェル本社のシナリオチームに在籍し、徒弟奉公のような形で、その理論と根底にある精神を叩き込まれました。本書では筆者が学び実践してきた〝シェル流〟のシナリオプランニングの理論と技法を、具体例を中心に紹介しています。

シナリオプランニングは、「未来の展開を現時点で正確に予測することは本来的に不可能」と教えます。しかし企業経営は、「わからないから考えない」というわけにはいきません。そこで企業戦略を立てる上での便法として、「可能的未来を複数想定し、それぞれ異なる未来世界に組織と事業を置いてみて、現時点で打つべき手を考える」という実践的な手法が開発されたのです。

各シナリオには「現在から将来に向かってどんな重要なことがらが起こる可能性があるのか」「それはどんな原因で、誰によって引き起こされ、どんな波及効果をもたらすのか」「その結果、未来世界が現在とどんな点で異なってくるのか」が、堅固なフレームワークをもって書き込まれます。

現在使っている長期戦略は、シナリオが想定するビジネス環境の変化に対してもなお有効であるか。それとも大きなリスクを含んでいるのか。リスクにはどのようなものが考えられ、どうしたらそれを軽減できるか。

ここで、必ず複数の未来環境を想定します。かつ「どの未来が最も出現しそうか」という方向では考えず、「どの未来も同じ確率で現れる」と想定します。これが、シェルのシナリオチームが、50年にわたって長期未来のビジネス環境分析を手掛けてきた末の実践知であり、譲れない一線です。

シナリオプランニングの仕事はワークショップを中心に展開されます。具体的な手法・技法には、筆者がシナリオプランナーとしての長いキャリアの中で出会った数多のプロジェクトとクライアントから学んだ実践的な内容が含まれます。そして、それらのクライアントの過半が企業を中心とする日本の組織であったことから、本書でご紹介する手法・技法は、日本企業に適した形に〝日本化〟されています。

筆者はシナリオプランニングでは、この作業から導かれる企業戦略以上に、その過程を通じて経営者をはじめとする参加者の「見立ての力」を開発していくことが重要であると考えています。この見立ての力を使ってVUCAと呼ばれる不透明な時代を乗り越えていく。そこに長い時間を費やしてシナリオプランニングを行う意味があります。

シナリオプランナー側には、クライアントの皆さんの思わぬ発見や議論の発展深化に、最後まで伴走してゆく覚悟が求められます。他方でクライアント側も、錯綜した議論をたどることに飽きて、「適当にまとめてくれ」と投げ出すようではいけません。定まらない議論を通じて、自らの知性と直観力で未来の壁を開いていくという、脳を疲弊させる作業こそ、ビジネスパーソンにとってのかけがえのない体験です。

昨今とりわけ若い人たちには、手法やノウハウ、スキルへの欲求が尽きることがありません。汎用性・一般性を求めてマニュアル本やガイドラインを求めます。ですが、シナリオプランニングの手法では、まずもって各企業（クライアント）の個別具体的な現状をつぶさに観察し、それを詳細に記述し、理解し、それからクライアントとの密接なやりとりをしながら、最適なしかけ方や作業プロセスをデザインしようとします。オーダーメイドなのです。よって、手法の解説をめざす本書であっても、どうしてもマニュアル化できないところが残ります。ここいらはプロジェクト事例をいくつも書き込んでおきますので、読者それぞれに応用をきかせてください。

世の中は、不確実性とリスクに満ちています。

政変や国際紛争、社会の価値観の急変、現在のコロナ禍やロシアのウクライナ侵攻など、保険商品のようなヘッジ手段の開発が間にあわない、あるいは不可能な大変化が続きます。

予期しない変化は今後も起こるでしょう。しかし企業経営では、そういう状況でも決断を先延ばしできません。保険で防げないリスクを取って人に先んじて儲ける、これがビジネス。そして企業はリスクを取らなければ利益を出せません。未来が見えない、状況がよくわからない中で、限られた経営資源を賭け続けなければビジネスは成立しないのです。

スタートアップと異なり、そこそこの規模を持った企業には多くの従業員や取引先を支える責任があります。その下で、あえてリスクを取って事業を広げていく決断は、簡単ではありません。予想不能な未来に向けて企業が戦略的投資に臨むとき、未来のビジネス環境は決して「他人事」ではなく、真剣な「自分事」となるのです。

筆者は最近、ある程度の規模の日本の企業は、社内の経営戦略検討の力が以前に比べて格段に上がっているな、と感じています。今、情報取得コストは驚くほど下がりました。ここで、有象無象の膨大な情報を〝ひとにらみして〟、何かの構造なり意味あるストーリーを見つけてこられるのは、自分のキャリアに核となる仕事の実体験を持っている、中堅どころ以上のスタッフたちではないか。筆者はもはやビジネス体験の厚みを失ってしまいましたが、この年代の中堅スタッフに力がついてきたな、と感じています。加えて、シナリオプランニングを使うと、社内の若手も臆することなく戦略ディスカッションに参加できます。経験は乏しいけれども想像力旺盛な若いスタッフの発見や意見をも、うまいぐあいに企業内の「見立ての力」の一部として取り込めるのです。必ず複数の未来環境を想定し、かつ、どの未来も同じ確率で現れるようにシナリオ作品を制作すべし、これが黄金ルール。このルールの下では若い層が提案してくる、〝聞き慣れない〟、〝別の〟未来をも、会社にとって考えておくべき未来の可能性のひとつ、として扱えます。つまり、企業の総合力としての「見立ての力」が強化されている。企業組織内の知恵と多様性の厚みが増すのです。

何を生み出すでもなく、「ああでもない、こうでもない」と、組織の方向性について考えるホワイトカラーは、しばしば〝非生産的〟と一括されます。そうした非生産的な部分を担っている民間企業のビジネスパーソンを読者に想定して、本書を書いてみました。筆者は本書を、ビジネスを「自分事」として扱っている方々に手に取って欲しいと願っています。社内政治に苦しみ、それでも会社を引っ張っていこうとし、己の手で成功に導こうとする経営者やスタッフたちに、本書を捧げましょう。

最後に。
人間は、意図をもって未来を、おおきく、変えることができます。過去/現在と未来の間に、不連続の楔（くさび）を打ち込むことができるもの、それが人間の意思なのです。

シェルに学んだシナリオプランニングの奥義　目次

第3章　プロジェクトの進行 手順とポイント　135

第4章　アプローチとフレームワークの選択　199

第5章　簡略化したプロジェクト　245

第9章 なぜいまシナリオプランニングなのか

第1章

シナリオプランニングの特徴

シェルに学んだ
シナリオプランニングの奥義

SCENARIO PLANNING

本章ではシナリオプロジェクトの概要、シナリオプランニングの基本思想、用語やこの手法の特徴など、実際の作業の前提となる基本事項について総論を書いています。すこし分量が多くて、また内容も多岐にわたります。

読み進んでみて、もし退屈になったら他の章を覗きにいってシナリオプランニングの現場感を味わってみてください。

1 シナリオ作品の見本を見る

シナリオプランニング活動の全体像を理解するには、公表されたシナリオ作品を読むのが早道です。

ただし本書は、「シナリオプランニングの真価は、作業を通じて深まっていくクライアントの思考プロセスそのものにある」、これを基本の主張としています。そのため、シナリオを作り上げてゆく最中の生みの苦しみや共感、知的興奮のすべてが捨象されている公表作品を読むだけでは、シナリオプランニングの価値がわからないと考えます。

とはいえ、まずはイメージをつかんでいただくために、作品解説から始めましょう。

1·1 英国政府／SAGEによる4つのコロナ禍未来シナリオ

2022年2月、英国政府はコロナ禍の英国の短中期的未来について、政府の諮問機関であるSAGE（Scientific Advisory Group for Emergencies　非常時科学諮問委員会）に分析を依頼しました。

SAGEは未来の不確実性／不可知性を扱うことができるシナリオプランニングの手法を採用し、作成したシナリオ作品を政府に提示しました。

英国政府は提出されたSAGEのシナリオを公表しています。以下ではSAGEの作成した『新型コロナシナリオ』をシナリオプランニングの実例として取り上げ、論評を加えたいと思います。

SAGEはまず、「コロナ禍の未来は、新型コロナウイルスの変異次第でまったく異なってくる。そして今の我々には、ウイルスがどう変異してゆくのかわからない」という見解を政府に伝えます。ここのSAGEの見解の根拠について、以下、少し補足しておきましょう。

生物細胞の分裂、増殖、DNA複製の際には、エラーが少なからず起こる。多細胞生物における複製エラーやDNA損傷の大部分は、細胞が持つ修復機構により高い確率で取り除かれ、細胞の突然変異はごく低い頻度でしか生じないが、ウイルスの場合は状況が異なる。

コロナ禍の波は毎回、新たな変異ウイルスによってもたらされている。ウイルスは猛烈な速さで遺伝情報のコピーを繰り返し、その過程でコピーミスによる変異を起こしている。新型コロナウイルスの場合、遺伝情報を構成する塩基上でおよそ1カ月に2つの変異が蓄積されており、2022年春時点のウイルスは2年前の新型コロナウイルスとは配列も性質も違っている。この複製エラーは確率論的に起こっており、未来の新型コロナウイルスがどのように変異し、それがどんな性質を持つかは予想できない。このウイルスが宿主の人間との共存を図り、次第に弱毒化してゆくという説もあるが、希望的にすぎる――このあたりの科学が前記のSAGEの見解をささえているのです。

SAGEは、4つのシナリオを作成しました。シナリオの射程は、今後の12カ月から18カ月、です。なお、4つのシナリオはいずれも、コロナ禍は当面収束せず、今後の12カ月から18カ月以内にも新たな変異株が流行するだろう、という共通の予想に立っています。

作成された4つのシナリオは以下のようなものです。

●シナリオ1「想定可能な最良シナリオ　Reasonable best-case」

次の変異ウイルスの脅威がオミクロン株と同等と考えるシナリオ。ワクチンの効果や感染力、重症度に大きな変化はない。

このシナリオでは今後12～18カ月、季節や地域ごとに小規模な流行が起きることが予想される。対策としては、免疫が弱い人に既存のワクチンを毎年接種するだけでよい。

●シナリオ2「楽観的シナリオ（中道想定）　Central optimistic」

デルタ株並みの脅威を持つ新たな変異種が出現して、季節的な流行が発生すると考える。ただし社会の各集団の免疫力は、デルタ株流行時に比べて総じて増している。

このシナリオでは対策として、免疫が弱い人や高齢者には毎年、ウイルスの変異に応じて更新したワクチンを接種することが推奨される。流行が厳しい年には、広く一般国民にワクチンを打ち、マスクなど公衆衛生対策が必要な場合も出てくる。

●シナリオ3「悲観的シナリオ（中道想定） Central pessimistic」

社会の各集団の免疫力の向上そのものが、思いがけない変異種を出現させてしまう、というシナリオ。新たな変異株は過去に形成された免疫をすり抜ける性質を備え、その感染力はオミクロン株より強い。

この場合、既存ワクチンには感染予防効果はないが重症化予防効果はあるので、流行は繰り返すものの、社会生活の広範囲な混乱は避けられる。対策として、人々は更新されたワクチンを毎年接種し、場合により自主的な行動制限を行う。

●シナリオ4「想定可能な最悪シナリオ Reasonable worst-case」

発展途上国ではワクチン接種が進まず、動物を介したウイルスのやり取りも収まらず、結果として多様な変異株が出現しつづける、というシナリオ。ワクチン開発が変異のスピードに追い付いていけず、強い毒性と高い感染力を持つ変異株が出現し、免疫をすり抜け、どの年齢層が重症化して死亡率が上昇するのか見通せなくなる。

このシナリオでは、社会が自主的な行動制限に後ろ向きであること、も織り込まれている。対策として強制力を持った行動制限が必要となる。

1・2　SAGEの作品から読み取れる、シナリオプランニングの思想・理論・手法

以下は筆者の論評です。

英国政府／SAGEが発表した4つのシナリオは、シェルを源流とするシナリオプランニングの正統な思想、理論、手法を踏まえた作品と言えます。

第1に、SAGEは発表の中で、「我々としても今後12〜18カ月に新型コロナの感染がどう推移するのか、確信は持てない」と断っています。

作品中では英国でこのパンデミックが今後どう推移する可能性があるのか、いくつかのシナリオ（scenarios）で描写（illustrate）しているが、4つのシナリオ以外の展開も否定できない（cannot be ruled out）としています。

シナリオプランニングは、未来が正確には予想できないことを率直に認める、そこから始まります。SAGEのスタンスはその基本思想に忠実です。

第2に、変異株の出現と、社会の側のワクチン接種政策や行動との間に、因果関係を見

ています。ひとつは、ワクチンによる免疫力の向上そのものが、免疫をすり抜ける性質を備えた変異株の出現をもたらす可能性。もうひとつは、途上国でのワクチン接種の不十分さが、多様な変異株を発生させる可能性です。このようにシナリオの制作では、システム思考（ある要素が他の要素との間で互いに影響を与え合うという考え方。後述）が使われます。

第3に、各シナリオを物語（narrative）として描き、コロナ禍のもとでの英国社会の未来像の諸相を全体的、包括的に捉えようとしています。

第4に、4つのシナリオはいずれも因果関係をたどって語られますが、その因果のロジックは、シナリオごとに敢えて違えてあり、かつ、そこに出現確率を割り当てていません。「4つの未来は同等の確率、同等の確からしさをもって取り扱うべき」という立場が貫かれます。仮にSAGEが「楽観シナリオ（中道想定）の出現確率は60％」と定義すれば、英国政府も国民も、このシナリオをもって「英国社会の将来」と受け取ってしまうでしょう。それではわざわざ4つのシナリオを用意した意味がありません。

「未来は不確実である」というシナリオプランニングの基本スタンスからは、かくあらね

図表1-1　英国政府/SAGAのコロナ禍シナリオ（2022年発表）

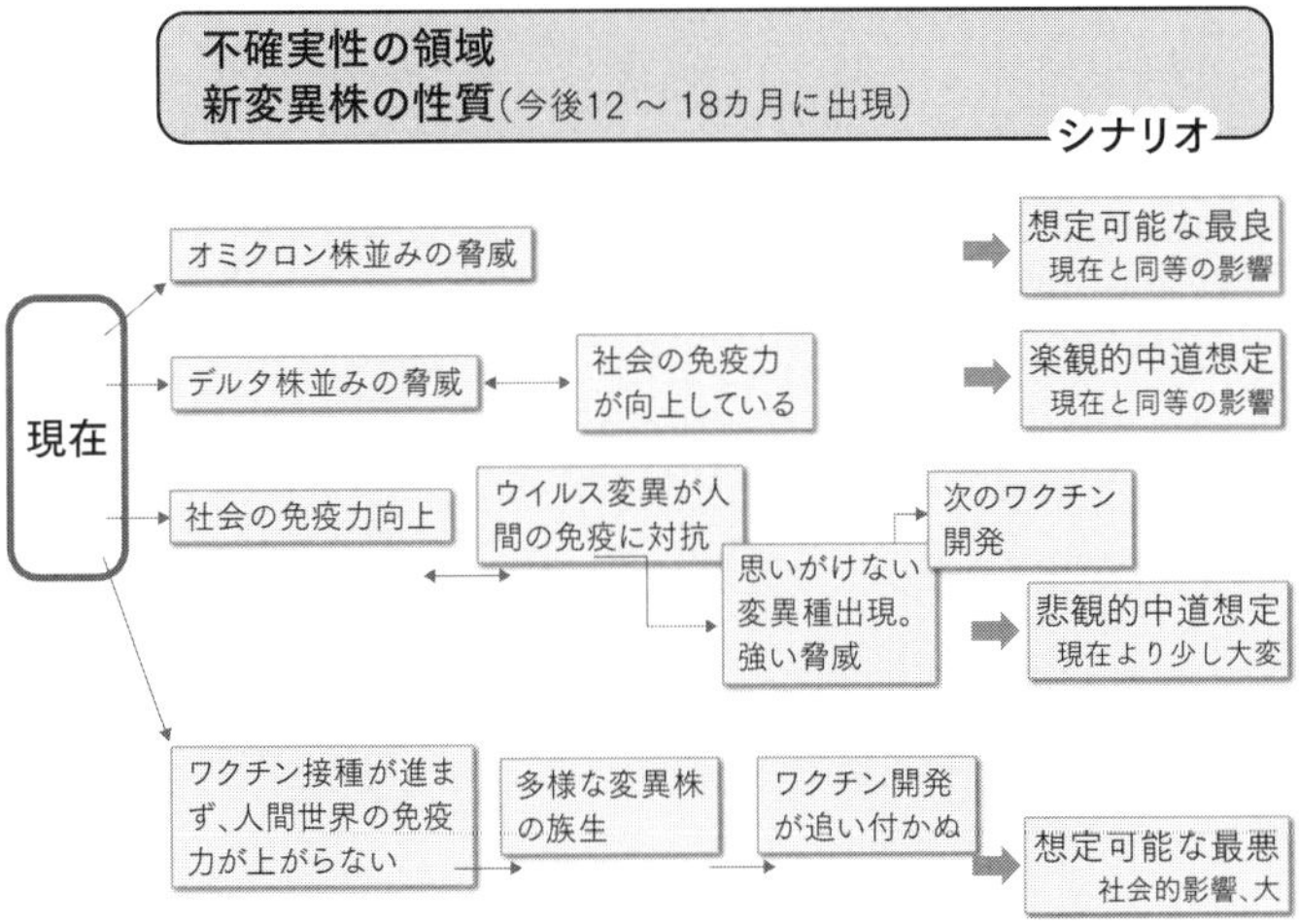

筆者作成

ばなりません。

第5に、用意したシナリオの数を「4」という偶数としていることです。ここには重要な技法が見て取れます。

仮にシナリオを3本としたら、楽観シナリオ、悲観シナリオ、中道シナリオという形になるでしょう。すると英国政府も国民も、中道シナリオを「英国社会の将来」と受け取りかねません。そうした意図しない誘導を避けるためには、4本あるいは2本のシナリオを示すことがポイントとなります。

前頁の図はこのシナリオ作品を「シナリオ図」として描いたものです。

2 工程と実施体制の概要

さて、先で見たようなシナリオ作品は、どのような工程を経て制作されるのでしょうか。英国政府からSAGEへ依頼された内容は、新型コロナウイルス問題が今後、どのように推移していくかについての見解を求めることであり、分析すべきテーマは明確でした。

一般企業がシナリオプランナーにプロジェクトを依頼する場合、事情はもう少し複雑です。プランナーの仕事は通常、依頼主(クライアント)がシナリオプランニングを使おうと思い立った理由や、クライアントが抱いている未来への認識と懸念を確認することから始まります。そこから分析すべきテーマを合意して、必要な調査を行います。

クライアントとの打ち合わせ、つまり、互いの認識を共有する作業は大変重要で、「まえがき」でお話しした「クライアントに伴走する」というシナリオプランナーの存在意義にも関わるステップです。これについては次章で解説します。

2・1 工程概要

プロジェクトの依頼を受けてから最終的なシナリオ制作、報告書の作成に至る過程は、典型的なケース、例えば「会社の特定の事業の長期的な見通しについて、シナリオ手法で考えてみてほしい」というプロジェクトであれば、概ね以下のような手順になります。

①クライアントの経営層が抱いている、事業の未来の期待と懸念、についてヒアリングする。
②クライアント組織内部にシナリオチームを設ける。
③経営層の期待と懸念を分析する。
④シナリオチームは経営層と、シナリオプロジェクトのテーマ、プロジェクトのスケジュール、社内外に求めるリソースなどを正式に合意する。
⑤テーマに対して重大な影響を与える不確実事象が何かを考える。
⑥プロジェクトテーマについての現状分析を行い、現状を説明できるシステム図を作成する。

⑦現状に変化を起こしそうな、不確実性が高く影響が大きな未来事象が何か、を考える。
⑧不確実事象について調査を行う。
⑨クライアントの意向や社風に適したアプローチとフレームワークを選択し、それに基づいて、未来がどう変化し、それによりテーマがどう影響を受けるかを考察し、複数のシナリオストーリーを制作する。
⑩制作したシナリオを持ち込んで経営層とのディスカッションに臨む。
⑪戦略的な示唆を書き込んだ社内限りの備忘録を作成する。

次章で説明するように、シナリオプロジェクトは事業のリスク分析だけでなく、研修目的や、企業ビジョン検討への貢献、広報、予算獲得のためなど、様々な目的に利用されています。仕事の手順は利用目的により異なり、選択されたテーマや分析に用いるフレームワークによっても変わってくるため、ひとつには定まりません。

各工程で具体的にどのような作業が行われるかについては、第3章で例を挙げて解説します。

2・2 実施体制

本書ではクライアント側の実施体制を、社内の少人数シナリオチームと想定していますが、経営層が、よし、やってみたい、と、直接シナリオワークショップに参加してくるケースも、ずいぶんとあります。

社内シナリオチームに参集してくれるのは中間管理職クラスの皆さんでしょう。その場合のメンバー構成は、少なくともメンバーの1人が進行中のディスカッションについての報告を経営層に上げられる立場にあることが求められます。メンバーの個人的資質としては、自分の属する部門の利害を離れた発言ができること、発想が豊かであること、そして知的好奇心の強い〝面白がり屋〟であることです。

シナリオプランナーの役割はクライアントの思考プロセスを支援することです。プランナーは社内でもよいし、外部から招いてもかまいません。

以降の叙述の便利のために、シナリオプランニング手法を提供する側の役割分担について、説明しておきます。シナリオプランナーの役割は、2つあります。まず、シナリオプランニングの思想、理論、手法を身に着けていて、プロジェクトの進行の道しるべ役となる。もうひとつは、クライアントとのワークショップを積み重ね、クライアントに最後まで伴走する。

前者は「プランナー」の役割。後者は「ファシリテーター」の役割です。もちろんファシリテーターもシナリオプランニングに習熟していなければなりません。たいがい2人体制で臨み、プランナー役とファシリテーター役を、適宜交代しています。

以降、この役割区別を意識して、「プランナー」と「ファシリテーター」を使い分けます。

2・3 実施期間

プロジェクトの実施期間は、クライアントの求める目的によって変わります。次章で説明する探索的発見やイノベーション運動等、知的な刺激を得ることが目的ならば、まる1日を使った集中ワークショップを実施し、それだけで終了、となることもあります。

けれども、企業が社内の長期戦略や事業案件の検討のためにシナリオプランニングを導入する場合は、半年程度を想定します。クライアント社内にシナリオチームを立ち上げるので、社内のスタッフの皆さんの協力が必須となりますが、このスタッフはプロジェクト専属ではなく、それぞれ本来業務をなさっている。だから通常業務の隙間時間を供出してもらう必要があります。そうした事情もあって、ふつう半年くらいはかかってしまうので

図表1-2　シナリオプランニングのモジュール

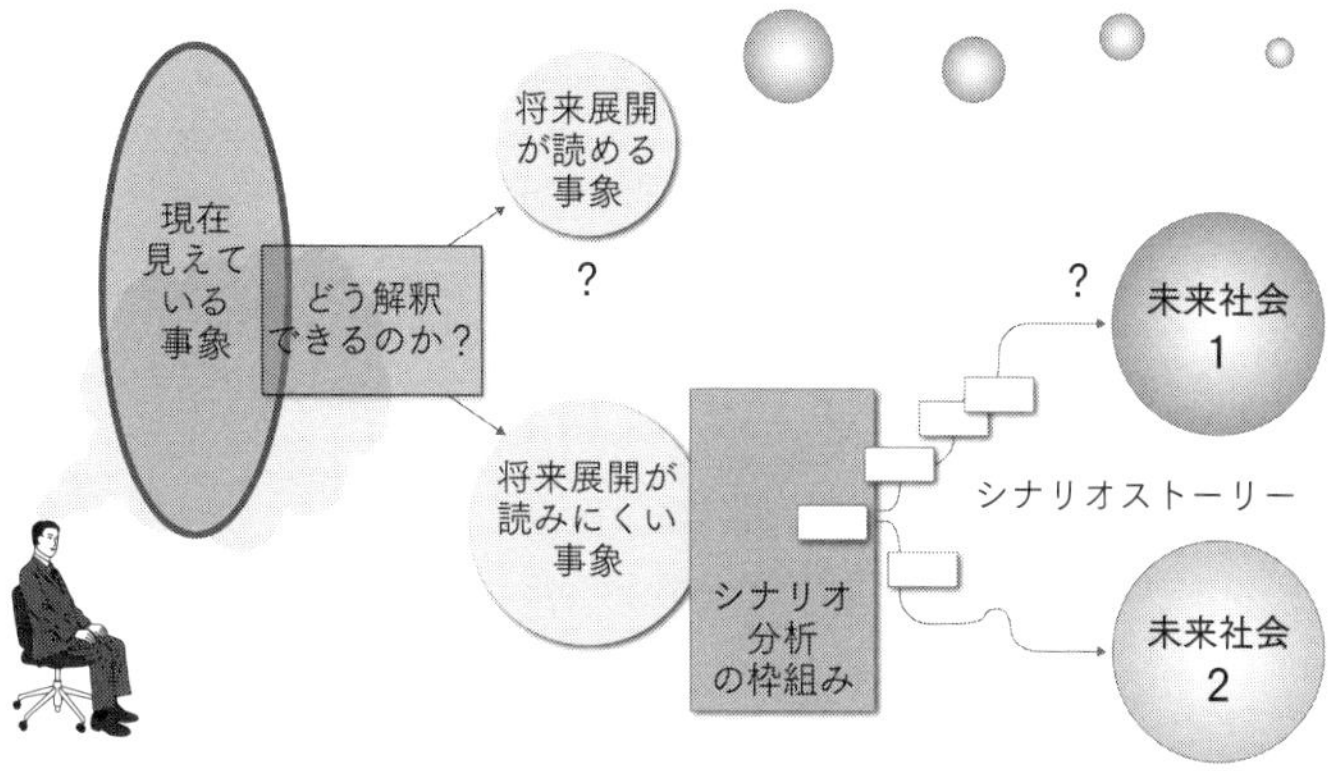

す。

プロジェクトはクライアントが参加する数次のワークショップと、主にプランナー側がリードする作業を組み合わせて進行します。

図表１－２はシナリオプランニングの作業工程を示したものです。次章以降、順序だててご説明していきましょう。

3

手法の特徴

シナリオプランニング手法の特徴を考え始めましょう。
特徴を4つに整理してみました。

・複数のシナリオを制作する
・システム思考
・全体を俯瞰して考える
・未来は過去の延長線上にはない

本章の後段で、未来を予測する様々な手法を、シナリオプランニングとの違いを強調しながら紹介しています。

3・1　複数のシナリオを制作する

シナリオプランニングの第1の特徴は、「必ず複数のシナリオが作られること」です。シナリオという言葉は、読者にとっては演劇の台本としてお馴染みでしょう。台本では登場人物たちのセリフと動作、彼らが演技する空間の風景が、時間の流れとともに描かれます。そこに分岐はなく、台本は想定されたストーリーに従って一直線に進行していきます。

シナリオプランニングのシナリオストーリーでは、現在から将来に向かってどんなことがらが起こるのか、それはどんな原因で誰によって引き起こされ、どんな波及効果をもたらすのか、その結果、未来世界が現在とどんな点で異なってくるのか、が書き込まれます。演劇の台本と決定的に違うのは、それがひとつの筋に定まらないことです。

シナリオはタイムマシンのように「未来の現実」を見せようというものではありません。未来の重要なイベントと主要登場人物たち、そして彼らがどんな意図を抱いているのかを特定し、また世界がどのような仕組みで動いているのかを伝えようとするのですが、もとより未来に何が起こるかなど、誰にも正確にわかるはずもありません。いくつもの未来が考えられるのです。シナリオ（scenario）とは「未来世界を物語るストーリーのひとつ」

であって、「未来の現実」ではないのです。

では、未来世界の可能性をどのように絞り込めばよいのか。

未来を予想するときに、重要でありながら、どうしても方向感がつかめない事象が存在します。それらはなぜ、現在の我々には見通しがつきにくいのか。シナリオプランナーはその理由を深く追求していき、そこを足がかりにして、複数の異なる未来世界を描き始めるのです。

最終的に少数のシナリオに絞り込むとしても、出発の時点では未来の可能性をできるだけ幅広く考えておきたいものです。このため本格的な分析を始める前に一定期間を費やして十分な調査を行い、可能であれば内外の専門家に意見を求めます。

今ではインターネットなどで考えるためのデータはいくらでも入手できます。シナリオプランナーと社内のシナリオチームはデータの大海を泳ぎ、「ある程度確からしい」見通しを指し示してくれるデータと、「見通しに不確実性が高い」ことを示唆するデータを選別してゆくのです。

3・2 システム思考

シナリオプランニングの第2の特徴は、「現在の世界が、未来のある時点から、分岐をはじめる可能性が見てとれる様子を、構造的・視覚的に説明する」という点です。ここでシステム思考が使われます。

シナリオプロジェクトでは、クライアントが関心を抱いている事業周辺のビジネス環境を綿密に調査し、そこで浮かび上がってきたいくつかの要素に注目し、要素間の関係性を推論しながら構造化し、現時点でその事業が置かれている状況を説明できる「システム図」を作る、こういう作業を、まず最初に、行います。

これは絶対に外せない手順で、この現状説明システム図の制作こそ、〝シェル流〟シナリオプロジェクトの出発点です。

現状を説明できるシステム図の作成とは、具体的にはどう進めるのか？

まずもって公開情報を精査し、外部の専門家の知見も取り込んでデータベースを作ります。

現時点で見えているトレンドや、将来展開をあれこれと広く漁ってゆく作業にはブレインストーミングが向いています。そこでワークショップを多用します。大画面にポスト・イットカードに書き付けた思い付きを大量に貼って、ディスカッションをします。そうしていると、わぁ、ここいらを、もっと調べておこう、ということになって、調査すべき課

図表1-3　周囲のビジネス環境を眺める

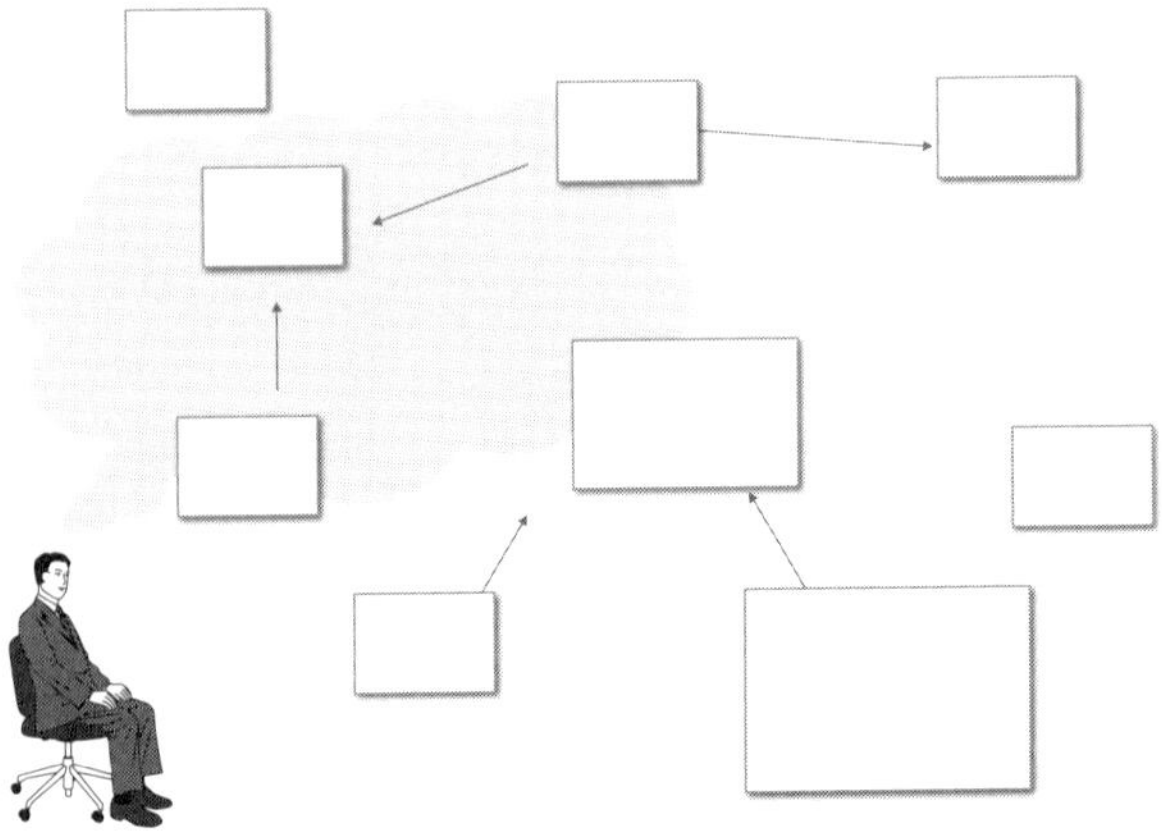

題がさらに見つかるのです。

シナリオチームは、深く、考え進みます。様々な事象を統合したシステム図の仮設を繰り返し、最終的に納得のいく図を描く、という作業を通じて、クライアントを取り巻く世界の成り立ちを構造的に理解してゆく。この作業は試行錯誤で、手戻りも、まま起こります。辛抱のいる作業です。

すると次第に、そして最後は突然に、将来の見通しが、なぜ不確かなままなのか、その原因となる構造が発見されるものです。ひとりのメンバーの意識の底が、卒然と開いて、周りに光を放つ。

システム図で表現された現状説明モデルは、これから取り掛かるシナリオプランニング作業の出発点になるもので、基本的に

図表1-4　現状説明モデル

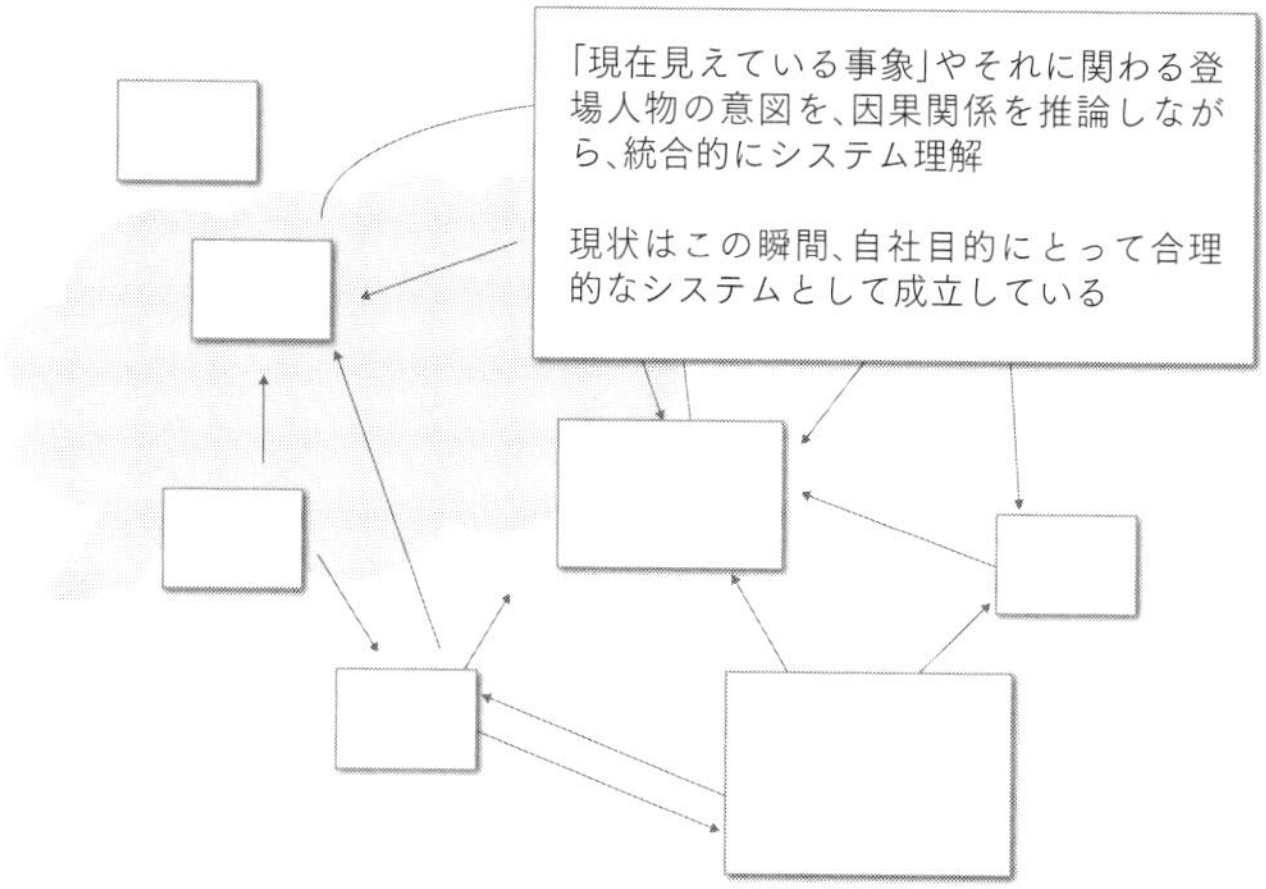
「現在見えている事象」やそれに関わる登場人物の意図を、因果関係を推論しながら、統合的にシステム理解

現状はこの瞬間、自社目的にとって合理的なシステムとして成立している

は「仮設」で構いません。

このモデルは、今現在、動態的に安定しているように描かれていなければならない。すなわち、内部に組み入れた要素間で一時的なバランスの変動が起きるとしても、自動的に修正されて、もとのバランスに回帰していくようなモデルです。このようなシステムの動作やその原因となる構造を「フィードバック・ループ」と呼びます。フィードバック・ループはシナリオプランニングにおいて重要な概念なので、すぐ後にくわしく説明します。ここでは、「シナリオプランナーは、『現状は、なるべくして、そうなっているのだ』という姿勢に立って分析を行うのだ」と理解していただければ十分です。

4 システム思考について

以下では、大きな回り道をします。

現状説明モデルの根底にある、シナリオプランニングが依って立つ理論でもある、「システム思考」について、紙幅を割いて説明します。

4.i ドネラ・メドウズ

2001年に亡くなった米国の環境学者ドネラ・メドウズは、今日隆盛を誇るサステナビリティ思想の大元となる仕事を主導した研究者です。その仕事とはマサチューセッツ工科大学（MIT）から1972年に発表されたレポート『成長の限界』の執筆です。1990年には『村の現状報告』を発表、こちらは2000年代初めにインターネットを通じて世界的に流布した『世界がもし100人の村だったら』のルーツというべきレポートでした。

そうした研究の一方で、メドウズはシステム思考の啓蒙活動を続けました。彼女のこの方面の仕事を取りまとめた本が2008年に出版された『世界はシステムで動く― いま起きていることの本質をつかむ考え方―』で、邦訳は2015年に英治出版から出ています。

ドネラ・H・メドウズ（Donella H. Meadows）
Photo credit: Medora Hebert, Valley News, Lebanon

以下、「システム」と「システム思考」について、この『世界はシステムで動く』でメドウズが行った定義に即して説明しましょう。

4・2　システムとは何か

メドウズによれば「システム」とは、「何かを達成するように一貫性をもって組織されている、相互につながっている一連の構成要素」です。それは、

・「要素」
・「相互のつながり」

・「機能あるいは目的」

の3種類で構成されています。

4・2・1　要素

最初に「要素」について。

システムはいくつかの「要素」で構成されており、その中には人が介在しない事象も入ってきます。ただし、構成要素は必ずしも、いつも固定されていなくてもよいのです。

柏レイソルや阪神タイガースといったプロスポーツチームを「システム」と捉えると、選手はそのシステムの要素と言えるでしょう。チームは通例、シーズンオフに一部の選手を入れ替えます。一部の要素が変わっても、外部からは同じチーム、同じシステムとして認識されます。これは人間の体の中で時間の経過とともに一定数の細胞が入れ替わっても、外からは同じ人間として認識され続けるのと同じです。

〝シェル流〟シナリオプランニングでは、現状システムモデルを仮設する際に、システム内に取り込む要素として、とりわけ、重要なプレーヤー＝人間に注目しています。我々人間は、意思を持ち好悪を感じ、正直者にも嘘つきにも振る舞い、従って行動が見通せないところがある。人間のふるまいが現状システムを不安定化させるのです。２０１３年当時のシェルのシナリオチームの長ジェレミー・ベンサムは、『ニューレンズシナリオ2013（New Lens Scenarios 2013）』のまえがきで、以下のように述べています。

シナリオのアプローチはまた、意思決定者にある重要な見識をもたらします。それは、自身にはない発想や見方を他者が持ちうること、それらに効果的に関わっていく必要があること、そして、他者の意思決定が自身の未来に大きな影響を与えるということについての、より深い認識です。だからこそシェルのシナリオは、一見人間の意志や行動を介在しないように見える経済現象や政治現象、あるいは社会現象を書いているのみならず、登場人物たちとその行動様式を考察し、登場人物同士の関係性を強調して書かれます。

4・2・2　相互のつながり

システム内の各要素はつながっており、機能あるいは目的のために連動します。この連動は現状システムを維持してゆくのには重要です。チームの要素＝選手がまったく同じであっても、柏レイソルに野球をやらせれば草野球になってしまう。野球は、選手同士の連動＝つながりのあり方がサッカーとはまったく異なるシステムだからです。植物の内部要素間のつながりが突然変われば、植物というシステム全体が変質してしまう。植物システムの中には二酸化炭素を吸収して酸素を吐き出す、という「相互のつながり」がありますが、これを逆にしたら……それはもはや植物ではなく、動物かもしれない。

4・2・3　機能、目的

最後に、システムにはそれが果たそうとする「機能」あるいは「目的」があります。

植物システムにはいくつかの機能がありますが、そのひとつは種を作り、自分の仲間を増やすことで、これが植物たちの目的です。暖房システムにはサーモスタットが付いていて、部屋をある決められた温度に保ちます。これがこのシステムの機能であり、擬人化して言えば目的です。

システムには社会的なものもあります。例えば企業や国家経済システムもシステムのひとつであり、人間社会には学校や軍隊のような組織から、金融システムや法律システムのような制度的なものまで、多くの種類のシステムが存在し、それぞれの「機能」あるいは「目的」を果たしています。

多くのシステムが共通して重要な機能としているのが、「存在し続けること」です。システムは自らが存続するために、外部からのかく乱に適応し、自己修復する性質を備えています。

システムはいったん成立すると、たとえそれが企業のような社会的な存在であったとしても、まるでそれ自体が生き物であるかのように外部に反応し、環境に適応し、目標を追い求め、損傷を修復し、自身の生存を図るのです。

4・2・4 フィードバック・ループ

フィードバック・ループとは、得られた結果を再投入して出発点とする形で同じ過程を繰り返し、それにより加速度的に自己増幅したり、逆に一定の状態に収束していく回路（ループ）のことで、前者を「自己強化型フィードバック・ループ（Reinforcing feedback loop）」、後者を「バランス型フィードバック・ループ（Balancing feedback loop）」と呼びます。

システム思考をやる人は、世の中をフィードバック・プロセスの集合体として見ています。「人口であれ、伝染病であれ、新製品であれ、成長している何かがあれば、必ず、その成長をドライブする自己強化型フィードバック・ループと、最終的に成長を制約することになるバランス型フィードバック・ループの両方が存在するだろう」と考えます。永久に成長し続けるシステムなどあり得ない。今現在、システムの挙動を支配してはいないけれども、バランス型フィードバック・ループは必ずどこかにある。新製品の市場は飽和し、人口増加は止まり、ウイルスに感染しやすい人がみんな感染してしまった状況が、いつか来る――。

多くのシステムモデルはこのように、自己強化型フィードバック・ループとバランス型フィードバック・ループのせめぎ合いで動いている、と見ることができます。システムモデルをそのように扱えるということは、現実世界もまた同じ視点で解釈することができる、ということです。

こうした洞察は、シナリオプランナーが持つべき心構えでもあります。

4・2・5 システムの挙動を観察して、本当の機能や目的を理解する

さて次のお話しです。

メドウズは、「システムとは『要素』と『相互のつながり』と『機能あるいは目的』で構成されているのだが、システム全体それ自体の、独立した挙動が観察されるのだ」と指摘します。これはとても大事な指摘で、システム思考の、ここの部分こそがシナリオプランニングの理論と手法に大きな影響を与えました。

我らがクライアント企業は、他の課題、他者の意図と関係しながら、クライアントにとっても他者にとっても、合理的説明ができる均衡をもってそこに在る、このような姿勢で現状説明モデルのシステム図をつくるのだ、と、先にご説明しましたね。

現状説明モデルを作る際の要諦は、今ある社会システムがどのように合理的に働いているか、を現象学的に、見えたままに、記述してゆく、ということなのです。つまり、今あるこの社会は、合理的に完全に説明できる、という、いささか保守的ではあるが冷静な記述から始めている。逆に言えば、観察される現状が、あるべき理想の姿から見て不完全である、あるいは、以前から見て進歩あるいは劣化している等の評価軸を、分析作業の中に入れることはない。このような〝色のついた〟現状評価には観察者側の主観が入り込んでいる可能性がある。まさにこの論点で、システム思考とシナリオプランニング理論が軌を一にするのです。なぜならシステム思考は、システムの機能や目的というものは、システムの挙動をよく観察して、初めて発見され、理解できるものだ、と主張しているのですから。

ドネラ・メドウズの『世界はシステムで動く』(枝廣淳子訳、英治出版)を引用してみます。

システムの機能や目的は、明示的に語られたり、書かれたり、表明されているとは限りませんが、システムの働きを通じてわかります。システムの目的を推測する最良の方法は、そのシステムがどのように挙動するかをしばらくじっと見ることです。一匹のカエルが右を向いてハエを捕まえ、今度は左を向いてハエを捕まえ、それからぐるりと後ろを向いてハエを捕まえたとしたら、そのカエルの目的は右や左や後ろを向くことではなく、ハエを捕まえることに関連するものでしょう。政府が「環境保護に関心がある」と口では言いながら、その目的に向けての資金や努力をほとんど投じないとしたら、実際のところは、環境保護は政府の目的ではないのです。目的とは、美辞麗句や掲げられた目標からではなく、行動から推測されるものです。

4・3 システム思考から企業行動を観察する

このような理論に従って、シナリオプランニング手法では、「企業という要素は、現時点で自社を取り巻く、より大きなシステム=ビジネス環境に最適化し、そこにうまく当てはまろうとしている」、この姿勢で、自社を取り巻くより大きなシステム=ビジネス環境の「現状」を記述したシステム図を作り始めるわけです。

メドウズの著書『世界はシステムで動く』の副題が、「いま起きていることの本質をつかむ考え方」であることにご注目ください。

これは動態的に安定しているシステムです。システム内の要素が人間であるなら、その登場人物たちの間で「ナッシュ均衡（全てのプレーヤーが自分の利得が最大となる戦略を選択した結果、互いに拮抗している状態）」が成り立っている、と想定できます。ビジネスとは現状システムの中から利得を得ようとする活動であり、それを行う企業は現時点での周囲のビジネス環境に最適化して、自らのポジションを獲得しようとします。順調な経営をしている企業は、周囲のビジネス環境に最適化しながら、安定的に儲かっているのです。


実は、ここに、おおきな論点が現れています。

システムの中で自身の働きかけとそのフィードバックシグナルを受け取って意思決定をしている人は、そのフィードバックを働かせているシステムの挙動そのものは、変えようとはしていない。つまり、今現在安定しているシステムの中で活動し、システムの内部から時々刻々発せられるシグナルに基づいて意思決定をしているプレーヤーは、現在のシステムの「要素」「相互のつながり」そして「機能とか目的」、それ自体を変えようはしていない。もっと言えば、「システムの境界を引き直してみたら？」という発想に立つことは、ないのです。自分が慣れ親しんでいるシステム境界にこだわり、そこで他者より上手にプレーしようとしているのです。

時々刻々のシグナルとは、例えば、マーケット情報です。今現在の円／ドル為替レートは、主に、どの要素に引っ張られているのか。その要素は、「円／ドル為替レート決定システム」の中にある、他のどの要素と相互につながっているのか？　システムの中に入っているプレーヤーは、このような推論を組み立てながら為替トレーディングをします。あるいはシグナルとは、ラジオの交通情報です。首都高に乗ろうとするドライバーは、ラジオからの渋滞情報を頼りに、ルートを選択する。ドライバーは、時代に合った首都高システムを、あらためてデザインしてみたら？　などという夢想的な野心は持っていないでしょう。

それが通常の社会活動であり、ビジネス活動でありましょう。

ではありますが、経営者によってはそのかぎりではありません。

ビジネス環境の将来変化の可能性を予感する企業経営者は、「来たる変化のステージで、より大きな利得を得られないか」と考え、それが巨大規模の企業の経営者であれば、「自社の戦略的な意思決定が、将来のシステムの挙動に影響を与えられるかもしれない」という発想もするでしょう。「自社周辺のビジネス環境を自社に有利な形に誘導できれば、今以上に成長できるはず」という着想は、イーロン・マスク氏やジェフ・ベゾス氏にかぎらず見られます。企業は、自らがその一要素であるシステムを、自らの手で、未来に向かって、変化させることができることもあるでしょう。

ただ忘れてならないのは、システムの中には自分以外の要素も複数存在していることです。囲碁では、相手の応手をしっかり考えずに自分に都合のいい手順のみを読むことは、「勝手読み」と称されます。大企業の経営者といえども、視野が狭まれば「勝手読み」に陥ります。「こうすれば、こうなるはず」という思い込みは、必ずしも実現しません。

5 全体を俯瞰して考える

ようやっと、システム思考の理論から抜け出せました。

シナリオプランニングの第3の特徴は、「システム全体を俯瞰して考えること」です。

図表1-5　ステークホルダーモデルの例

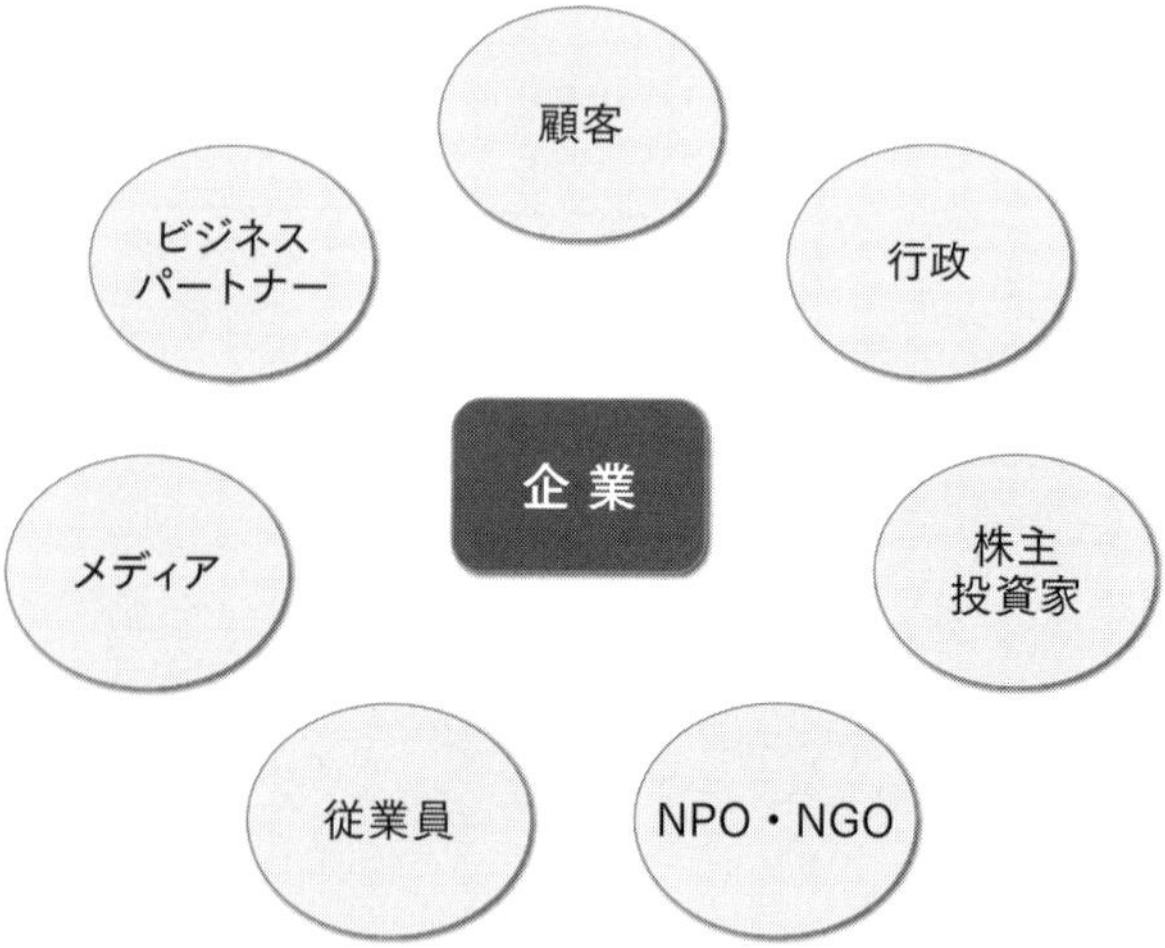

シナリオプランニングには、シェルが長年醸成してきた思想があります。それは「他者はあなた自身にはない発想や見方を持っており、他者の意思決定はあなたの未来に大きな影響を与え得る。意思決定者はその事実を認識し、他者と効果的に関わっていく必要がある」ということです。

このように「必ず自分だけでなく、他者をふくむシステム全体を見渡して考える」という視点も、シナリオプランニングがシステム思考から恩恵を受けています。企業経営は大きく広いビジネス環境システムの中で行われているのです。

ところで、大きく広いビジネス環境システムを説明できるのが、ステークホルダーモデルです。ステークホルダーとは、経営に対して直接的または間接的に影響を与えてくる利害関係者です。

ここには株主や従業員だけでなく、行政府・規制当局、マスメディア、NGO・NPO、社会運動家など、企業活動がそこから影響を受けるすべての相手が含まれており、地球環境問題、人権問題など様々な社会的論点が企業に持ち込まれます。

各ステークホルダーは当該企業と関係を持っているだけでなく、それぞれの社会活動や経済活動を行っており、その意味で企業はステークホルダーを通じて、外に向かって、より広い社会システムに向かって開かれています。ステークホルダーは企業に、社会全体から発せられた論点を持ち込んでくる大事な窓であり、企業に「自分をとりまくシステム全体を俯瞰して考えること」を、時に、強く求めます。彼らとの不断の対話を通じて、企業は自社を取り巻くビジネス環境の変化を「自分事」として理解します。

ステークホルダーモデルもまた、フィードバック・ループによって説明することができます。

自社を中心とするステークホルダーモデルが現在、動態的に安定しているとすれば、企業が認識しているステークホルダーたちは、それぞれの間で利害がバランスしているということです。よって企業側としてはステークホルダーたちの間でナッシュ均衡が成り立っている、と見立てることができます。

けれども現時点で安定しているシステムは、時間の経過とともに変化します。

現状のステークホルダーモデルに、新たな社会的論点――例えばＬＧＢＴＱ問題――が加われば、ステークホルダーたちの立場や利害も影響を受けます。認知すべきステークホルダーは誰と誰で、いま現在誰が声高なのか、この事情は企業ごと、時点ごとに異なります。いっとき一部のステークホルダーの影響力が高まり、バランスポイントは特定の方向に向かって勢いを増して動いていく。モデルの内部で自己強化型フィードバック・ループが働くのです。しかしそれは永久に続くことはありません。やがてバランス型フィードバック・ループが働きだして、新しいナッシュ均衡が現れます。

6 未来は過去の延長線上にはない

シナリオプランニングの第４の特徴は、「未来は過去の延長線上にはない」と考えることです。これは他の未来予測と大きく異なる点です。

例を挙げて考えましょう。

先に英国政府の諮問機関ＳＡＧＥのシナリオを取り上げましたが、我が国の政府は新型コロナウイルスの短中期的未来について、どう考えているのでしょうか。

日本経済新聞で厚生労働省のアドバイザリーボードにおける議論が一部紹介されていたので、見てみましょう。

> 京都大学教授の西浦博さんは22年4月、厚生労働省の専門家組織「アドバイザリーボード」で、オミクロン級ウイルスの出現リスクに関する分析を示した。結論は「平均して数年以内に1回のペースで発生する」だ。
>
> 新型コロナの出現から約2年たってオミクロン型が見つかり、その後22年4月までの5カ月では新たなオミクロン級が現れていないことから出現確率を推定した。オミクロン級が1年以内に出現しない確率は約65％、1回以上出現する確率は約35％とした。平均2～3年に一度のペースで発生する計算だ。
>
> （日本経済新聞２０２２年5月2日朝刊　15面）

仮に厚生労働省の「アドバイザリーボード」が、この記事の内容を「政府諮問機関の公式見解である」としているとして、英国政府／SAGEとの違いはどこにあるでしょうか。前の記事ではまず「確率」という、英国政府／SAGEが注意深く避けた言葉が用いられています。そこに見られるのは「未来のリスクは、過去における出現確率から計測可能だ」という姿勢です。端的に言えば、厚生労働省のアドバイザリーボードの分析は、過去のデータに依拠するのです。

筆者が疑問を感じるのは、『過去のトレンドを観察すれば未来が予想できる』という方法は、未知の事象に対してどこまで適用できるのだろうか」という理由からです。「未来の新型コロナウイルスは、ご先祖の過去の振舞い方を範として変異してゆくはず」という想定は、おそらくプリミティブにすぎるでしょう。それゆえ英国政府／SAGEは、「新型コロナウイルスに今後どんな変異が起こり、それがどんな性質を帯びているのか、予想することはできない」としたのです。

本題に戻ると、一般的に「予測」という手法は、過去の延長線上で未来を考えます。そのため、未来と現在の間に、現在とは不連続な、びっくりする、あるいは延長線上で予想するには不都合な出来事を挿入することを嫌います。それにより、「今はまだよくわからない、根本的な構造変化が起こるかもしれない」という漠然たる予感や、「そのとき世界はどう変わるだろう？」と考える想像力の翼を、思考プロセスの中に取り込みにくいのです。

対照的に、「未来を必ずしも過去から連続したものと考えない」のがシナリオプランニングの特徴です。そしてこの特徴は、シナリオプランニングに取り掛かった人たちに大きな知的興奮と、もしかしたら、疲労困憊を与えているのであります。

7 様々な手法との違い

以下では前項の「未来は過去の延長線上にはない」という論点を敷衍してみます。未来を予測する様々な手法を、シナリオプランニングとの違いを強調しながら説明します。シナリオプランニングの特徴を別の角度から解説しようというわけです。手法として、トレンド分析に基づく予測、アンケートに基づく予測、ＡＩによる予測、この3つを取り上げてみました。

The Trend is Your Friend
Until it Bends

oldest saying in investing

7・1 トレンド分析に基づく予測

最初にポピュラーな予測手法である、「トレンド分析」について見ていきましょう。

時間の経過とともに特定方向に値が増大したり減少したりする傾向を「トレンド」と呼びます。「トレンド分析」とは、時間の経過により変化するデータの変化の傾向を読み取る、時系列分析の手法のひとつです。一方向に向かう変化であるトレンドの他に、季節ごとに増減が繰り返される「季節変動」や、より長い期間をかけて繰り返される「循環変動」等も観察することができます。

トレンド分析は、単純な仮説を置いて予測を行います。それは「データ系列の現在の時点と、それより過去の時点の値との関係性は、近い将来も保存される」という仮説であり、これを置いて未来の値を予測する手法がトレンド分析です。

トレンド分析は長期未来を予測する上で簡便な方法ではあるのですが、うまくいくこともあれば、うまくいかないこともあります。メドウズは自著で、「永遠に増大したり、永遠に減少したりするトレンドはない。必ずそのトレンドを制約し、抑制するバランス型フィードバック・ループが見つかる、そういう状況が未来に、いつかきっと来るのだ」と述べます。簡単に言えば、それまで続いていたトレンドが変化したとき、この分析による予測は外れるのです。

それを端的に言い表したのが、前頁の箴言です。

以下ではトレンド分析に基づく予測が外れた例を紹介してみます。これらは未来予測における現在と未来の非連続性を痛感させてくれる事例です。

図表1－6はシェルのシナリオチームが30年前に使っていた古典的なスライドです。シェルは国際エネルギー企業ですから、投資のために世界の石油需要を予測しようとしました。需要予測に合わせて資源探査に投資し、地下の石油資源を見つけて生産し、それを精製処理して世界市場に石油製品を供給していきます。探鉱開発も製油所建設も投資を

図表1-6　世界の石油需要予測（自由主義経済圏のみ）

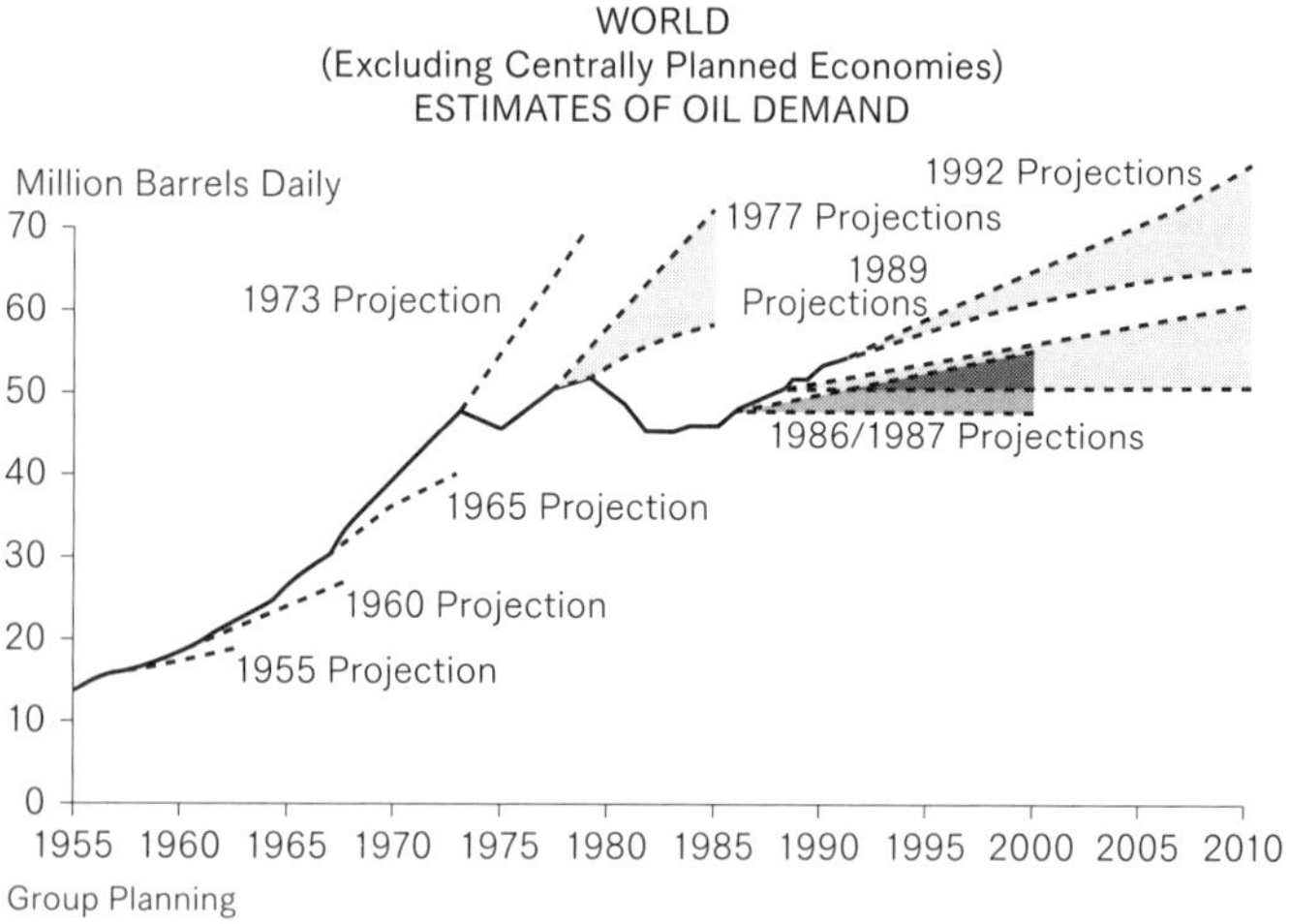

（出所）シェル

回収できるまでに10年あるいはそれ以上の時間を要するプロジェクトなので、需要予測がないと投資計画が立てられないのでした。

ところが過去の需要予測作業は、とにかく、よく外れたのです。

図中の実線は現実に起こった需要、点線は需要予測を表しています。

これを見ると1955年、60年、65年の予測は、いずれも現実の需要に対し下振れしていたことがわかります。戦後の経済復興が予想を越えて目覚ましく、実際の需要がトレンド線から離れて上振れしたのです。

そして1973年に至り、今度は予測が逆側に外れました。第一次オイルショックで石油価格が突然、4倍にはね上がったことが原因で、需要が予想より大きく下振れしたのです。73年予測に基づいて大規模投資をしたシェルのタンカー部門は、大変な傷を負うことになりました。

1970年代半ばになると、オイルショックが癒えて需要が戻ってきました。シェルはここで77年予測を発表しましたが、そこでは「幅」をもたせた予測を作りました。ところが78年末に起こったイラン革命＝第二次オイルショックにより、再度、世界の石油需要が消失し、広げた幅よりもさらに下方で、需要の実績値が刻まれることになりました。

その後の86／87年および89年予測も過去のトレンド線に依拠したもので、オイルショック後の需要回復の伸びに予測が追いつきませんでした。

ひどい失敗例ですが、シェルがことさらに下手だったわけではありません。

図表1－7は米国ワシントンのＩＭＦが過去発表してきた世界のＧＤＰ伸び率の予測です。２００８年9月のリーマン・ショック以降の予測結果は、惨憺たるものでした。

これは本題から外れますが、この図を眺めていると、ＩＭＦの分析者は『世界経済は常に4％前後の成長率であるべきだ』という考えにとりつかれていたのではないか、と思え

図表1-7　IMFによる世界のGDP伸び率予測

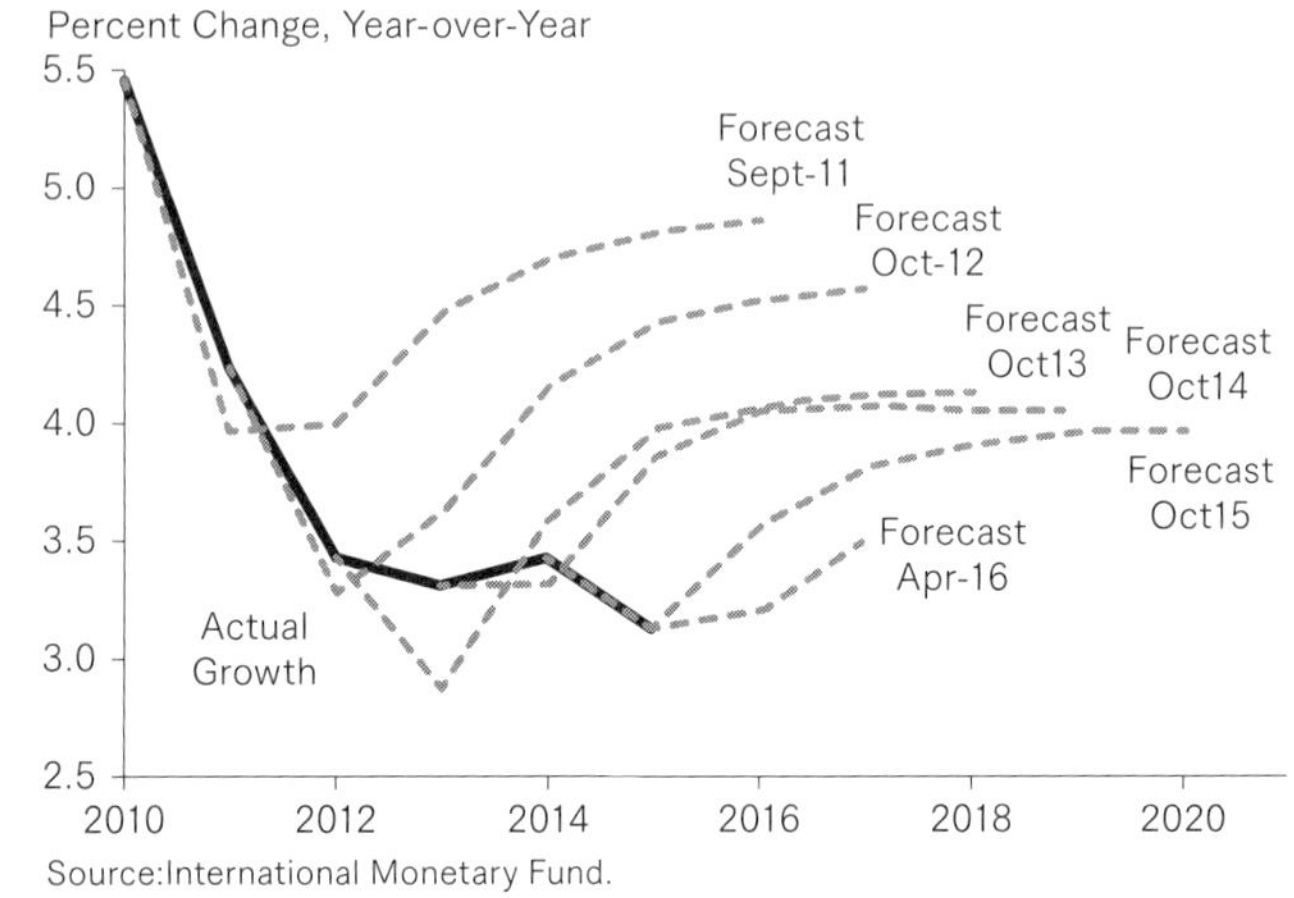

（データの出所）IMF

てきます。

もしもＩＭＦが現実の世界経済の動きを冷静に観察することなく、「世界経済の成長はかくあるべし」という自らの価値観に立って予測を作っていたのだとすれば、上図は、過去のデータに基づく作業ではなく、データを読むことを放棄し、自らの思い込みに沿ってトレンドを創作しただけだったことになります。先ほど説明した言い方に関連付ければ、観察される「現状」が、あるべき理想の姿から見て不完全である、あるいは、以前から見て、進歩あるいは劣化している等、ＩＭＦの分析者の主観的な評価が混入しているのか、と思ってしまいます。

7・2 アンケートに基づく予測

数量化することがむつかしい社会経済事象について、未来変化を予測したい場合があります。例えば「10年後の主要株主の関心事項は何か」「10年後の従業員の働き方はどう変わっているか」「5年後の日本の政権」等々です。

一例としてマーケティングがあります。

多くの企業は、「消費者の嗜好の変化や購買行動の変化を予測できるのなら、それに合った商品を生産あるいは買い付けすることで、タイミングよく市場に出したい」と考えています。

こうした場合にはしばしば、不特定多数の人を対象とするアンケート調査が使われます。具体例を見てみましょう。ここでは衣料・食品・リビングなど、生活に密着した分野を扱う企業が、消費者・購買者の未来のトレンドを調査した場合を考えます。

3年後に新製品の市場投入を行う予定の企業の企画部幹部が、「消費者が今、何に関心があるのか、何を考えているのか、その見当がつけば3年後の購買行動、市場を予測できるのではないか」と考えて、部下に「今の消費者の関心事項を、女性中心にアンケートに取って、まとめてくれ」と依頼しました。

図表1-8　アンケート結果から読み取れる消費者の様々なシグナル

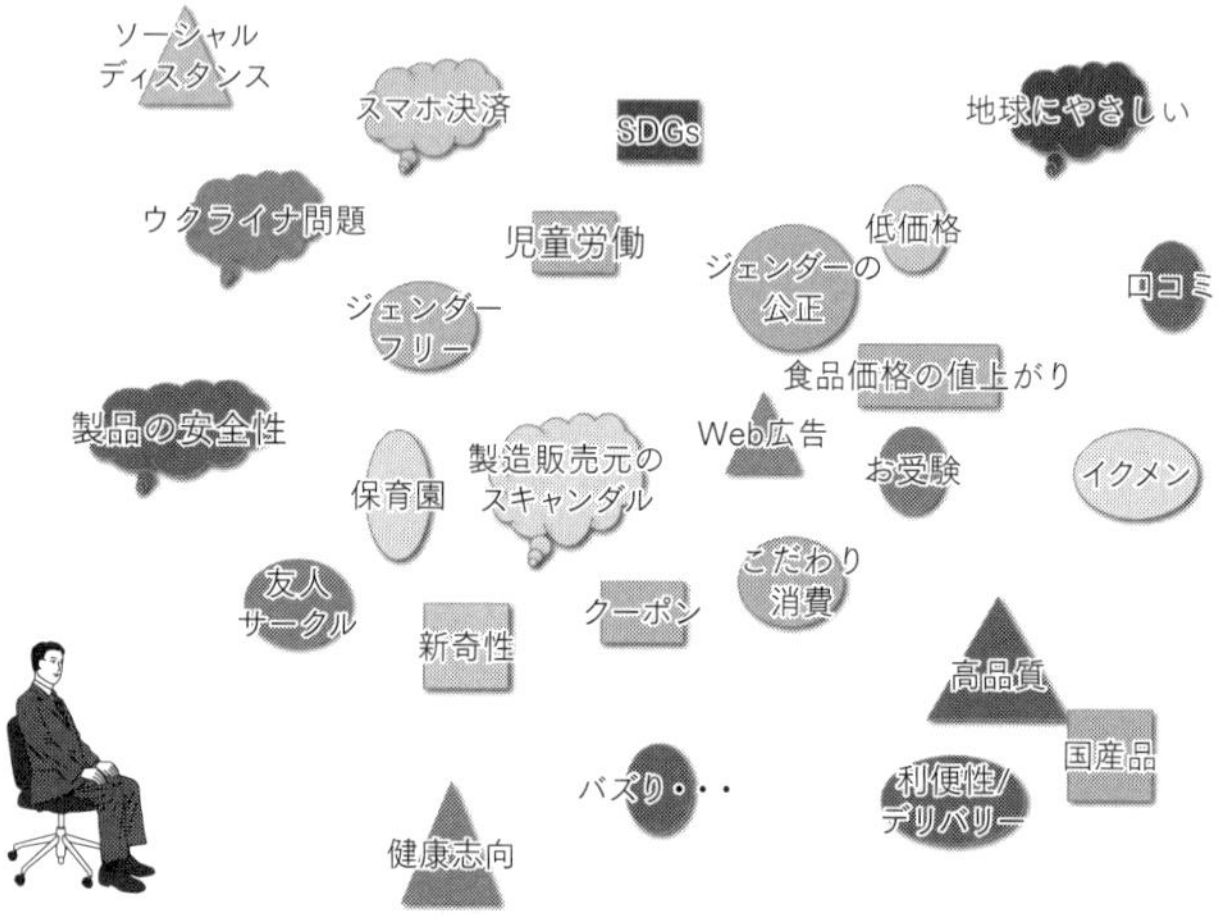

部下は指示に従ってアンケートを実施、結果、次のようなキーワードのリストが得られました。

ソーシャルディスタンス、スマホ決済、ウクライナ問題、SDGs、地球にやさしい、児童労働、ジェンダーの公正、ジェンダーフリー、製品の安全性、製造販売元のスキャンダル、低価格、食品価格の値上がり、口コミ、Web広告、保育園、お受験、イクメン、友人サークル、新奇性、クーポン、こだわり消費、高品質、国産品、健康志向、利便性／デリバリー、バズり……

アンケート回答者の7割は女性でした。

幹部はこれを見て、「いろいろなシグナルが見えてきたナ」と感じています。消費者・購買者は価格や安全性だけでなく、コロナ対策、ジェンダーや気候変動問題、人権問題、教育問題などの社会的論点にも関心がありそうです。

しかしここで、ふと、「消費者が商品を、スーパーの棚から買い物かごに入れる、まさにその瞬間の購買動機は何か？　購買動機はどのように生じるのか？」という疑問が出てきて、マーケティングを専門とする大学の先生にこの疑問をぶつけてみました。

先生は、「購買の瞬間の消費者の心の中まではわからない。消費者自身もたぶん、その瞬間に何を魅力と思ってその商品を手に取ってかごに入れたのか、価格なのかブランドなのか、あるいは『地球にやさしい』なのか、正直なところ何が決め手となったのか、あやふやであろう」と回答してきました。

我々が日用品を買う際の日常体験を観察してみれば、これは納得がいく答えではあります。

しかしこの先生の答えをそのまま認めれば、アンケートで上がってきたキーワードと、実際の購買動機の関係性は「まったく不明」、ということになってしまいます。つまり、「消費者の関心事項は多様で複雑である一方、それが購買行動とどう関わっているかは不明である」ということです。

だとしても、新商品が発売される3年後の世界では、その多様で複雑な消費者の購買動機に訴求するメカニズムには、どんなものが考えられるのか。そのメカニズムは、世の中の情勢によって変化するものなのか、それとも不動のものなのか。流行病の不安の中にいる世の中と、コロナ禍が晴れて消費者が活発に動き回っている世の中では、メカニズムが違うのだろうか？

そもそも3年後、消費者は年率5％を超えるインフレの中で生活防衛をしているのか、それとも慢性デフレが続き貧富格差がさらに拡大しているのか……。

企画部は、アンケートを参考にしながら商品開発戦略を検討しようと試みた末、このような、いかにもシナリオプランニング向きのテーマを抱え込んでしまったのです。第7章、ケース3で、この難題を扱ったシナリオ作品を紹介しています。

なお、アンケート方式で未来予測を行う手法に「デルファイ法」があります。デルファイ法では「予測対象について参加者に個別に回答してもらい、得られた結果を他の参加者にフィードバックした上で、再度同じテーマについて回答してもらう」というアンケートを何度か繰り返します。

しかしシナリオプランニングではこの手法は用いません。このやり方は必然的に過去のものの見方、を踏襲し、また他者のものの見方を参照するよう促してしまうからです。デルファイ法とは、思いがけない未来の出来事や、他の識者とは違った現状認識などの〝異端〟を排除することで、予測を収束させようとする手法であり、シナリオプランニングの思想にはなじまないのです。

7・3 AIによる予測

ここで近年、進歩が著しいAI（人工知能）をはじめとするコンピューターサイエンスを用いた未来予測について考えてみましょう。

筆者はこの分野はまったくうといもので、「AIを使うと、未来予測の精度は高められるのでしょうか？」と、専門家に尋ねてみました。

研究者やシステムエンジニアは、「高められます。もちろん」と即答してきました。

「どのようにして予測を行うのですか」

「AI（人工知能）は学習機能があり、コンピューターの処理能力も数年前よりも飛躍的に高まっています。膨大なデータを処理しながら、自らパターン認識を形成し、未来を予測するのです」

ここまで本書で縷々論じてきたことと照らし合わせれば、読者諸賢も、筆者の抱いた疑問を理解いただけるでしょう。

ＡＩのアルゴリズムは、過去から現在までのデータを学習して規則性を見出そうとします。過去から現在につながる時間軸の中に、稀ではあるけれども必ずや存在した不規則な事象を、おそらくＡＩは「パターンから逸脱している」「例外的な事象」とみなすのではないかしら。

ＡＩのパターン認識の形成に、過去に起こっていた逸脱や例外を取り込むことがむずかしいとするのなら、未来に起こる逸脱や例外の「予測」など、できないのではないか。

ここから、視点を変えてみます。

シナリオプランニングの特徴を、この手法のユーザーすなわちクライアントの立場からハイライトしてみましょう。

8 我々は予測できない未来をなぜ知ろうとするのか

8・1　ブラック・スワン

めったに起こらないけれども、もし起きれば壊滅的被害をもたらす事象を「ブラック・スワン」と呼びます。それをどう予測し、被害を抑えるかが「ブラック・スワン問題」です。

2021年暮れの時点で、どれだけの人が、ロシアのウクライナ侵攻を予見していたでしょうか。コロナ禍が始まった2020年の春に、これから3年近く日本が外国人観光客を受け入れない、と覚悟していた人はどれだけいたでしょうか。

「未来は、正確に予測するのはむつかしい」。それがシナリオプランニングの基本的立場です。未来は基本的に現在とは不連続で、完璧な予想などできないのです。

ではなぜ、それでも、私たちは未来を探ろうとするのか？

それはこの世界に、未来変化に対して自らリスクを引き受けようとする人たちが存在するからです。それは経営者です。企業経営には見通しの不確かな未来に向かって、「賭け」、そこから利潤を得ようとする側面があります。そして経営責任は、意思決定者が背負う。それは単なる説明責任などではなく、「賭け」の決断が後年思うような利益をもたらさなかったとき、そのときは株主は、遡及してその決定を非難するかもしれない。後輩たちに後ろ指をさされつづけることになるかもしれない。そうした結果責任を負うことです。

8.2　経営者の責任というもの

経営者は、予測できない未来を、なぜ、知ろうとするのか。

もちろん他社に先駆けて、自分の信ずる未来の市場に賭けて、儲けたいがためでしょう。賭けなければ利潤を得られません。けれども、もう少し深いところの社会制度的な理由もありそうです。

ビジネス活動で未来のありようを考え、どっちに進もうか結論を出し、アクションをとるのは、あくまで生身の人間でなければなりません。

なぜなら我々の社会は、個人はもちろん法人組織においても、「それをするべき」と特定された立場の人間―つまり代表取締役です―が考えて結論を出し、行動し、結果責任を負うのもその人である、という掟（おきて）で運営されるからです。これは企業ガバナンスの基本でもあります。

実際にはこれは擬制であって、一定規模以上の法人組織はほとんどの場合、それを構成する多くの人々が支えあい、責任を分担し合って動いています。しかしながらこの擬制は、企業の法人格を代理する生身の経営者が、我が身に引き受けるべき責任を根拠づけます。

であるからして、どの企業の社長であれ、「この決定とその後のアクションは、外注先のコンピューターモデルがそうアドバイスしてきたもので、自分に結果責任はない」とか、「私は、政府が経団連で発表した方針に従っただけです」といった言い訳はできないし、社会が認めるはずもない。

8・3　シナリオプランニングの役割

経営トップが自ら考え、決断し、その結果責任を引き受ける、これが社会ルールであり、民間企業の独立自尊の姿です。だからこそトップは決定に臨んで、自らの知性や感性や直観で、深く、広く、よく考えようとします。シナリオプランニングはそれをサポートするためのツールなのです。

図表1-9　意思決定の現場

過度なリスクを無鉄砲に取らない

・未来の不確実性を、分析的に検討し、リハーサルしておく

過剰に慎重にならない

・リスク対策を講じたうえで、果敢にリスクを取るよう励ます

1992年から93年にかけて、シェルはソ連崩壊後のロシアから、極東サハリンの鉱区を取得し、天然ガス探査に乗り出す決断をしています。その過程については第7章で詳しく紹介しますが、この決定の責任者だったトニー・ビカス＝マイルズは、当時を振り返って以下のように述べています。

戦略検討作業をやってみると、重大なビジネスの決定が、リーダーの『ハラ(gut)』つまり胆力や直観から出てくることがわかってくる。こういった決定は、後付けで経済計算などから検証できるだろうが、重要な決定の際に必要なのは、この『ハラ』を健全に整えておくことだ。そしてこれがシナリオプ

図表1-10　シナリオプランニングの役割

シナリオプランニングとは何か **クライアントが シナリオ手法を活用して** **戦略的重要課題が将来に直面する 環境変化（政策環境、ビジネス環境）** **について、検討し、洞察する** シナリオプランナーは、これを支援する

ランニングの役割なのだ。

投資案件の成功を支える諸条件に伴う一部の不確実性は、保険会社が自社のビジネスとしてリスクを買ってくれるでしょう。しかし数量化できない不確実性を買ってくれる保険会社はありません。

シナリオプランニングは、投資案件に、どうしても貼りついていて数量化ができない不確実性を、なんとか実務的に、自分事として真剣に検討したい、という経営者の希望に応えようとするツールです。であっても、最終的な戦略的判断は、「gut（ハラ）」でなされるものです。いつまでも思考実験を続けているわけにはいきません。未来のビジネス環境を十分に探索した経営者の決断をもって、我らが企業は不確実性の海に漕ぎ出すのであります。

いくつかのシナリオを検討し、積極的にリスクを取りにゆく
女子カーリングチーム「ロコ・ソラーレ（Loco Solare）」

(写真提供)どうぎんカーリングクラシック

［コラム1］フィードバック・ループ

本文中で何度か出てきたフィードバック・ループとは、得られた結果を再投入して出発点とする形で同じ過程を繰り返し、それにより加速度的に自己増幅したり、逆に一定の状態に収束していく回路（ループ）のことで、前者を「自己強化型フィードバック・ループ(Reinforcing feedback loop)」、後者を「バランス型フィードバック・ループ（Balancing feedback loop)」と呼びます。

これらはシナリオプランニングの基本であるシステム図を考える場合に不可欠な概念なので、少々紙数を割いて説明します。

以下ではアラスカ沖300㎞にある孤島、セント・マシュー島で1960年代に観察された出来事[1]を使って、フィードバック・ループについて解説します。この部分は、株式会社フューチャネス代表取締役・木原正樹氏によるものです。

1944年8月、太平洋で日米が激しく戦っていた頃、米国沿岸警備隊はこの孤島に基地を設置し、非常時の食料として29頭のトナカイを放った。しかし戦況は米国有利となり、数カ月後、基地は放棄されトナカイが残された。

図表1-11　セント・マシュー島におけるトナカイ数の増加と減少

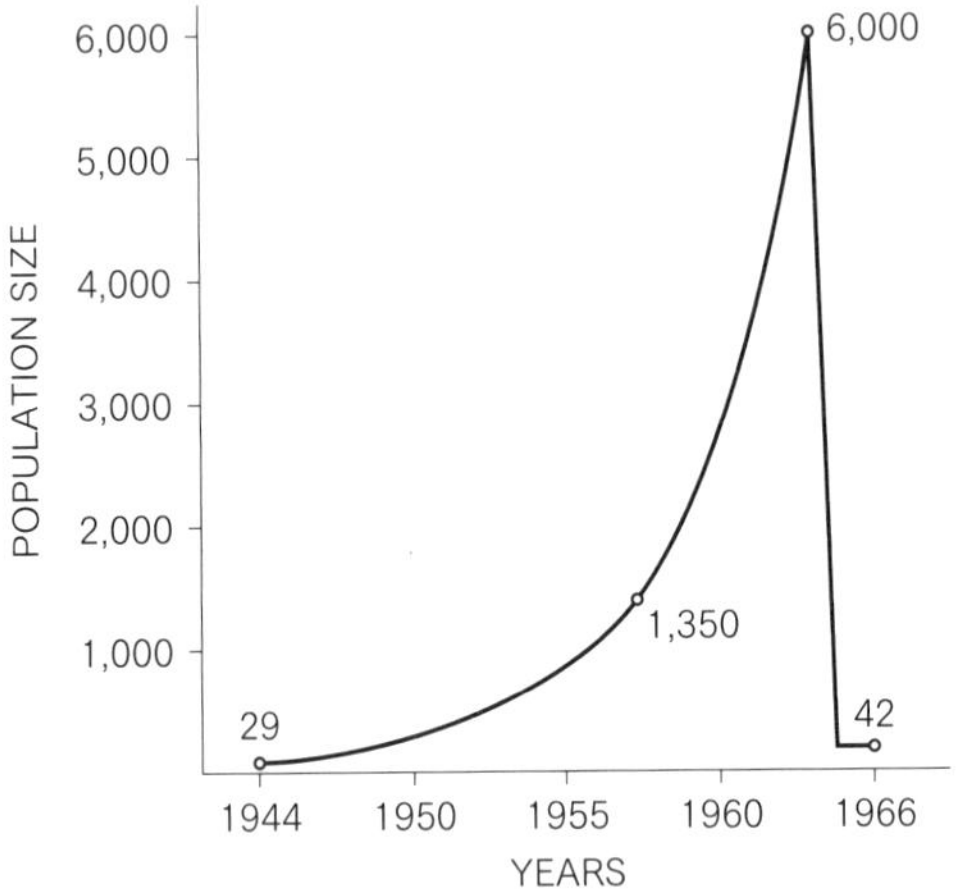

図表1-12　トナカイ数のフィードバック・ループ

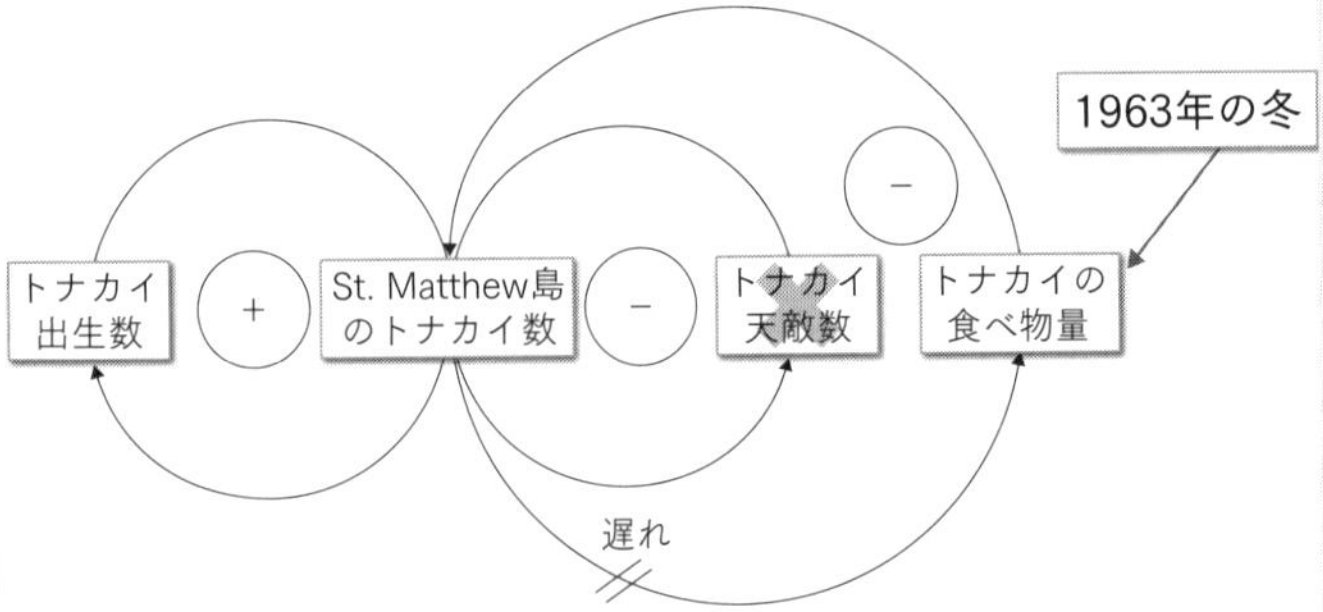

捕食する人間が去ったのち、島の閉じた生態系の中で、天敵のいないトナカイの数は増え続けた。孤島といっても東京都の半分くらいの面積がある大きな島なので、トナカイにとって十分な食糧があった。研究者の調査では、1957年に1350頭、1963年には6000頭と指数関数的に増加している。

しかし1966年に3度目の調査を行った研究者グループは、驚くべき発見をする。島のトナカイがほとんど死滅し、わずかに42頭だけが残されていたのだ。[2]

島で何が起きたのか？　直接のトリガーとなったのは、1963年にベーリング海域を襲った記録的な寒さと降雪だった。急速に数を増やした結果、島におけるトナカイの生息数は、島で得られる食糧の限界ぎりぎりに達していた。そこに記録的に厳しい冬が到来、食糧が枯渇し、わずか数カ月でほとんどのトナカイは死んだ。

この島で起きたトナカイの数を巡るシステムをフィードバック・ループで表すと、図表1－12のようになる。

左側のループは、「トナカイ出生数」を要素とする自己強化型フィードバック・ループ。島に持ち込んだトナカイから赤ちゃんが生まれ、育ち、成獣となる。野生のメスのトナカイは2歳にもなると最初の妊娠をし、10歳頃まで生き、年に1頭の子を生む。怪我や病気で死亡する個体を除いても、1世代で数倍という、加速度的に増加する作用が働くループである。

右側の二つのループは、バランス型フィードバック・ループで、急速に増加するトナカイの数を抑制する。一つのループの要素は「トナカイ天敵数」、もう一つのループの要素は「トナカイの食べ物量」である。

通常の生態系であれば、オオカミやヒグマなど、トナカイにとっての天敵である捕食者が存在する。この島であれば人間がそうだったが、沿岸警備隊が去った後の島にトナカイの天敵はいなかった。従って、第一の「トナカイ天敵数」ループは、ここでは作用しなかった。

二つ目のバランス型ループ「トナカイの食べ物量」も、当初は作用しなかったものと思われる。持ち込まれた29頭のトナカイにとって島は十分に大きく、食糧が不足することはなかったからだ。1350頭を数えた1957年の調査では、「生息するトナカイたちはとても健康だった」と報告されていた。しかしトナカイの数が増えるにつれ、バランス型ループが、時間的遅れを持って、作用し始める。個体数が6000頭に達していた1963年の調査では、トナカイが以前より痩せていることが報告されていた。二つ目のバランス型ループがシステムを自己修復させる形で、すなわちトナカイの数を一定に保つよう、作用し始めていたと考えられる。

ここで二つ目のバランス型ループの抑制作用を急激に強める力が働いた。それが過酷な１９６３年の冬だった。降雪と寒さで食糧が制約された中、多くのトナカイは冬の数カ月を乗り越えることができなかった。

１９６６年時点で残されたトナカイは、雌41頭と生殖機能を失った雄1頭。繁殖機能という自己強化型ループを失った島のトナカイは、１９８０年代には完全に姿を消し、島は１９４２年に沿岸警備隊が訪れる前の状態に戻った。

---

1. Stuart McMillen (2011) St Matthew Island, https://www.stuartmcmillen.com/comic/st-matthew-island/
2. David R. Klein (1968) The Introduction, Increase, and Crash of Reindeer on St. Matthew Island, http://faculty.jsd.claremont.edu/dmcfarlane/bio146mcfarlane/papers/reindeer_STMathew.pdf

第2章

シナリオプロジェクトの使い方

シェルに学んだ
シナリオプランニングの奥義

SCENARIO PLANNING

本章ではシナリオプランナー側が心がけるべき役割、クライアントとプランナーの認識共有の重要性、またクライアントにおけるシナリオプランニングの利用目的について解説します。

1 シナリオプランナーの役割

シナリオプランニングにおけるシナリオプランナーの役割は、大きく2つに分けられます。

第1は、クライアントがより深く考えられる効果的な仕組みを提供することです。クライアントが自社を、ビジネス環境の全体システムの中で活動しているのだ、と認識できる俯瞰的なものの見方、長期的な視点からの発想、また、想定外の事件や展開の仮想体験を得られるよう、サポートをします。

第2は、クライアントメンバーによるワークショップにファシリテーターとして参加して思考プロセスをサポートし、クライアント側の調査を助けるなど、プロジェクトの期間

中終始クライアントに伴走することです

いずれの役割もシナリオプランニングに習熟していなければ務まりません。できるかぎり2人体制でワークショップに参加し、プランナー役とファシリテーター役を適宜交代しながら仕事を分担します。

〝シェル流〟シナリオプロジェクトではプランナーとクライアントとの協働作業は欠かせません。コンサルティングファームのレポート書きのように、コンサルタントが自分で調べて、きれいなスライドにまとめてプレゼンするという仕事ではありません。

主役は、あくまでクライアントです。ですのでプランナーとクライアントの協働は、クライアントがプロジェクトを実施する目的の確認やクライアントの現状認識、さらに将来への懸念を共有する、という作業から始まります。

2 プロジェクトの出発にあたり

以下ではシナリオプロジェクトの出発にあたって、失敗例、成功例をそれぞれドラマ仕立てでお見せし、要点を解説します。ここでは、プランナーとクライアントの協働の重要性を理解していただこうと思います。

主人公は日本の大手企業X社の経営企画部門の30代の若手スタッフAと、部長B。なお事例、企業、人物ともにモデルはなく、登場する書籍も架空のものです。

2・1 ストーリー1 ありがちな失敗ケース

2020年春、コロナ禍で出社できない状況の下、X社経営企画部ではその年の秋から策定作業に入る中長期経営計画の準備を始めた。Aは準備作業の主担当として、計画策定に入るまでに将来のビジネス環境想定をつくるよう、上司から指示された。

上司の部長によれば、今回、経営トップより「今回の中長計は10年後まで見通したい。

ついてはシナリオプランニングを採用してみたい」との指示が出たとのこと。したがって
シナリオプランニングが未経験のAとしては、まずは勉強から始めなくてはならない。

Aが最初にやったのは、ビジネス関連書のコーナーでテキストになりそうな書籍を見つくろうことだった。

購入したのはコンサルティングファーム出身者の著書で、それによれば、「シナリオプランニングの最初のステップは、会社に影響を与えそうな将来のリスク事象を、社会・経済・技術・環境問題・国際政治など、どんな分野でもかまわないので、なるべく広く挙げてみること」とある。

どうやら最初は、当社の長期的な経営環境リスクとなりそうなイシューをいくつか見つけるようだ。

長期的経営環境リスクとは、具体的に何なのか。

Aはこれについて「今年の1月末に行われた世界経済フォーラム（ダボス会議）が参考になるかもしれない」と考え、ネット上をあたってみた。

世界経済フォーラムの事務局は1月の会議に備え、毎年末に『グローバルリスク報告書』を発表している。なにしろ世界中の勢いのある大企業の経営者が集まって議論する、とい

うイベントだから、ダボス会議はずいぶんと貫録がある。きっと経営会議での発表に使えるだろう。しかし2019年末のリスク報告書に目を通したら、挙げられていた「発生する確率が高く世界経済への影響度の高いリスク事象」は、異常気象、気候変動の緩和・適応の失敗、水危機など、地球温暖化関連のイシューばかりだった。「新型コロナによるパンデミック」は、「発生確率がさほど高くないリスク事象」という扱いになっている。

これじゃしょうがないな。

Aはダボス会議からテーマを探すことを断念し、それでは、と経営企画部門および社内で親しくしている若手社員たちからアイデアを募ることにした。

「今年秋からはじまる中長期経営計画作業の一環として、アンケート調査を実施します。今から10年後まで、当社の経営に影響をあたえそうな内外のリスク事象を挙げてください」という依頼メールを、心当たりの社員たちに配信したのだ。

数日後、以下のような回答が集まった。

- パンデミックは一過性なのか、繰り返されるのか
- 原油価格
- テレワークが定着するのか

・気候変動対策、国際交渉の成否
・少子高齢化
・原発は再び社会に受け入れられるのか
・当社は新卒学生に不人気だ

Aはこれなら使える、と、取りまとめにかかった。


参考にしているテキストの中に、使えそうな図があった。

説明によれば、まず縦横2つの軸を持つ表を用意する。(2軸プロット、と言います)縦軸は「経営に与える影響の重大性」、横軸は「未来変化のありようの不確実性」とする。

次にアンケートの回答をカードに書き出し、それをこの表の上に置いてゆく。

テキストには、「この作業は大勢がホワイトボードの大画面の前に集まって議論しながら進める」とあるが、コロナ禍の現状では会社に集まれない。そこで自宅のパソコンで2軸の上に適当にカードを配置した図表をつくり、これを叩き台とすることにして協力者たちにメールで配布し、コメントを求めた。

Aが今の自分の関心事に照らして「パンデミック」と「温暖化対策」の2つを、重大で

図表2-1　2020-2030　経営環境のリスク事象

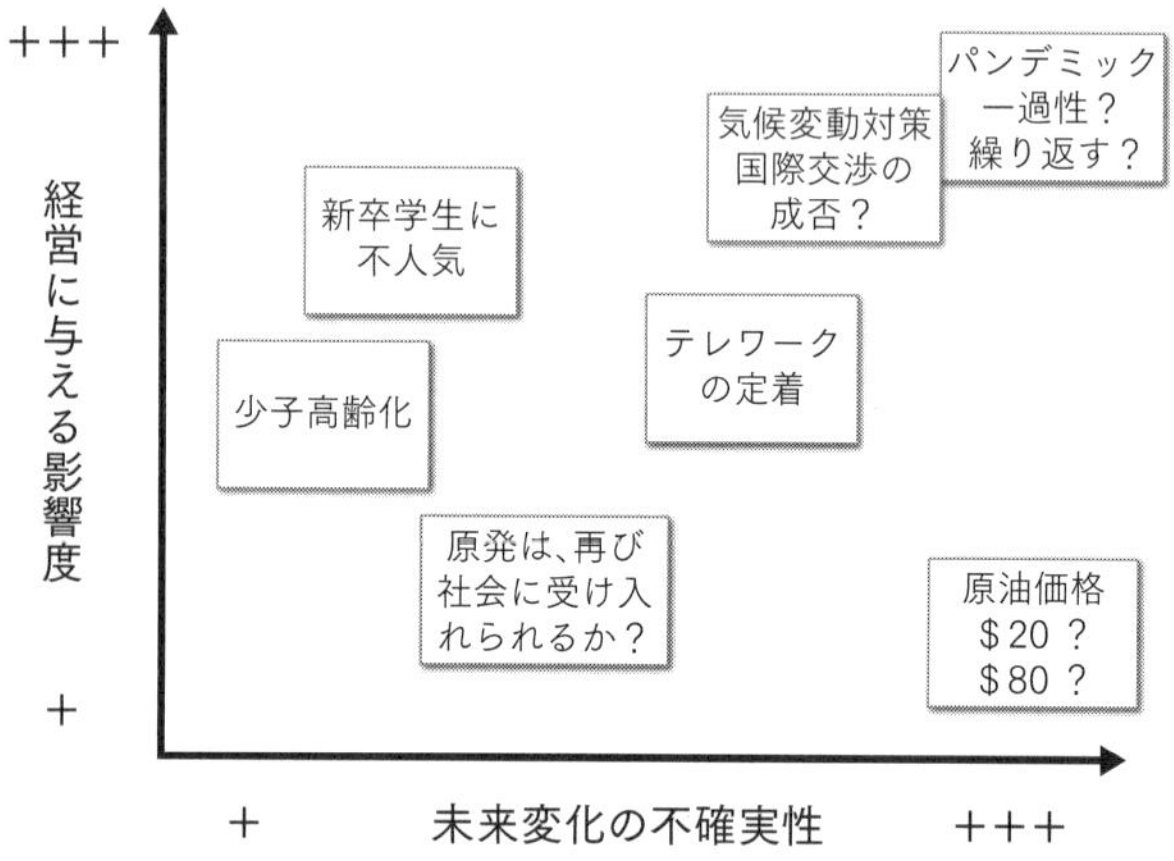

不確実な事象と考えた、という経緯である。

さて、次の工程。テキストによれば、「最も不確実性が高くて、経営への影響が大きい位置にあるカードを2つ選び、縦横の十字架図を作る」とある。

「テーマの中から2つを選び、各テーマの未来展開を2様に描き分け、組み合わせて4象限にすれば、異なる4つの経営環境が描ける」という。

まずパンデミックの未来展開について。

新型コロナの前に現われた大規模なウイルス性感染症の流行は、2012年に出現したMERSで、その前が2009年の新型インフルエンザH1N1、さらにその前が2003年SARSとなる。

つまり世界のどこかで5年に一度発生し、

図表2-2　4象限のシナリオ試作品

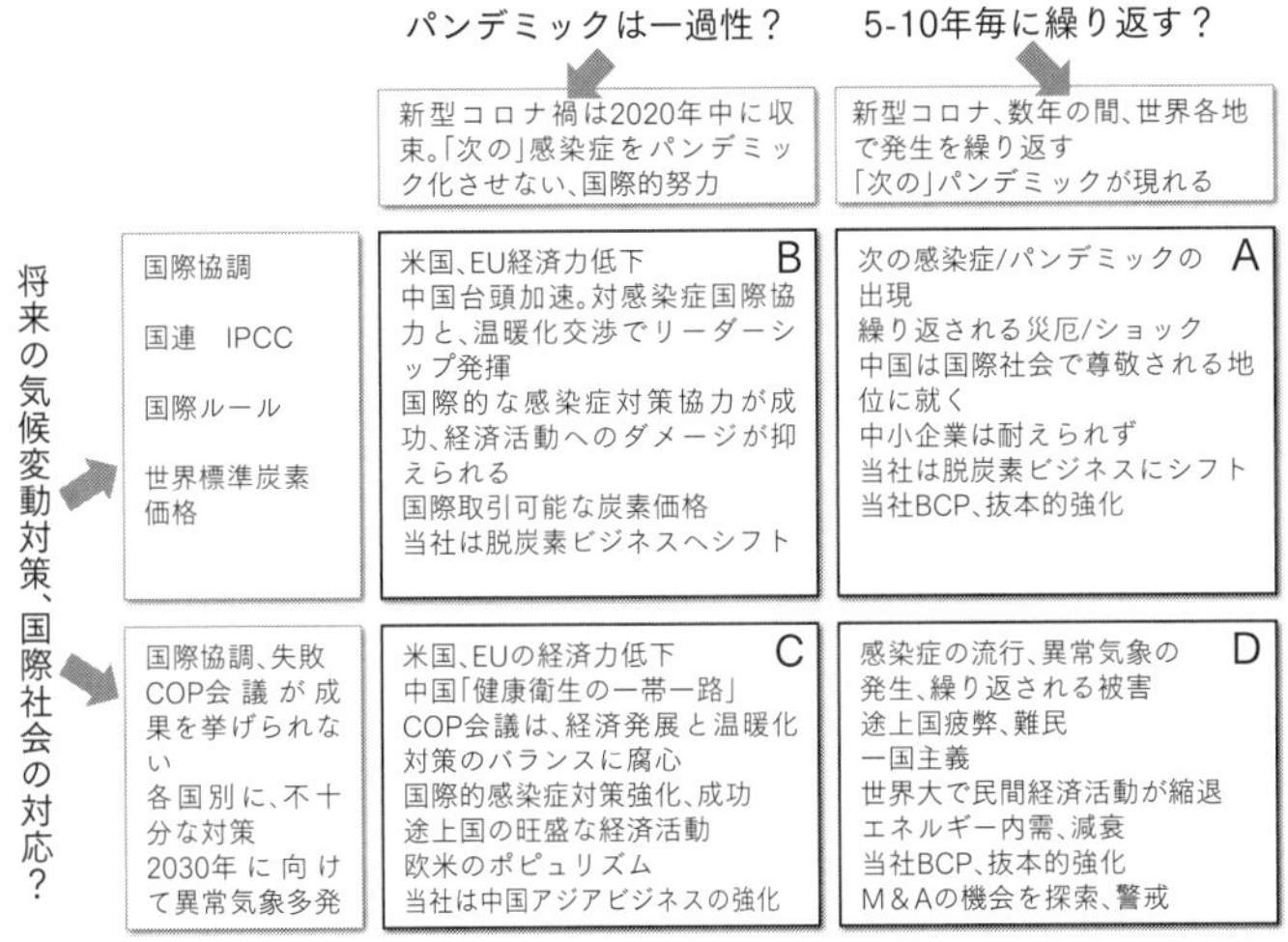

	パンデミックは一過性？	5-10年毎に繰り返す？
	新型コロナ禍は2020年中に収束。「次の」感染症をパンデミック化させない、国際的努力	新型コロナ、数年の間、世界各地で発生を繰り返す「次の」パンデミックが現れる

将来の気候変動対策、国際社会の対応？		
国際協調 国連　IPCC 国際ルール 世界標準炭素価格	**B** 米国、EU経済力低下 中国台頭加速。対感染症国際協力と、温暖化交渉でリーダーシップ発揮 国際的な感染症対策協力が成功、経済活動へのダメージが抑えられる 国際取引可能な炭素価格 当社は脱炭素ビジネスへシフト	**A** 次の感染症/パンデミックの出現 繰り返される災厄/ショック 中国は国際社会で尊敬される地位に就く 中小企業は耐えられず 当社は脱炭素ビジネスにシフト 当社BCP、抜本的強化
国際協調、失敗 COP会議 が 成果を挙げられない 各国別に、不十分な対策 2030年 に 向けて異常気象多発	**C** 米国、EUの経済力低下 中国「健康衛生の一帯一路」 COP会議は、経済発展と温暖化対策のバランスに腐心 国際的感染症対策強化、成功 途上国の旺盛な経済活動 欧米のポピュリズム 当社は中国アジアビジネスの強化	**D** 感染症の流行、異常気象の発生、繰り返される被害 途上国疲弊、難民 一国主義 世界大で民間経済活動が縮退 エネルギー内需、減衰 当社BCP、抜本的強化 M&Aの機会を探索、警戒

流行している。

　はたして今後もそうなのだろうか？この疑問への回答としては「YES」「NO」どちらも考えられるので、そこで2つに分けることができそうだ。

　次に温暖化問題。

　地球温暖化は今後10年は不可避的に悪化する。ここは他の選択肢はない。

　一方、企業、社会、政府や国際組織・国際政治が、深刻化する温暖化問題に対してどれほど真剣に対策を合意し、実行するのかについては、国際協調の成功と失敗、2通りの未来が考えられそうだ。

　組み合わせて4象限、4通りの未来世界が現れた。あとはシナリオA、B、C、D、それぞれのボックスにストーリーを書き込んでゆけばいい。これならできそうだ。

シナリオA、B、C、Dの中味を簡単に書き下したスライドを作って、再び関係者に送った。経営企画部長が招集したウェブ会議が開かれ、シナリオの概要が共有されたが、これといった修正提案はなかった。部内にはシナリオプランニングについてくわしい者がいないので、当然だろう。

後日、Aと上司は完成したシナリオ作品を経営会議に持ち込み、4つのシナリオについてプレゼンをした。

ところが、経営層の反応は、ぜんぜん芳しくない。

「アイツラは、我々が、将来、いつごろ、どんなリスクを予期しておけば、戦略の達成に問題ない、と進言しとるのか……」「ワカラン」

「我が社の中期経営計画と、君たちが挙げたシナリオの関連性が、まったくわからない」

Aは答えに窮し、上司と顔を見合わせるしかなかった……。

シナリオプランナー役を任された担当者Aは、シナリオプランニングの手順を理解しておらなかったのだ。経営企画部にとってのクライアントであるX社トップマネジメントが、シナリオプランニングをやろうと考えた目的は何なのか、経営層が中期経営計画について抱いている懸念はどこいらへんなのか。このあたりを確認する手順を飛ばしてしまったのが、失敗です。

Aは自分1人の考えで適当な事象を、2つ、選んでいましたね。分析のフレームワークについてもテキストに掲載されていた手法をそのまま使っています。結果として経営会議で、よく趣旨がワカランなぁ、なんか役に立つのかね……という感想を貰ってしまったのです。

次に、別のストーリーを話しましょう。

シナリオプランニングについてある程度の知識を持ち、クライアントとの事前話し合いの重要性も理解している部長Bがプランナーを務め、トップマネジメントとの認識共有に十分な時間と労力を費やしたケースを書いてみます。

2・2　ストーリー2　入念な準備で成功したケース

2020年3月、X社の経営企画部長Bは、社長から「今回の中長期経営計画では、将来のビジネス環境の想定にシナリオプランニングの手法を取り入れてみたらどうか」と打診された。

Bは以前、ある海外プロジェクト案件の検討に際してシナリオプランニングの専門家と一緒に働いた経験があった。だから、この手法の段取りがわかる。専門書の読み方もわかる。

Bが最初にやったことは、社長から「今回の中長期経営計画では、シナリオ手法というものを取り入れてやってみたらどうか」と打診されたとき、直ちに「はい、それではご一緒に、将来のビジネス環境を考えてみましょう!」と、その場で返したことだ。ここが、勘所だった。

Bはまず、トップマネジメントの何人かと、それぞれ1時間、本音の問答を仕掛けた。事前に経営企画部門が用意していた質問は、「今から10年後まで、当社の経営に影響をあたえそうな内外のリスク事象は、何でしょうか? 何がご懸念でしょうか?」というもの。この本音の問答は、将来のビジネス環境を見渡して、見通しが利きそうなことがらと、不確実なことがらにかかわる感覚を磨いてもらうための問答だ。インタビューに際しては手帳と筆記具を手元に置いた。

そしたら、社内の若手たち(前稿を参照)とはずいぶん違った応答になった。トップマネジメントたちは経営企画部門の作ったお仕着せの設問なんかに、素直に答えようとはしないのだ。

・10年では短すぎる。社会インフラに投資し、運営してゆく当社は30年後も存続するのである
・コロナ問題はいつ終わるのか、その後の社会はどうなるのか
・社内の最大の不確実性と関心事は、将来のトップ人事である
・国際原油・天然ガス価格
・定型業務のテレワークは定着するだろうが、いずれＡＩに置き換わるのではないか？
・低炭素化、気候変動の対応。今できることに注力しているのだが、機関投資家やメディアからの低評価傾向は変わらない。今後も、そうか？
・最近、アジア地域に大規模投資をしたが、10年後に稼いでくれているのか？
・社内でイノベーション運動を過去何回もやったが、成果が出ていない

経営層の述懐を総合してゆくと、いくつかのテーマにまとまってきて、また、どのようにシナリオプランニング手法を使うことを期待しているのか、が見えてきた。

「我が社が30年後も存続・成長できるビジネス環境を見通すために、この手法を使いたい。」
というところを期待しているのだ。

Bは今回のシナリオプロジェクトでは、この「経営層の期待」を、そのままプロジェクトのテーマとして採用する、と決めた。

Bはまた経営層インタビューで挙げられたテーマに、自らテーマを2つ加えた。ひとつは「日本社会の電化率は、現状想定？　それとも電化が加速？」というB自身の問題意識からくるもの。そして若手社員へのヒアリングの中から出てきた、「当社は新卒学生に不人気」というイシューである。

一方、経営陣回答のひとつ「社内の不確実性と重大関心事は将来のトップ人事」については、これは本音ではあろうが、取り上げにくい問題であるなぁ。

Bは半年後の同年9月中旬に5時間の経営戦略ワークショップを行うことにした。秘書課を通じて経営陣の予定に入れてもらった。これで目標が立った。

このワークショップの目的は、経営陣が会社の30年後を見据えて、今現在から30年後までの期間に発生する可能性のある、不確実性の高いビジネス環境事象を発見し、それを調

図表2-3　経営陣のリスク認識

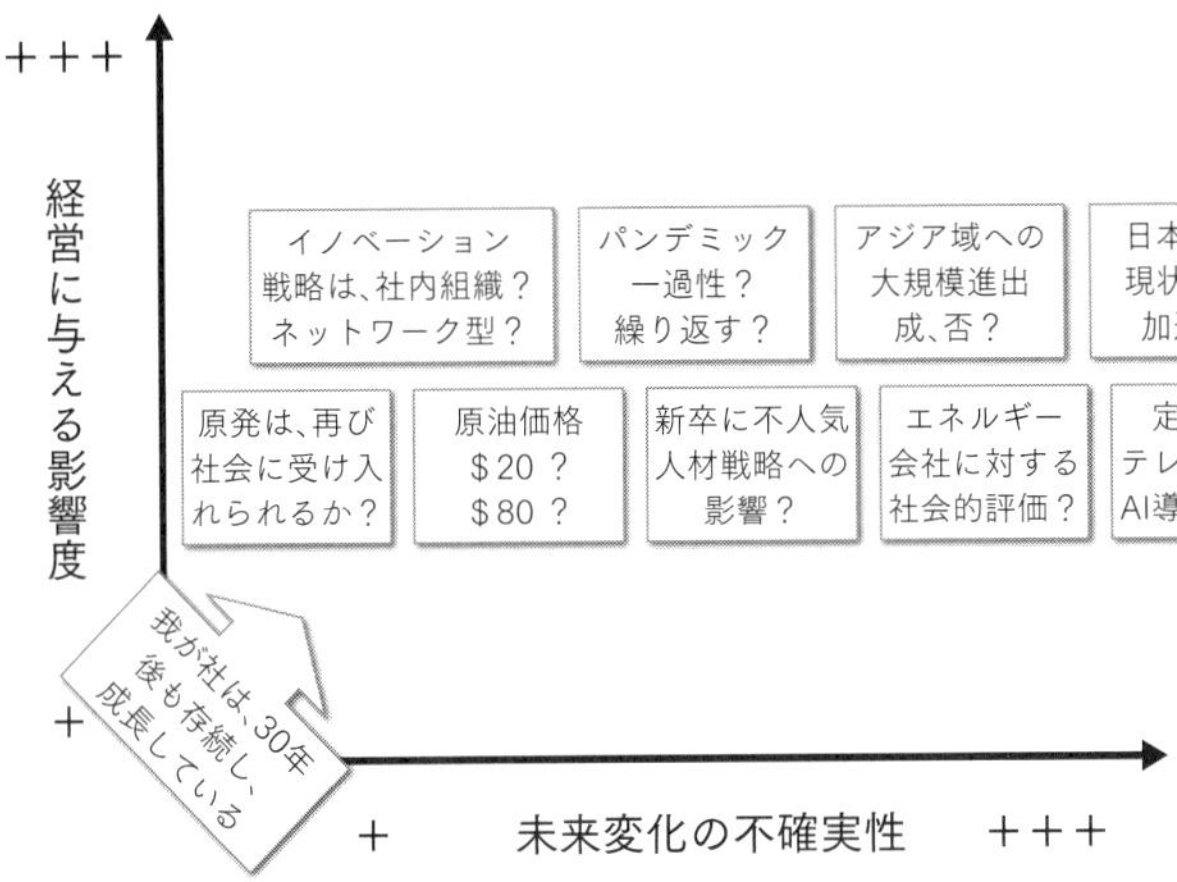

査項目として合意することにある。参加者はトップマネジメントたちで、ワークショップのファシリテーターは部長Bが務め、必要に応じて経営企画部の若手がスタッフとしてBをサポートする。

ここから企画部門の準備作業が始まった。使い勝手がよいようインタビューの回答をポスト・イットカードに書き写す。ここは、Bの指示の下、経営企画部の若手が作業し、Bがそれをチェックし修正するという手順を踏んだ。Bからすれば、若手の教育の一環である。

例えば、「社内でイノベーション運動を過去何回もやったが、成果が出ていない」という回答は、「我が社のイノベーション戦略は、従来通り内製でゆくのか？　それとも、他者との協業に打って出るネットワーク型に替えるのか？」と読み換える。カード化する際には、「イノベーション戦略は社内組織？ネットワーク型？」と、疑問文に直している。

ひと通りカードづくりが終わったら、次はそのカードたちを、縦軸に「経営に与える影響度」、横軸に「未来変化の不確実性」と書かれた2軸プロットの中に並べてゆく。

経営企画部で書き換えたカードを2軸の画面に置いたのが、図表2－3である。

図表の2軸の間に、疑問文で書かれたカードが9枚、並列に置かれている。

また「我が社は、30年後も存続し、成長している」という、囲みつきのテキストが、軸の起点に置かれている。これは今回のシナリオプランニングのテーマが、「我が社が30年後も存続・成長できる外部環境条件を見通す」ことであること、を明示するためである。

経営企画部はこの図だけを準備して、9月15日10時から昼食をはさんで午後3時までの、長丁場の経営戦略ワークショップに臨んだのだ。

部長は経営層を、全員集めていた。

ところが、この重要なイベントに臨んで、なんと、B部長は、細かなプロセスを事前に詰めていない。まったくの〝出たとこ勝負〟である。事前の説明資料は配らず事前のご進講もない。どのカードからディスカッションが始まるかも決まっていない。

このような会議進行はシナリオプランニング手法ではよく使われるのだが、社長本人が、そうした即興性を希望したためでもあった。実はBだけではなく、社長本人もシナリオプランニングの経験者だった。


当日、社長以下経営トップの7人全員が参加してきた。

ポスト・イットに書きつけた9枚の疑問文カードが役員会議室の壁に貼ってある。そこには模造紙を横5メートル、縦1・5メートルにわたって貼りまわした大画面がセットされていた。

固唾をのむ参加者の前で、社長が壁の前に立ち、口火を切った。

置かれたポスト・イットのカードを手で動かしながら、この位置にこのカードを置いた自分の意図について、よどみなく理由を述べる。その姿を見て他の参加者も、「これは、何か言わねば」「資料がないので、直観と洞察で、それなりの意見を開陳せねば」と覚悟を決めた。

ファシリテーターを務める経営企画部長は、参加者7人が、なるべく公平に発言機会を得、またできるだけ話題が発散しながら展開してゆくよう気を配る。自分の見解は決してはさまない。各参加者それぞれに、発言を促してゆく。ゆるやかに、軽快に、そして、前に進んでいくように。思考の展開がさえぎられることなく、未来に拡がってゆくのに掉さしてはいけない。

B部長には、経営陣と仕事をする際に、常時大事にしている覚悟があった。

それは、参加者たちの会社に対する真剣な姿勢を信じること。そして、皆が寄り集まって自由闊達に議論をすると、ひとりで考えているよりも、必ず、よりよい智慧が産まれてくる、と信ずること、である。目的意識をひとつにした人たちのディスカッションのパワーを信じ、そのパワーを、最大限、発揮してもらおうとしているのだ。

若手たちはBの指示により、目立たぬ席に控えて、参加者それぞれの発言を、懸命に、筆記してゆく。こういうハイパワーな人々が自由闊達に話そうとしている場には、ICレコーダーを持ち込まないことだ、というのがBの考えだった。

議論は白熱し、時間の経過とともに壁の模造紙にたくさんのポスト・イットカードが追加されていった。床にもたくさんカードが落ちている。次第に錯綜し、もはや何がどうつながっているのか、参加者たち自身にも読み取れなくなってきた。

12時15分、昼食休憩のため、いったん散会。

経営企画部のメンバーは、その間に画面に手を入れて、ディスカッションの筋道を整理しようとする。

会議室に戻ってくる経営層がこれまでの議論の経緯を、一見して、掴めるよう、画面のカードの配置を整えておくのだ。Bはカオスと化している画面を鳥瞰し、カードを動かしながら、核心となるテーマを発見しようとおおいにがんばり、午後の議論のプロセスを脳内に設定していった。

経営企画部メンバーは部長以下、昼食を摂らずに作業をやっている。

13時からワークショップが再開された。議論は相変わらずのテンションの高さを保っており、再びカードが散乱していく。

1時間後の仕上がり画面は図表2－4のようになった。

トップ7人はこの日、「10年後の情勢が見通せない事象」として、

・原油・天然ガス価格のレベル？
・成長のエンジンたるアジア地域大規模投資の成否？
・次の成長をもたらすイノベーションの入手手段？
・パンデミックショックは繰り返されるのか？

図表2-4　経営層のリスク感覚

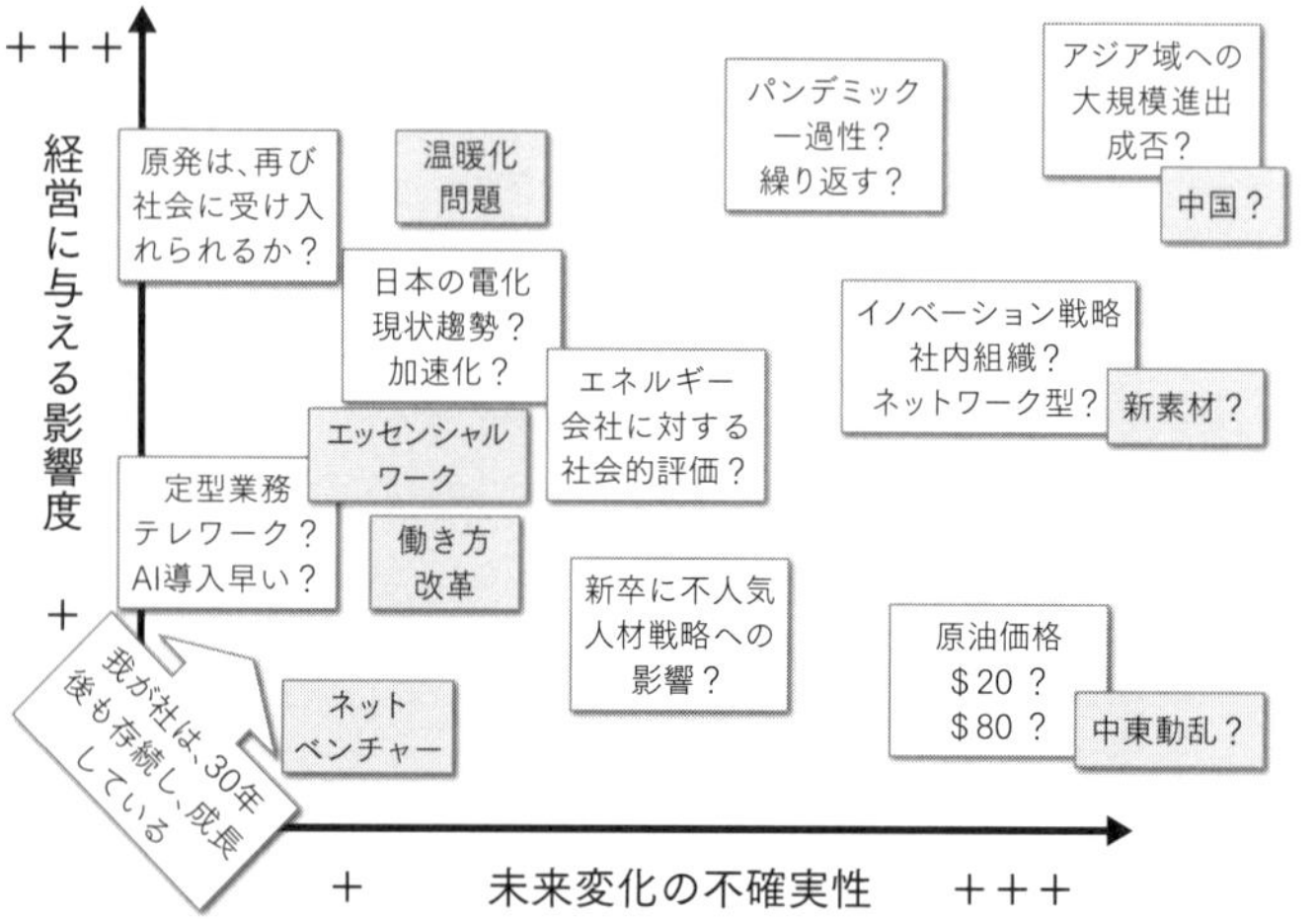

の4つを選んでいた。不確実性の程度はそれぞれ異なり、図の横軸に沿って順位付けが行われている。

また、「経営戦略に重大な影響を与える事象」としては、

・アジア地域大規模投資の成否？
・パンデミック？
・原発の電源再参入の成否？
・温暖化問題の行方？

の4つが挙げられた。こちらは図の縦軸に沿って配置されている。

なるほど……とB部長は納得した。

「アジア地域大規模投資の成否？」と「パンデミックの帰趨？」。この2つの事象

が、今現在から今後10年にわたって、我が社の経営に重大な影響を与え、しかも将来の展開が読めない、というのが経営層の見立てだった。

ワークショップは予定通り午後3時に終わった。会議室の床にはポスト・イットが散乱。7人は、「いい汗をかいた」という満足の表情で引き揚げていった。


さて、経営企画部としては、この画面からどう進めるのか。

次の経営戦略会議では、いよいよ中長期経営戦略が見ておくべき未来のリスクについて議論することになる。

部長はまず教育のため、シナリオ手法を勉強中の若手スタッフたちに考えさせてみた。

彼らは、ストーリー1でAが使っていたテキストを参考書とした。このテキストでは「最も不確実性が高くて、経営への影響が大きい位置にあるラベルを2つ選び、縦横の十字架図を作る。それぞれのテーマを、縦軸横軸、2様に描き分け、組み合わせて4象限とすれば、異なる4つの経営環境が描けるだろう」と。これは比較的よく使われるフレームワークのひとつ「十字架モデル」で、後の章で説明をします。

若手たちは、縦軸に「アジア大規模投資の行方」を、横軸には「将来のパンデミック」

図表2-5　30年後も存続し、成長しているビジネス環境は？

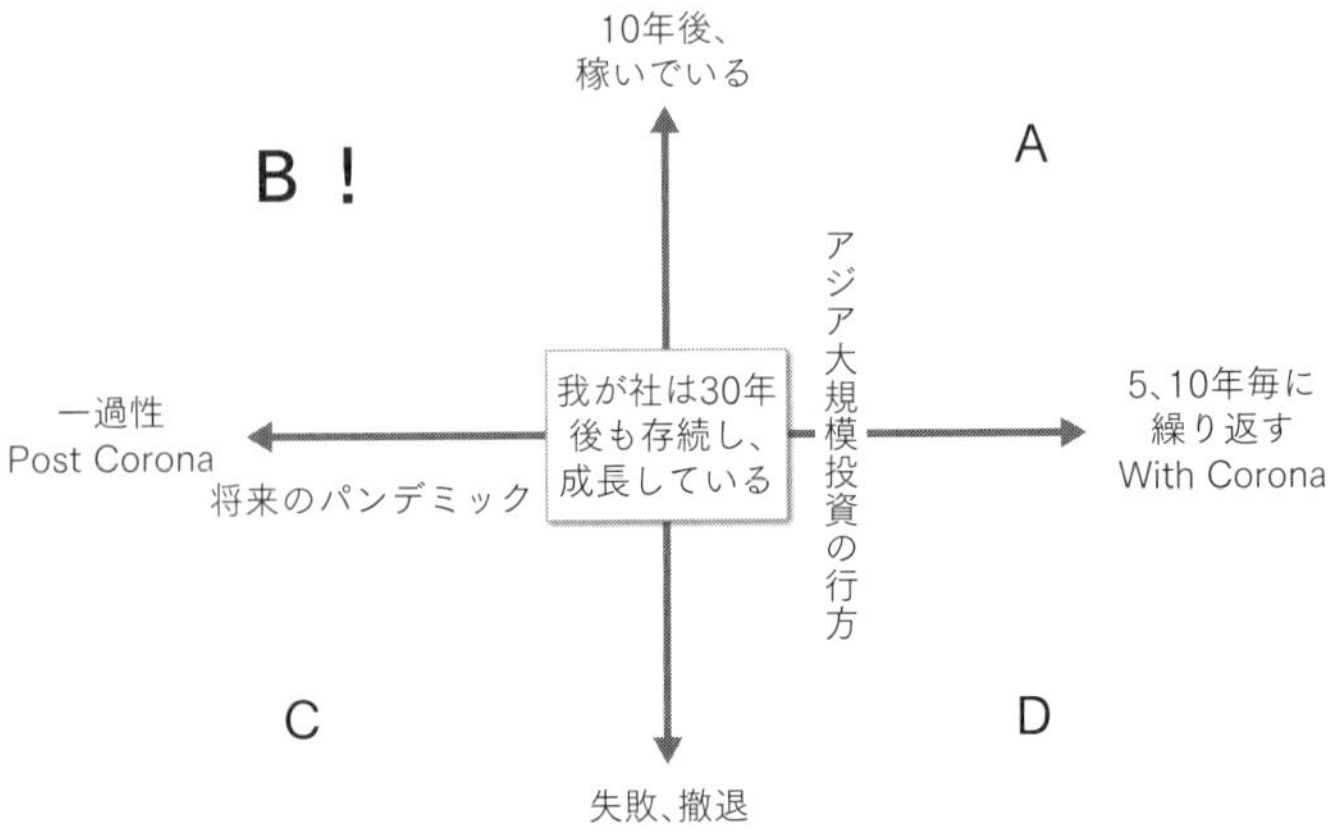

を置いた。それぞれ「アジア大規模投資プロジェクトは、10年後に稼いでいるのか？　それとも失敗して、撤退しているのか？」「コロナ禍＝パンデミックが、2020／21年に一過性で収束しているか？　それとも5－10年周期で繰り返されているか？」で、未来を区分しようとしているのだ。それにより4象限のそれぞれに、4つの異なった未来世界が見えて来た。それぞれをシナリオA、B、C、Dとしたのが図表2－5である。

この4つの未来の中には、内部に自己矛盾を抱えるストーリーもある。つまり、パンデミックが繰り返されるのならばアジアの経済が大きく伸びることはなく、当社の投資した生産設備の稼働は低迷するだろう。故にシナリオAは成り立たない。

シナリオDはありうるが、最悪だ。

パンデミックが収まってもアジアプロジェクトが失敗しているという、シナリオC。このシナリオでは、需要の伸び悩みは起こらないので、それ以外の何らかの失敗原因があるのだろう……。

シナリオBは、当社にとって理想的な未来像である……。


若手スタッフたちは、「10年後の2030年、もし、シナリオCやDの世界が現実化していたら、経営への影響は、如何?」という議題を次の会議に提案したらどうか、と提案してきた。

「9月15日のワークショップの結果、アジア投資が順調に稼ぎ、コロナ禍が2020／21年に収束する未来が、当社にとっての最善のビジネス環境であるとわかりました」

若手たちと向き合うBに対し、1人が代表してそう述べた。

子どもでもわかるような話だ。けれども、どうもそれが、あれだけ白熱した前回の経営戦略ワークショップの成果だったかのような口ぶりなのだ。

Bは半ばあきれながら、若手たちを諭した。

「なぜ、あの場で、データカードを、疑問文、の型式で書いて、ワークショップを始めたんだと思うのかね」

Bの問いかけに、顔を見合わせる若手たち。

「将来展開が見通しにくい課題を話しているのだ、とわかってもらいたかったからだ」

「前回のトップマネジメントたちの議論を想いだしたまえ。ひとつの疑問文カードから、実にさまざまに発想が広がっていっただろう？　経営陣は疑問文型式で用意された『問い』を真剣に問い直し、議論を深めていった。疑問文に対する答えは、いくつ思いついてもよい。用意した疑問文をきっかけに、さらなる課題を見つけ、アイデアを出してゆく。そのアイデアこそがシナリオの萌芽なんだ。

前回のワークショップで経営陣は、提示された事象の未来を真剣に問い、語ることによって、当社の未来を探ろうとしていた。だから議論があそこまで白熱したんだ。

君たちはワークショップの着地点をそのまま引き継いで、そこから作業を続けようとしているが、それはまったくマネジメントサポートになっていない。シナリオプランニングの主役はクライアントで、我々経営企画部はファシリテーターをやるのだ。ファシリテーターが勝手に作業を進めて、クライアントが熱く議論を戦わす機会を奪ってはならない。君たちが企画しなければいけないのは、トップたちが当社の長期未来を懸念し、自問し、

図表2-6　2030年を見据えたリスク感覚　シナリオ制作の出発点が見つかった！

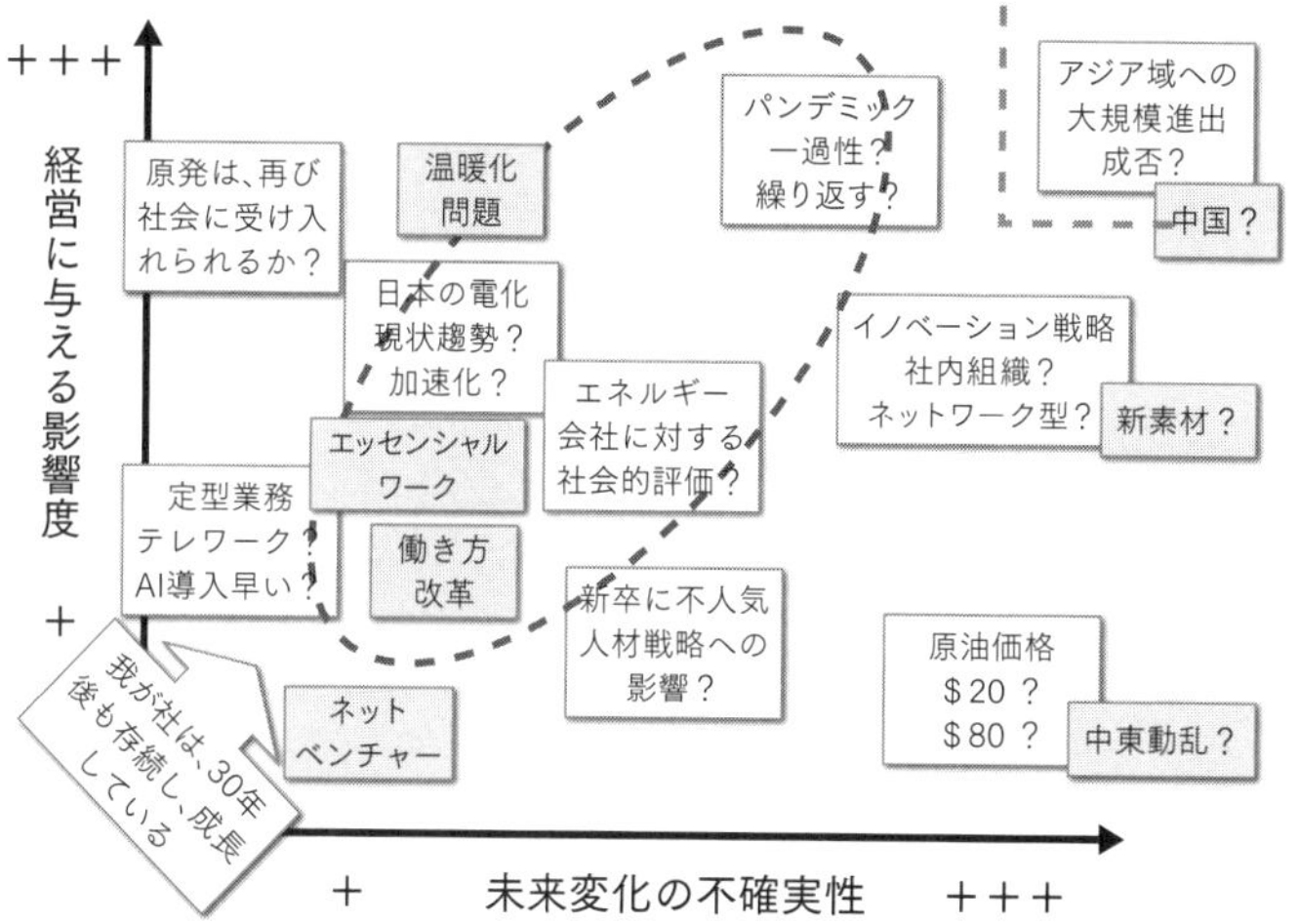

何かをつかもうと探索していたあの『場』の熱気、それを次回の会議で、前回以上に引き出すことだ。次の戦略会議を白熱したワークショップにするために、自分たちが何を用意したらいいかを考えたまえ」

そう言って部長は、前回のワークショップの最終仕上がり画面に、青いサインペンで2つの太い破線を描いた。

「これが、君たちの次の仕事に必要な補助線だ。右上の破線はアジア大規模投資プロジェクトについて追加調査が必要なことを示している。アジア大規模投資プロジェクトの成否について、前回の時点では明らかに情報不足で、経営陣はデータの不備に不満だった。この課題にはもっと深い調査が必要だ。

我々経営企画部はアジア事業部門に参加を要請し、経営会議の前に、まず2部門が共同してこの問題についての調査を行い、データベースを作ることとする。2部門合同会議を呼びかけよう。その際は『10年後のプロジェクトの成功を条件づける事象は何か？』『失敗に導かれてしまう環境変化は何か？』といった形で、やはりシナリオプランニングの型式で論点整理を行うことができる。」

「それから、この囲みだ」

Bは破線で描いた大きな楕円形の囲みを指した。

あ、ポスト・イットカードの相互間に、注目すべき連関が現れている。それが見えた。

「コロナ禍の経験を経て日本社会は、情報系ICTと物流系の2つのインフラ、それも需要端にとどくインフラがライフラインであることに気づいた。そして両インフラを支えるエネルギーの重要性にも。ここに当社の存在意義と成長の方向が見える。パンデミックは繰り返すのか？　鎖国を続けるのか？　そして、『新しい生活様式』は定着するのか？そうなったとき会社組織のあり方はどう変わるのか？　君たちはこの破線で囲われた部分の問題をシステム図にして、カードに書き付けられた要素相互の関係性がわかるようにしてくれ。その前段階として、これらの要素それぞれについても、十分な調査を実施するように」

若手が退出すると、B自身は手書きの破線を書き込んだ図表1枚を携えて、社長に面談を申し入れ、アジア事業部門との合同スタディの可否について打診した。Bの説明を聞いた社長は、それを了承、現業部門の参加を求めることで調査を強化し、両部門が議論しながらシナリオプランニングのスタディを進めてゆくことが決まった。

追加調査に必要な期間を踏まえ、次回の経営会議のスケジュールは3カ月後となった。

さて、ストーリー2で部長Bは、最初にトップマネジメントと十分に話しをしています。彼らが経営企画部にシナリオプランニングの採用を促した意図や、それによって欲しいものは何なのか、懸念を抱いている問題として何があるのかといった、シナリオプランニングを進める上で押さえておかなければならないポイントを聞き出しています。

さらに、集めた情報をもとにプロジェクトのテーマを設定、またワークショップで使用するデータカードを作成し、それを用いたワークショップ、今後のプロジェクトの方向性まで、経営層自身に考えさせました。つまりBは、自分たち経営企画部をファシリテーター、経営層をクライアントとしてこの仕事を組み上げました。これによりX社経営層は、自社の長期的な課題について真剣な討議を行い、集合的な認識を深められた貴重な機会を得ました。ワークショップを提案し、ディスカッションプロセスをデザインし、そして当日のファシリテーター役を務めたB部長は面目をほどこしたことでしょう。

X社の経営層は、不確実かつ影響度大と考えられる2つの事象を特定しました。

その後、経営企画部は、現業部門と協力して調査を実施してゆきます。次回ワークショップは経営層の全員参加を求めず、アジア事業部門担当役員その他の関係者が集まります。そこではBの指揮の下、データベースの項目をカード化し現状説明モデルをつくり、さらにそこから未来について複数のシナリオを制作していくでしょう。

改めて、部長Bの仕事ぶりは、ストーリー1の若手Aのそれとは対照的です。トップマネジメント層のディスカッションの力と、集合的に発揮される知恵の質を信じています。経営企画部は、それに伴走してゆく役割を引き受けるのです。

両者の違いをおわかりいただけたでしょうか。

3 シナリオプランニングを使う目的

クライアントがシナリオプランニングを利用する目的は様々です。様々な目的と、それに合わせたシナリオプランニング手法の様々、についてのお話しをします。

まず、図表2－7で概括をします。

事業戦略の策定に活用することをめざした利用法が、図の右側です。ここではシナリオプランニングは組織の戦略決定を支援するために使われるので、図では「戦略決定支援ツール」としています。

対して、図の左側では、企業が外部のステークホルダーや専門家を集めたりして、社内の組織上の壁を越えて意見を出し合うといったイベントに利用されます。図ではこのような使われ方を「未来探索ツール」としています。

未来探索ツールのイベントは概して気楽なもので、必ずしもシナリオ作品は作られませ

図表2-7　クライアント側の目的

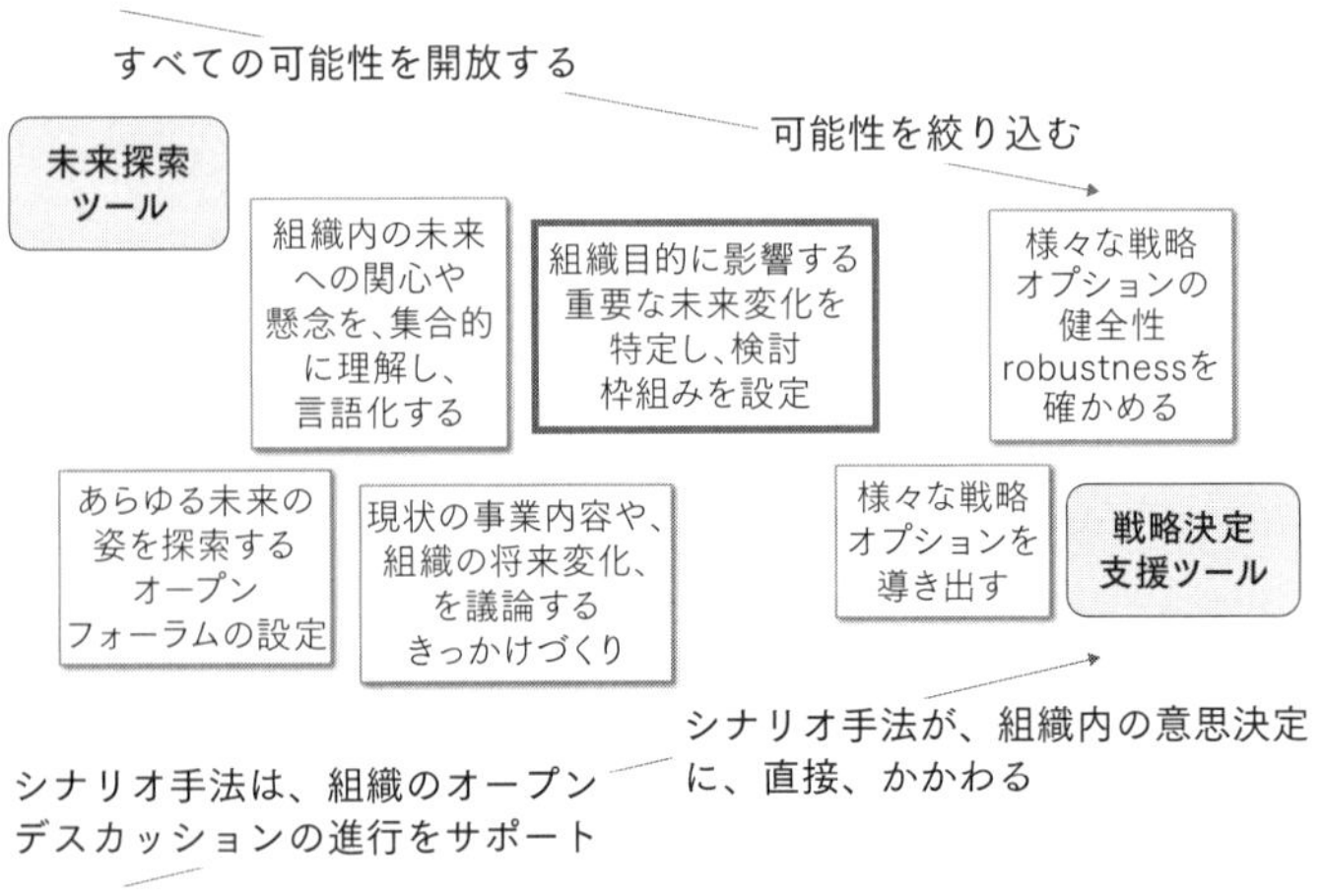
すべての可能性を開放する
可能性を絞り込む
未来探索ツール
組織内の未来への関心や懸念を、集合的に理解し、言語化する
組織目的に影響する重要な未来変化を特定し、検討枠組みを設定
様々な戦略オプションの健全性robustnessを確かめる
あらゆる未来の姿を探索するオープンフォーラムの設定
現状の事業内容や、組織の将来変化、を議論するきっかけづくり
様々な戦略オプションを導き出す
戦略決定支援ツール
シナリオ手法が、組織内の意思決定に、直接、かかわる
シナリオ手法は、組織のオープンデスカッションの進行をサポート

ん。プランナーもイベントをそれほど緻密にデザインせず、主にディスカッションのファシリテーターとして働きます。一回限りのイベントが行われて、次回につながらないこともままあります。このような「シナリオプランニング的な体験をしてみたい」という要望は、筆者のもとにも寄せられます。ただし、気楽な意図の下に始まった企画であっても、この場で会社として懸念すべき未来の事象が見つかった場合は、ここを起点として図の右側にあたる本格的なシナリオプロジェクトが始まることもあります。

それでは、シナリオプランニングを利用する目的のいくつかについて、もう少し詳しく説明してみます。

3・1　視野をひろげる

まず、図の左側、「長期未来を包括的に探索してみる」趣旨の、オープンでリラックスした利用について。

例えば「他社など外部の人たちと、自由に、未来のことをディスカッションしてみたい。チャンスがあれば何か共同研究できるシーズを見つけたい」という動機からシナリオプランニングを行うケースです。既存の発想、既存のビジネス、既存のステークホルダーからいったん自分を引き離し、目新しい世界を見、新鮮な着想を得たい、という狙いです。

イノベーションの種は、想定外の新技術、急速な顧客のし好の変化、新しいビジネスモデル等々、ほとんどが「既存のシステム」の外側にあるものです。従ってイノベーション運動は「既存」の外側に開かれねばならず、思いがけない出会いを求めて社外に広がっていきます。

これは図表2－7における「あらゆる未来の姿を探索するオープンフォーラムの設定」という使い方で、現在我が国でも流行しているイノベーション運動が、シナリオの手法を取り込んでいるのです。ここではプランナーはディスカッションのルールを決め、ファシリテーターとしてイベントに参加し、自社他社入り混じっている参加者に自由な心持ちになってもらい、制約のない発想を促し、豊かなディスカッションになるよう、場のマネジメントをします。

イベントが終われば備忘録を作り、参加者は後にそれを見返して、改めて自社のビジネスの観点からディスカッションを振り返ることができます。当日、「はじめまして」から始まった出会いが、実りある対話に発展してゆくとよいですね！

社内限定の参加者が集まって、〝内輪で〟自社の視野をひろげたい、というイベントもあります。

自社の将来に対して漠然とした懸念がある中で、「その姿がよくわからない未来について考えよう」と思いついて、社内でシナリオプランニングをやってみたいクライアントがおられます。

経営層には、何かの気に掛かる事情が、今、何か、見え始めているのです。「未来の様々な可能性を探索したいので、広く社内外の知見を集めたい」というお話しの場合、シナリオプランナーは、「では社外の専門家を招聘して、一日ワークショップをやりませんか」と提案してみます。

プランナーはなぜ、外部の専門家を招聘したワークショップが効果的だ、と考えるのでしょうか？

社内の若手に文献を読み込ませて概要をまとめ、経営会議で説明させたり、コンサルタントにレポートを発注するのではなく、外部の専門家との対面ワークショップを提案するのは、そのほうがトップマネジメントにとっての刺激と学びが大きいからです。

ワークショップの中でクライアントは専門家と直接、対面で、十分な質疑応答を行う機会を得ます。

対面ディスカッションでは、参加者はそれぞれの息遣いや表情に現れる、希望や期待、諦念や退却、猜疑や冷笑といったノンバーバルな情報も感知できます。ときにそれは発言内容と同じくらい重要な情報となります。この事情は、専門家でも経営者でも変わりません。シェルではこうした情報を「emotional intelligence（感情的情報）」と呼び、「シナリオワークショップで書記役を務める場合には、この情報を付記せよ」と指導します。シナリオプランニングではシナリオ作品の制作以上に参加者の学びを重視するため、このような身体感覚を伴ったディスカッションの場を積極的に作ろうとします。

社内参加者限定のワークショップイベントをやりますと、やはり、社内事情が〝ほの見え〟します。本来は気楽なディスカッションをデザインしていたイベントなんですが、クライアントが自社の既存ビジネスにとって、はなはだ不都合な未来の可能性に、突然、気付いてしまうことがあります。

そうした場合、当然ながらクライアント側では、「我々はどう対応すべきなのか」というディスカッションが始まります。

ここはセンシティブな問題なので、クライアント側はふつう〝内輪〟で議論することを望み、外部専門家には丁重に退出を求めます。一方、プランナーは多くの場合、〝流れで〟、同席することになります。組織内の機密に関わることにもなるので、そうした場合は、もはや〝沈黙の〟ファシリテーター役に徹します。

実は筆者の経験したシナリオプロジェクトのいくつかは、このような偶然の懸念の発見から始まっています。

3・2　自社の戦略のリスクをチェックする

「なんとなく気にかかる」よりも、もっと具体的な差し迫った懸念事項が、シナリオプランニング導入のきっかけとなるプロジェクトは、もちろんあります。

例えば「我が社は、既に長期戦略の対外発表を終えて、戦略自体は、各部門で鋭意進行中なのだけれども、その戦略が有効かどうか確信がなく、内々に検証したい」といったお

図表2-8　既存の戦略計画から探索を始める

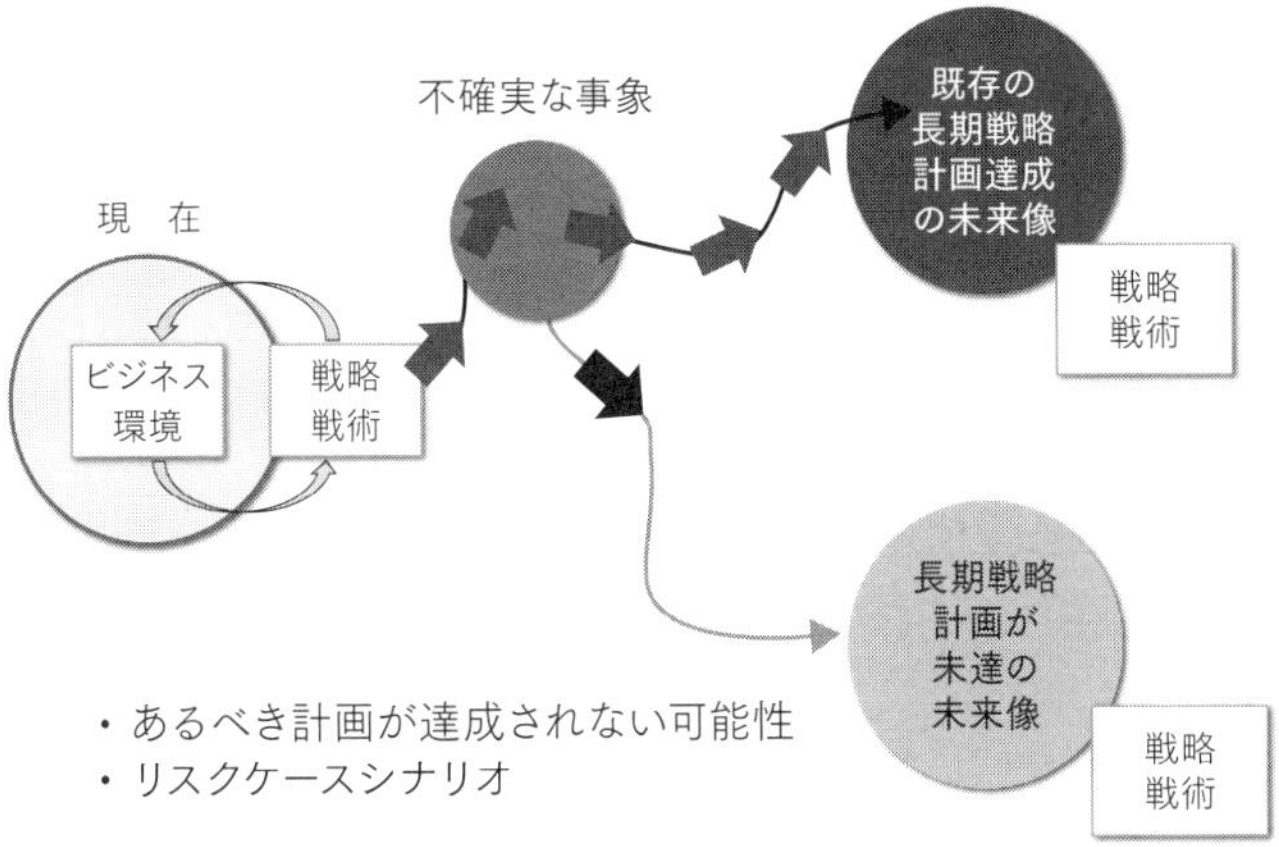

話しです。

企業は、経営計画を立てて社内外に発表したら、それを実行し成果を出さねばなりません。ここで、広報部門の発表を終えて、少し時間がたってから「本当に今のままで大丈夫か。社内で本音のディスカッションをやろうか」という気運が、経営層の間に現れることがあるのです。

そうした場合にプランナーが提案するのが、図表2－8のようなフォーマットです。

実行中の長期戦略計画の是非をテーマとする場合、プランナーは最初の〝入り方〟を工夫します。筆者が実際に経験したケースをもとに、架空の事例として紹介しましょう。

とある企業社内で戦略決定に関わるメンバーが集まった。メンバーは数人、当該企業の現在の活動とその目的、使える経営資源といった社内のデータを持っている幹部たちである。

彼らは、実行中の長期戦略の有効性について懸念を持つグループで、内々トップマネジメントに、「シナリオスタイルのディスカッションをやってみます、結果を後日報告」、と相談していた。

プランナーは、こういうプロジェクトでは遠慮しない。ワークショップ冒頭で、「『現行の長期戦略計画が、確実に失敗する』という未来を想定してください」と、唐突に打って出る。

戦略が失敗した場合の自社の未来像を、できるだけ生々しくポスト・イットカードに書き込んでもらうのだ。

不思議なことに参加者たちは、むしろ笑みを浮かべながら、次々と、悪夢のような会社の未来を書いたカードを出してくる。

次に「なぜ失敗するのか」、その原因を想像したカードを作ってもらう。プランナーはこのカードをもとに失敗の原因をグループで探索するディスカッションを、参加者が「もう十分だ」と音を上げるまで、入念に時間を費やして行った……。

こうしたプロセスで明らかにされる失敗の原因は、将来のビジネス環境変化がもたらす場合もあれば、社内事情に起因することもあります。

「失敗の原因はビジネス環境の変化にあるようだ」という見通しが立った場合には、プランナーは「シナリオプランニングプロジェクトをやって、先に進めましょうか」と提案し、そこから本格的なシナリオプランニングに移行してゆきます。

プランナーはクライアントとともに、「この事象は、なぜ起こるのだろうか」「もしこの事象が起こったら、続いて何が起こるか」「我が社への影響は？」という質問を、一つひとつ、潜り抜けてゆくのです。

そして、もし、ビジネス環境の大変化が予期される事態を見たのならば、クライアントとしてはシナリオスタディに基づいた戦略的対応を、具体的に、社内で議論することになります。そして、もし、将来の大変化に備える対応策を今、採るべき、となったなら……それをどう、あらかじめ、経営として決めておくのか。ここは個社それぞれに事情が異なります。

一方、失敗の原因が社内事情にありそうならば……プランナーは、そこまでで、仕事を終えます。クライアントの側の社内事情に深入りするのは御免被ります。

3・3 企業内研修

企業はまた社員教育の目的で、シナリオプランニングを導入します。しばしば声がかかるのが企業内研修です。社内で選抜されたグループが、シナリオプランニングの進め方や型式を習得しつつ、会社の重要課題に関わるシナリオ作品を制作していきます。そうしたプロジェクトでは、後述するシナリオ手法のノウハウを実地に経験し、身に付けられるように研修プログラムを組みます。目安としてはそうですね。本格的にやる場合は、1回に3時間、月1、2回のペースで、半年ほど費やします。

企業内研修で使うプログラムは、筆者が大学で10年ほど行ったシナリオプランニングの授業を企業人向けに改修したものです。

大学授業ではリラックスした雰囲気を作り、受講生の熱意を受けとめ、ときに彼らを挑発しながら、時間を気にせずに学習を進めてもらいます。あえて挑発するのは、学生たちの心と知性に火をつけるのが教師の役割と考えるからで、筆者が提供する企業向け研修プログラムにも、同様の精神が宿っています。

3・4　自社の見解を公開し、広く知ってもらう

シナリオプランニングが対外広報目的で使われる場合もあります。近時、特にサステナビリティ関連の領域では、これが顕著であります。

ここには理由があります。

近年、「企業活動は社会的課題に対して、もっと目を向けるべき」という風潮が、かつてなく強まっています。

もともと多くの企業には、長年にわたって自社の信ずる理念があり、それを社是、社訓、ミッション、ビジョン、創業者精神など、いろいろな呼称で組織運営の背骨に据えていきます。しかし人権問題、気候変動問題、ガバナンス、男女共同参画、そしてSDGsなど社会的な課題を強調する人々は、昨今、急速に企業経営に関心を寄せ始めました。この人たちは、まったく反論のしようもない「人倫としてあるべき理想」を語り、その実現を企業に迫っています。企業側はそれに応えるために、サステナビリティ報告書を作成したり、同報告書と年次報告書を合体させて統合報告書として、自社の社会的課題への姿勢を伝えようと懸命です。

以下では、気候変動問題を例にとってお話を進めてみます。

企業がそのようにふるまうのは「気候変動問題の経営に対する影響を、企業自らが見積もって情報開示するように」という強い要請が社外からあるからで、後押ししているのが、金融安定理事会（FSB）により設立された「気候関連財務情報開示タスクフォース（TCFD）」です。TCFDは「気候変動は世界経済にとって大きなリスクなので、金融ビジネスの側としては民間企業に対して、気候変動問題の経営に及ぼす潜在的な影響に関連した情報提供を促してゆく」とします。そして彼らの最終報告には、「情報開示にあたってはシナリオプランニングを採用し、シナリオ制作方法の範としてシェルの手法を推奨する」ことが謳われています。

こうした流れの中で、企業の中で〝シェル流〟シナリオプランニングへの関心が生まれているわけです。

さて、TCFDに模範とされたシェルのシナリオチームではありますが、ここで少し解説を入れます。

彼らは社内の個別プロジェクトのリスク評価が本来業務です。クライアントは社内の事業部門であり、チームはクライアントと共同して、プロジェクトの戦略的ディスカッションを進めています。こういった仕事はもちろん社外秘扱い。さて、シェルのシナリオチームは常時、多数のプロジェクトシナリオを継続しており、世界各地の政治・社会・経済情勢、萌芽的な新事態や時代精神等を取材する機会に事欠きません。そこで数年に一度、その時々に顕在している社会課題をシナリオプランニングのフォーマットに乗せて分析し、「シェル・グローバルシナリオ」という形で公表するようになりました。これが世上、「シェルシナリオ」として広く読まれている出版物です。

グローバルシナリオは主に世界の社会システム全体を扱います。未来世界の政治・社会・経済・国際関係や技術進歩等のありようを、複数のシナリオに描き分けています。本業であるエネルギー問題や気候変動問題は、社会全体シナリオの中に包摂して叙述されています。

ところで2013年、シェルはグローバルシナリオ「ニューレンズシナリオ2013」を発表しましたが、この作品に載せた気候変動問題を論じた対外メッセージは、とりわけヨーロッパの論壇で大きな議論を巻き起こしました。この詳細は、第8章で取り上げます。

この例のように、自社のメッセージを広く外部に届ける目的で、シナリオプランニングが利用される場合もあります。

3・5　市民対話のデザインツール

「自由な発想でこの町の未来を想像してみよう」

「多様性とSDGsを尊重しよう」

といったキャッチフレーズの下に、地方自治体その他公共団体が、市民を集めてイベントを企画することがあります。ここでは、ディスカッションの進行スタイルにシナリオプランニング手法が採用される場合があります。

しかしながら、このような場で制約のない自由闊達な議論をしかけるのは、実際はむつかしいことです。この場では、多様性の尊重は全く正しい、SDGsは全く正しい、といった前提が置かれて、そこからディスカッションが始まります。ところが本来のシナリオスタイルのディスカッションでは、こういった前提そのものを疑おうとするのです。

どうして正しいと言い切れるのか？　正しいとは言い切れない例外事例もあるのではないか？　正しい、と言い切ってしまったらそこで失われる論点は、なにか？　このようにねちっこい質問を提出して、議論を深めようとたくらみます。こういったアプローチを「批判的思考（critical thinking）」と呼び、〝シェル流〟シナリオプランニングでは、この思考方法というか、精神を、とても大事にしています。

でも、批判的思考の訓練を受けた不用意なファシリテーターが、「今回の〇〇市の未来ビジョン実行計画が、もし、失敗するとしたら、どんな原因が考えられるでしょうか？」などと切り込んだならば、これは、確実にその場から放逐されてしまうことでしょう。自治体サイドには企画したイベントを通じて発信したい明確なメッセージがあり、ディスカッションの内容がそこから逸脱することは、なかなか、認めがたいのです。

こうした公共団体によるシナリオプランニングの利用も、広報目的の一種と言えます。

3・6　合議決定プロセスでの活用

企業や政治のプレーヤーなどのリーダーは、しばしば、自分が導こうとする者たちに、自らが選んだ特定の未来像を見せ、それを信じさせようとします。なぜなら、集団のメンバーが共通してひとつの未来イメージを抱くことが、現実にその未来が出現する方向へと集団を導く強い力を持つからです。

集団で共有すべき目的と、そのための戦略と行動の選択には、組織内での正式な手続きが欠かせません。大組織での経営判断は通常、社内での正式ディスカッションという手続きを経て決定に至ります。このような決定手続きの場で、シナリオプランニングの手法が用いられることがあります。106頁の図表2－7で、戦略決定支援ツール、と置きました。ここのお話です。

スタートアップ経営者であれば、未来イメージと戦略オプションと行動の選択、すべてが一任されていて、衆議に諮る手続きは免除されるでしょう。実際、スタートアップを含むワンマンリーダーシップの企業や、上意下達の組織文化の中では、シナリオプランニングがうまく働かない場合があります。

しかし衆議を経て動く、より大規模な集団においては、「合議を経て決定された」というプロセスに無碍に否定できない意味合いがあります。一言で言えば、決定は妥当なプロセスによって正当性を得るのです。そこでは時に、「意思決定の手続きが適正であるから、選択された行動も正しいのだ」とする主客転倒も起こりましょう。

トップマネジメントが、この組織全体の意思決定プロセスの一部を効率的、効果的に、しかも集団的な合意形成をめざして社内議論を進めるために、シナリオプランニングを利用することがあります。その際に使われるのが「規範的アプローチ」という手法で、これについては4章で解説します。

4 社内の若手と、スタートアップ起業家へのエール

本書は、経営層の経営戦略を中間管理職層がサポートする、という企業内組織の姿を横目で見ながら書いています。「ああでもない、こうでもない」と組織の方向性について考えるホワイトカラーは、しばしば〝非生産的〟と一括されますが、そうした非生産的な部分を担う間接部門の、キャリア10－15年のスタッフの皆さんを想いながら書いています。社内政治に苦しみ、それでも会社を引っ張っていって社業を成功に導こうとする経営者と中間管理職層、こんな組織を前提にしながら、シナリオプランニングの思想、理論、手法の使いどころを、順次、解説しています。

けれども今や、ビジネス界の中では、「非生産的な部分を担う中間管理職層」など、少数派です。また、組織には新陳代謝があります。そこそこの規模の企業は継続的に若手を採用してゆきます。

さらには、大企業への就職を避けて、自ら果敢に起業する若者たち。それからそういっ

たスタートアップ関連の企業に働くひとたちも増えています。

この節では少し脇道に入りまして、社内の若手と、スタートアップ起業家にとってのシナリオプランニング活動の意味合いについて書きます。

次章からは再び、企業内で結成された社内シナリオチームをシナリオプランナーが支援する、というお話しの流れに戻りましょう。

4・1 社内の若手へのエール

第1章第2節で、社内シナリオチームに望まれる人材について書きました。「個人的資質としては、自分の属する部門の利害を離れた発言ができること、発想が豊かであること、そして知的好奇心の強い〝面白がり屋〟であること」と。またそこでは「チームに参集してくれるのは中間管理職クラスの皆さんでしょう」と書きました。つまり所属する企業のために働きたい、とコミットしている社歴10－15年選手がプロジェクトの中心だろう、という含意があるのです。

筆者はまた、「まえがき」で、より若い層のスタッフへの期待を述べました。「シナリオプランニングを使うと、経験は乏しいけれども想像力旺盛な若いスタッフの発見や意見をも、うまいぐあいに企業内の『見立ての力』の一部として取り込めます。必ず複数の未来環境を想定し、かつ、どの未来も同じ確率で現れるようにシナリオ作品を制作すべし、これが黄金ルール。だから、若い層が提案してくる、〝聞き慣れない〟、〝別の〟未来をも、会社にとって考えておくべき未来のひとつ、として扱えるのです。つまり、企業の総合力としての『見立ての力』が強化されている。企業組織内の知恵と多様性の厚みが増すのです」と。

若手の参加を鼓舞するのに好適なシナリオプランニング活動が、すべての可能性を開放する、視野をひろげる、という使い方です。これは組織の未来への関心や懸念を、集合的に理解し、皆で協力して言語化しようとする、たいへん創造的な活動です。そもそも「未来のビジネス環境は、見通しが利かないなぁ」、という共通認識が社内にあるからこそシナリオプランニングを始めたのです。つまり、よくわからないナ、困ったな、という点では、経営層も中間管理職層も若手層も、同レベル。だから職階の区別なく、キャリアの深浅の区別なく、時には社内外の区別もなく、自由闊達に意見交換をします。ここではイノベーティブなアイデアの出合いが求められるのです。

企業内のシナリオプランニング研修をお引き受けしたときは、まさに「視野をひろげる」ための自由闊達な意見交換の場を設営して、好奇心を誘導し、心に火をつけて、若手を鼓舞しています。

ところで本書は、リーダーシップとそれをサポートする中間層や若手たち、という組織構造を前提している。しかしながら、社内階層制度、そもそもこいつが、規模の大きい企業の変化・進化を妨げているのではないかしらん、という注目すべき仮説があります。若手や中間層はプロフェッショナリズムを具備して、自律的に、イノベーティブに社内外で動き回るべし、という卓見で、筆者はこれに共感するところが大きいのです。

このあたりを雄弁に書かれている多摩大学の紺野登教授の『イノベーション全書』(東洋経済新報社)を引用しましょう。

大規模組織のイノベーションがうまくいかないのは、それらが「物事がうまくゆくように」作られた組織だからです。そこでうまくいっていくために犠牲にしてきたのは、個々の社員の自律性でした。
一方、従来の科学的な経営とは異なり、イノベーションには「主観性」や哲学、倫理が求められています。ドラッカーも長年指摘していたように、ナレッジワーカーは生産手段を自ら有する人々であり、その自己選択と自律性によって働くのです……。

コミュニティシップ（あるいはリーダーシップの限界）について、ミンツバーグは以前『MBAが会社を滅ぼす』という本で物議を醸しました。MBAは企業の中でCEOになるための教育は行っても、企業の成長や持続性には貢献していないのではないか、というわけです……

むしろリーダーを育て、企業や国家を運営するというモデルが、はたして正しいのだろうか？　この問いを、21世紀の今、いかなる組織も真摯に問い直すべきなのです。少なくとも「リーダーとフォロワー」というモデルではなく、公平な立場にあるプロフェッショナリズムを持ったマネジャーやイノベーターたちが、大目的の下で協業する、というあり方が求められているのではないでしょうか。端的に言えば、リーダーの指示に従って動く組織にイノベーションは起こせるのだろうか?という問いです。もっと自律的に動けないでしょうか。

要は、リーダーシップとはリーダーの問題ではなく、あなた自身の内側の意識や態度の問題だということが本質ではないでしょうか？

4・2　スタートアップの精神とシナリオプランニング

「スタートアップを含むワンマンリーダーシップの企業では、シナリオプランニング手法はうまく働かない」と、筆者はいささか強めに述べました。ここを説明しておきます。

起業を目指す優秀な学生は、大企業などに入ってしまうと、自分の温めているすばらしいビジネスアイデアが実現できないことを知っています。もちろん大企業の社内には多くの経営資源が眠っています。ヒト・モノ・カネ・技術、いずれも規模の小さい企業の比ではありません。しかしそれらを自分のビジネスアイデアに動員できるか、というと、また別問題。若手社員が上司をふくむ多数の人たちを巻き込み、自分のアイデアに投資するよう説得しようとしても、相手にされない。そこで彼らは自らを恃み、志を共にする友人知人を誘って起業するのです。

こうして生まれたスタートアップ起業家は自分の夢に賭けて、夢の実現に全力を尽くします。

起業家は自分の思い込み（「認知バイアス」と言います）に基づいて事業の実現性を判断しています。実際、それが良い結果をもたらす場合もあります。信ずるところに従い、

図表2-9

> The reasonable man adapts himself to the world:
> the unreasonable one persists in trying to adapt
> the world to himself.
> Therefore all progress depends on the
> unreasonable man.
>
> George Bernard Shaw
>
> 合理的な人間は、世界に、自分を合わせようとする。
> 非合理的な人間は、世界を、自分の方に合わせようと、
> 努力している。
> だから、進歩というものは、すべて、非合理的な人間が
> 担っているのだ。
>
> ジョージ・バーナード・ショー

その実現に向けて大きなリスクを背負うことで、ふつうでは考えられないほどの集中力や行動力が生まれ、成功につながるのです。

起業家の皆さんにエールを送りましょう。図表2－9は20世紀初頭の英国人バーナード・ショーの記した素敵な言葉です。

ところで自身の認知バイアス、つまり「自分の思い通りにことが進むシナリオ」に賭けている経営者の目には、未来のビジネス環境をわざわざ複数作ってみたり、グループディスカッションを介して決定に至ろうとするシナリオプランニングは、〝時間の無駄〟と映ります。たとえばイーロン・マスク氏は「私は戦略企画（str ategic planning）など信用しない」と発言しています。

ただし、これは冷静な事実なのですが、スタートアップ企業の過半は、夢の実現に失敗しているのが現実です。ネット上では、仲間割れ、資金繰りの悪化、マーケティングの失敗等々、スタートアップの失敗の物語、起業家の改悛の言葉をいくらでも読むことができます。

それでは「スタートアップ経営者は、将来の失敗・撤退の可能性を知っておくため、動き出す前に、シナリオプランニングをやっておくべきだ」、と、主張できるのでしょうか？

ここは身も蓋もありませんが、筆者は「スタートアップの経営には、シナリオプランニングを本格的に使ったリスクマネジメントなど、不要」と考えます。

若き起業家は業績を上げて生き残るために、猛烈に忙しい毎日を送ります。従業員がおればな従業員にも懸命に働いてもらう。業績がひとつ生まれるたびに周囲が褒めてくれ、心理的な成功体験が積みあがり、認知バイアスはますます深まります。プライドの高い経営者に、まどろっこしい手法をもちかけるなど余計なお世話というものでしょう。

ただし、再説しますが、事業に失敗はつきものです。リスクを背負ってやっているわけですから、何らかの撤退基準は必要で、それを超えたときは過去の思い入れやプライドに囚われず、撤退の決定がなされなければなりません。撤退を決めた後は、金融出身のコンサルタントなど「店じまい専門家」に任せることになります。彼らは標準化された「プランB」を持っていて、撤退オペレーションを引き受けます。ここは分業制になっていて、撤退をオペレーションする人たちもスタートアップ業界の一員なのです。

このあたりをスタートアップのイロハを教える教育プログラムでは、省略せずに教えてあげてほしいものです。

東京大学には、「アントレプレナー道場」というプログラムがありまして、この道場では起業やスタートアップについて、初歩から体系的に学べるようです。ホームページを見ると、

●「アントレプレナーシップー」

将来起業することになった時に知っておく必要がある基礎知識や考え方を講義形式で学ぶとともに、起業家をゲスト講師として迎え、アントレプレナーシップのマインドセットとスタートアップのアイデアについて学びます。

学びます。

●「アントレプレナーシップⅡ」

実際のスタートアップを進める上で必要なプロセスやアクティビティを、体験を通じて学びます。

などとあり、この道場を経験して起業した経営者たちが10人ほど、若々しく自信ありげな表情の顔写真を載せています。でも彼らのように成功できなかった起業家たちは、おそらくその何倍もいることでしょう。

アントレプレナー道場のプログラムでは、かんばしくない結果が見えてきた事業からの撤退の基準や、被害を最小限に食い止めるためのオペレーションについても教えているのでしょうか。

スタートアップについてだいぶシニカルな言葉を書きました。少し、ご無礼を取り戻しましょう。

失敗を考えず挑戦する姿勢は、世界を進歩させるためになくてはならないものです。

Point forward（前へ！）という言葉があります。

筆者は仕事人生のある時期に、石油のコモディティトレーダーをやりました。市場では、しばしば予想が外れる経験をします。例えば相場の下げを予想し、それに賭け、国際市場で大きな「売り」ポジションをとったのに、相場が予期せぬ事件により突然反転し、億円単位の損失の事態となってしまった――そうしたことが珍しくないのです。

こういうときトレーダーはこのポジションを、直ちに損切りして、損失額を確定させ、そしてこの損害を「なかったことにして」、忘れます。プライドを捨てさせられて、ちゃんと傷つき、そして前を向き、次の賭けに挑め。これがPoint forward、「前へ！」です。筆者は、何回も、傷つきましたね。

実は、手痛い失敗を忘れたわけではありません。潜在意識の下の、底の方で、あの時どこで間違えたのかな、と考え続けています。賭けを決めた、あの時の、高揚していたはずの瞬間をふと想起すれば、枝分かれして見えていた可能性の道筋の、そのどれもが青白い街灯に照らされて思い出されます。そうすると今立っている場所が、みるみる不確かになって……こういう省察は、無駄で、仕事上危険ですらあります。「前へ！」

ポール・ルイ・イスケは著書『失敗の殿堂　経営における「輝かしい失敗」の研究』（邦訳、東洋経済新報社）の中で、シナリオプランニングを輝かしい失敗に適用する際の中心的メッセージは、失敗は一つの選択肢であるということだ。確実性や不確実性をすべて洗い出し、その関連性に応じて組み合わせることは、起こりうる障害、その原因、想定とは違う状況になりそうな兆候を素早く捉えるのに役立つ。

と述べます。つまりシナリオプランニングは失敗を防いだり、失敗から学ぶためのツールとしても有用である。起業が失敗する可能性を探る事前の予行演習は有用だろう、と言っている。ですが、起業家たるもの、失敗から学ぶべきことを痛切な自分事として学ぶことでしょう。若き起業家は「輝かしい失敗」を理論的反省的に学ぶのでもよろしいが、たいがいは、大いに傷つけられたプライドはなんとか自分で処理して、次のアイデアに移住していくのです。「前へ！」

スタートアップ起業家がシナリオ手法を振り向いてくれる、とすれば、そうですね。立ち上げた企業が成功して首尾よく人手に渡り、大金が手に入った。さて、これから何をしようか、まだまだこの世界で自分の力を試したい、引退したくない、未来の社会的課題は何だろう、とファイトを燃やした時、などがよいのではないか。この時、起業家は、「私の着想をビジネス化して、自分だけ儲けてやろう」という、スタートアップには必須の気迫を棚上げします。

視野をひろげたい。長期未来を包括的に探索してみる。オープンでリラックスしたシナリオプランニングをやってみませんか？　ひとりで考えるより楽しいですよ！

第3章

プロジェクトの進行手順とポイント

本章ではシナリオプロジェクトの作業工程について解説していきます。

1 基本形

シナリオプランニングの各ステップを「モジュール」として、全体の構成図を示しました。

左頁の図の左下に置かれた黒い男性のシルエットがクライアントです。プロジェクトの主人公です。本章では民間企業内でシナリオプランニングを活用して戦略立案を行おうとしている少人数グループを想定しています。

プロジェクトでは図表3－1「シナリオプランニングのモジュール」を、左から右に進めます。

4つのステップがあります。

①現状分析

②未来に予想される事象の影響力と不確実性の分析

図表3-1　シナリオプランニングのモジュール

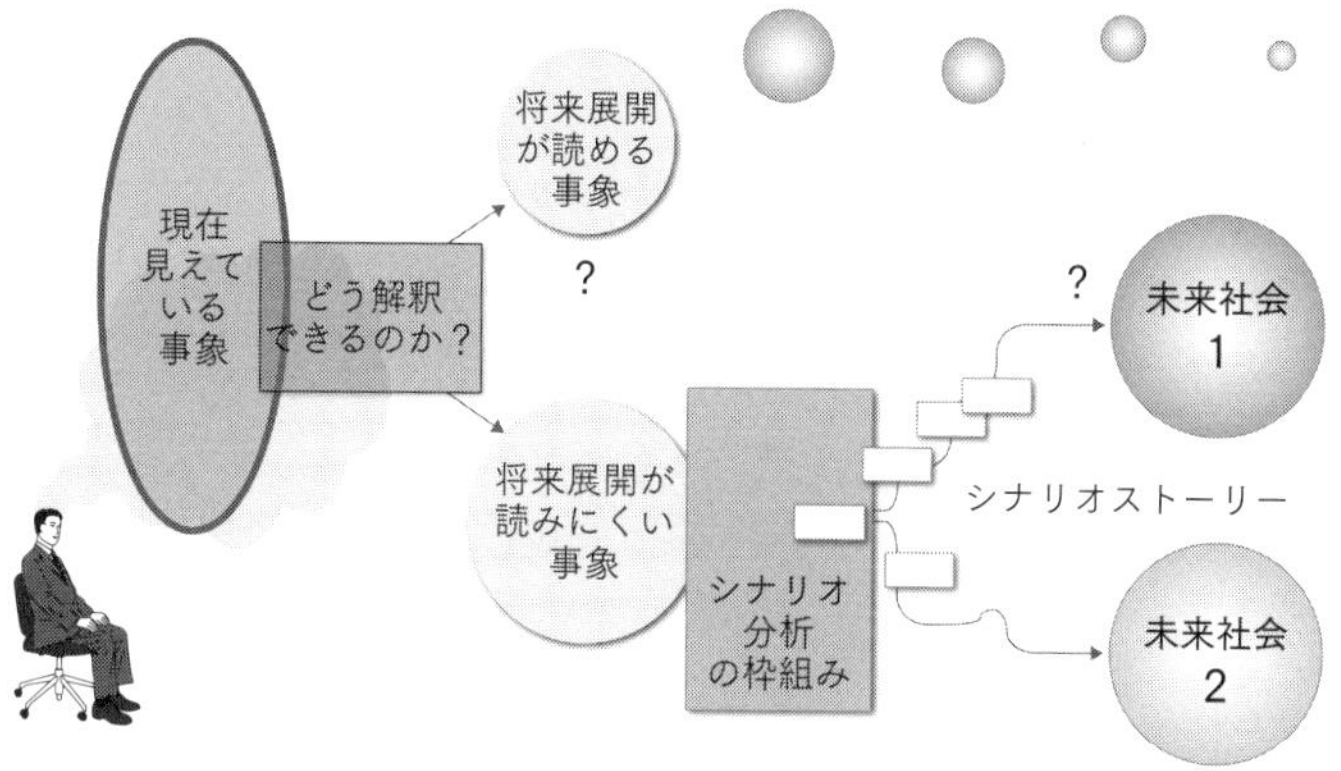

③シナリオ分析のフレームワークの決定
④シナリオストーリーの制作

シナリオプランニングというと、「④シナリオストーリーの制作」、に目が向きがちですが、重要なのはそこに至る①〜③までのモジュールで、プランナーはここを中心にディスカッションの手順を組み立て、クライアントがこれらのモジュールを順調にこなせてゆくようサポートします。

シナリオプランニングとは出来上がったシナリオ作品のことではありません。クライアントが①〜③までを、シナリオプランニング理論と手法に従って十分に辿れていて、その結果、自社の戦略的重要課題を十分に深く検討できた、とプランナー側が納得すれば、「④シナリオストーリーの制作」は手を抜いて、その時点でシナリオプロジェクトを終了する場合もあります。

コンサルタントがシナリオプロジェクトをやる場合は最終成果物として、グラフィックに手間をかけたスライドを何十枚も作成し、付属調査レポートもつけてクライアントに納品することになりましょう。けれども、〝シェル流〟シナリオプランニングでは、そうした作業はたいがい不要です。もちろん、成果物を納品しますが、多くはクライアントの使い勝手を考慮した、簡便な、備忘録形式のものです。

2　準備作業：クライアントの思いを共有する

ワークショップに入る前に必要な準備作業として、前章でも説明したクライアントへのヒアリングがあります。

クライアントにはそれぞれシナリオプランニングを導入する動機と目的があります。例えば「社内の特定プロジェクトや経営の長期計画について、重大な懸念が発生している」

といったものです。

プランナーはプロジェクトを進めるにあたって、まず経営陣への取材の日時をセットします。以下、インタビューの様子をご紹介します。架空の事例ではありますが、実際と似たお話です。


10月のある金曜日、午後4時半、シナリオプランナーによるクライアント企業の社長へのヒアリングが行われた。

社長側からは「平日のランチをご一緒しましょう」というお声掛けがあったが、シナリオプランナーは「多忙な週日が終わりに近づいた金曜日の夕方、夜のご会食の予定前の1時間をいただけませんか。できれば2人だけで」と要望し、この日程が組まれた。

ただし社長単独ではなく、企画部長も同席することになった。


秋の夕暮れ、見晴らしのよい広い部屋に差し込む光はすでに弱々しく、社長の顔には、週日が蓄積した疲労がはりついている。プランナーは応接セットに社長と向かい合って座った。蓋つきの汲み置き茶碗をテーブルに置いて、秘書が退出する。

お茶をひと口含んで、カジュアルな雑談を始めた。

多忙な社長に時間をもらったのは、企業を代表し、その持続的発展を考え、何度となく困難な判断を下してきた人の口から自らの企業の過去と将来についての思いを聴くためである。

とりわけ将来への期待や懸念について聴きたい。

そういう場合はストレートに尋ねるよりも、雑談から入り、肩の力が抜けたところで、ぼんやりした質問で連想を広げてもらうほうがよい。例えば、

「社長が、若いときから今までのお仕事で、もっとも印象に残っているのは、どんなお仕事でしょうか？」

「あれは、うまくゆかなかったなぁ、と後悔が残っているお仕事は、どのような？」

「会社はきっと永続します。20年先の御社は、どんな企業になっているべきでしょうか？」

といった、自分の内面を振り返らなければ答えられない質問がよいのだ。

話すうちに多少親密な雰囲気が出てきたら、

「社長は10年先には、きっと引退をしています。後継社長に、どんなことをやったリーダーとして思い出してもらいたいでしょうか？」

といった踏み込んだ質問でもいいだろう。

雑談風の会話を続けるうちに社長は身構えるのをやめ、穏やかな受け答えを始めていた。自然体で、相手を見据えるといったこともない。声は自問自答をしているかのような小声になっている。

プランナーは会話をつづけながら、時おり膝の上に置いた小さなノートにメモを取っている。相手の話し方の個性が特徴的にあらわれた言い回しを聴き取れば、それをそのまま書き留めていく。

約1時間のヒアリングが終わる頃、窓の外は暗くなっていた。

役員フロアを退出するプランナーに、同席していた企画部長が、「うまくやるもんだねー」と感心した表情で声をかけてきた――。

このようなヒアリングをトップ数人とやった後に、たくさん取材できたコトバのデータを分析しながら、プランナーはこのプロジェクトのテーマを考え始めます。それにはまず、ポスト・イットカードに取材したコトバたちを書き付けてデータ化する。カードの左下には発言者の名前がメモしてあります。こうやってカード同士を相互に参照しながら、緩やかに束ねることのできそうな共通テーマや、見解の分かれるテーマもあるなぁ、と時間をかけて理解してゆくのです。

この作業は第2章のストーリー2で、部長Bが行っていましたね。

ただしこういった上質の丁寧なヒアリングが、いろいろな事情でできないこともあります。

そんな際は、クライアントの現状認識を探るための「Natural agenda」と呼ばれるグループワーク（筆者は「現状を見つめる」と言い換えています）を行います。

3 Natural agenda

図表3－2は経営陣をクライアントとする「Natural agenda」グループワークで筆者が使っているスライドです。

この「現状を見つめる」ワークショップは、内輪の関係者のみで行います。社内の機微に触れる内容の話を、全員の前で、率直に、発言してもらう必要があるからです。経営層

図表3-2　現状を見つめる

Natural agenda

現在から2030年に向かう、会社の未来
将来のビジネス環境の変化……

何が懸念だろうか？
どんな変化をチャンスと思えるだろうか？

会社は存続し、発展する
皆さん、遠い将来、いつかは引退されます……
遠い未来の時点で、**来年2023年**を振り返り……
後輩に、何を誇れるでしょうか？

の参加が望ましいのですが、忙しいひとたちの手を煩わせるのではなく、会社の経営戦略に関わるスタッフ5、6名を集めた小グループで行ってもよいのです。

もしトップマネジメントの面々に集まっていただけるものなら、それはたいへんに有り難いことです。皆さん、健康な知性を備え、経験を積み、筋道をたてて物事を考える、ファイト満々の成功者たちです。今やトップに上り詰めた人々といっても、皆さんは知性や感性の能力にとびきり優れた天才たちではないでしょう。むしろ経験知を備え、それを人前で上手に語れる、世間知にも優れている方々なのでしょう。

けれども、この「Natural agenda」のワークでは、どなたに対しても、脱力、無防備、自然体でのご発言を求めているもので、「あまり真面目にやらないようにしましょう、皆さんも大昔の若いころは、訳も分からずに働いたんでしょう?」とか、最初に、少し笑っていただきます。「あまり真面目にやらない」とは言ったものの、会社の将来を、真面目に真剣に考えるべきことに変わりありません。ファシリテーターがここで伝えたいのは、「課題をおひとりで考え進むのではなく、皆で自由に、制約なく意見を出し合い、集合的な知恵の発現を目指しましょう。皆さんが大いに議論したあげくに到達した集合知は、個人知よりもきっとよいものです」ということです。

［コラム2］女王エリザベス2世のメッセージ

先般2022年9月8日に亡くなられた英国の女王エリザベス2世も、集合知から得られる知恵は個人知よりも、きっとよいものです、という趣旨のメッセージを発せられておられました。

Let us not take ourselves too seriously.
None of us has a monopoly on wisdom.

Queen Elizabeth II

そんなに自分の意見を恃む、こともないでしょう。
知恵というものは、誰ひとり、独占することなんかできないのです。

（写真提供）Max Mumby/Indigo/Getty Images/共同通信イメージズ

女王は市民の健康な良識を呼びさましています。そして「物事はこのように決まってゆくものです」と、さらりと言ってのける。百戦錬磨のリーダーの言葉ですね。

プレッシャーを笑いとばして周りを安心させ、時に思慮深くプレッシャーから眼を背ける。上品なユーモア。いつもほほえみを忘れない。

本当にすばらしい方でしたね。

図表3-3　自分の見解を登録したいときのデータの書き方

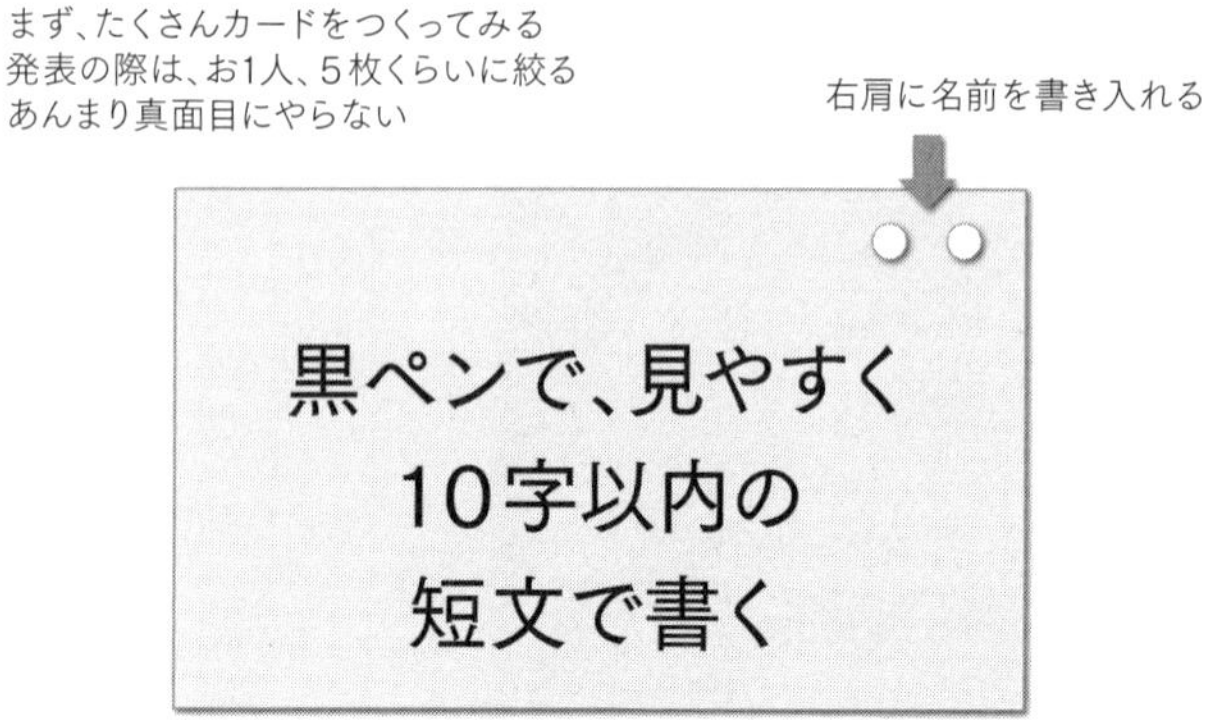
まず、たくさんカードをつくってみる
発表の際は、お1人、5枚くらいに絞る
あんまり真面目にやらない
右肩に名前を書き入れる
黒ペンで、見やすく
10字以内の
短文で書く

……

さて、脱線から戻りましょう。「Natural agenda」です。

自由闊達な心持ちになっていただいて、めいめいの考える懸念事項を、1人につき5つ以上、黒いマジックペンでポスト・イットに書き付けるよう促します。懸念事項1つにつき、1枚のカードを使います。

図表3－3はカードに書き込む際の、書き方の約束事を示した図です。

ここでの大事なノウハウは、カード上の文面を「肯定文」とすることです。

参加者はそれぞれ自分が書いた中から5枚のポスト・イットを選び、会議室の壁にしつらえた大画面に順番に貼っていきます。そうしながら、他のメンバーに、その事項を選んだ自分の思いを語りかけます。過去の失敗は、あまり真面目に振り返らないようにします。失敗事例の後悔や責任追及のカードが出たら、それは受け流します。

なお参加者が経営層でない場合には、経営陣へのヒアリングをもとにプランナーが作成したカードを、参加者のカードに追加して壁に貼り付けます。

4 クラスタリング

さて、画面上にたくさんのカードが貼られています。参加者が8人だったら、合計40枚のカードが置かれているはずです。

プランナー／ファシリテーターは画面上で似たカードを大まかにまとめ、論点を整理してゆきます。ここで「クラスタリング」という技法が使われます。

クラスタリングは目の前に貼られた大量のカードを、なんらかのテーマの下に、とりあえず、ゆるくまとめてやり、次の作業に向けて画面を整理して考えやすくするテクニック

図表3-4　クラスタリングの画面

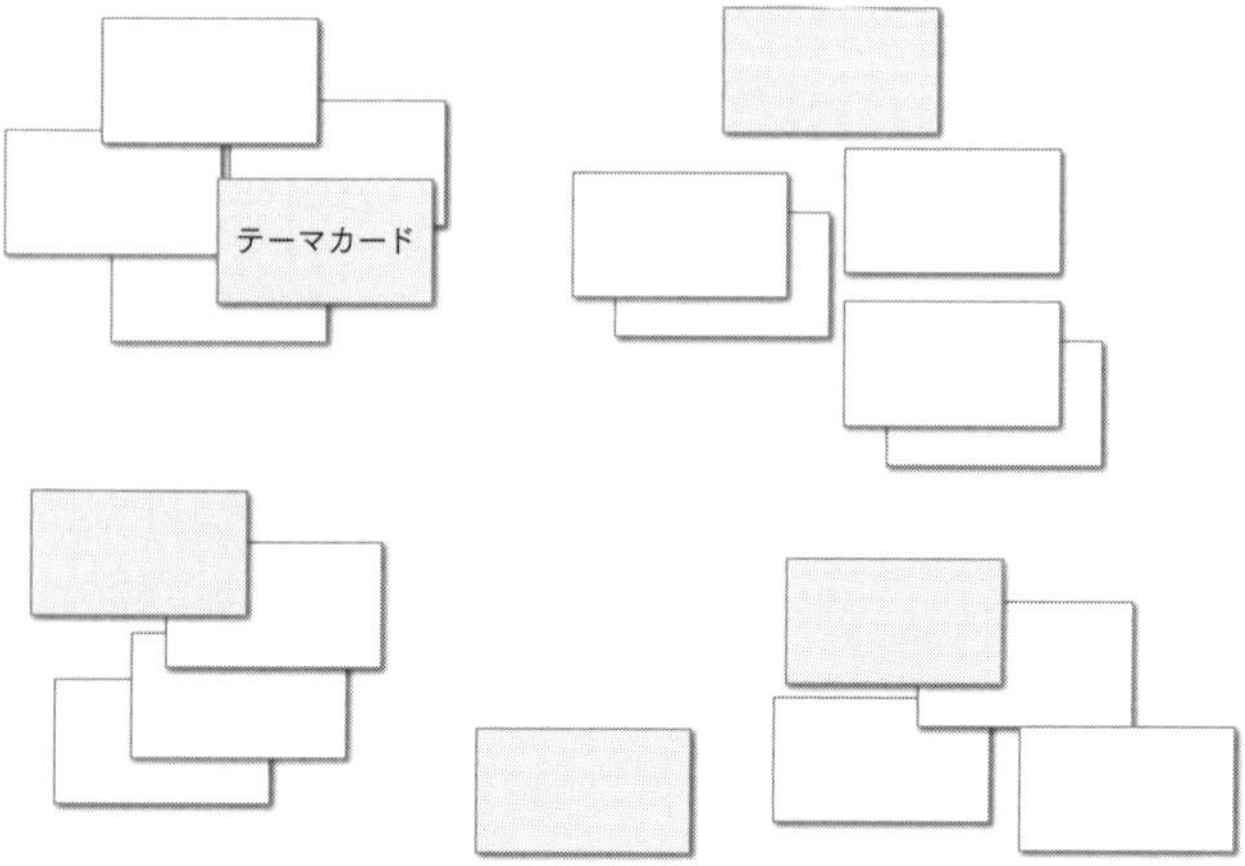

です。プランナーがこれを進める場合と参加メンバーが行う場合があり、ワークショップの合間合間に試みています。

クラスタリングの技法については、後の章でくわしく説明します。

5 プロジェクトのテーマを決める

「現状を見つめる」ワークショップの参加者は、率直でオープンに、それぞれが思いつく懸案を語ってくれました。それらを大まかにクラスタリングしました。次は、シナリオプロジェクトのテーマを決める作業です。

ここで、企画部門その他から選抜された社内シナリオチームが集まります。トップマネジメントからテーマが指示されている場合もありますけれども、以下は、社内シナリオチームが、自らプロジェクトテーマを見つけてゆく、という進行を説明してみました。

ここでプランナーは、図表3−5のような2軸プロットの大画面を用意します。そして、「御社ビジネスの長期的な発展を目指して、今、何をディスカッションすべきでしょう

図表3-5　2軸プロットの画面例

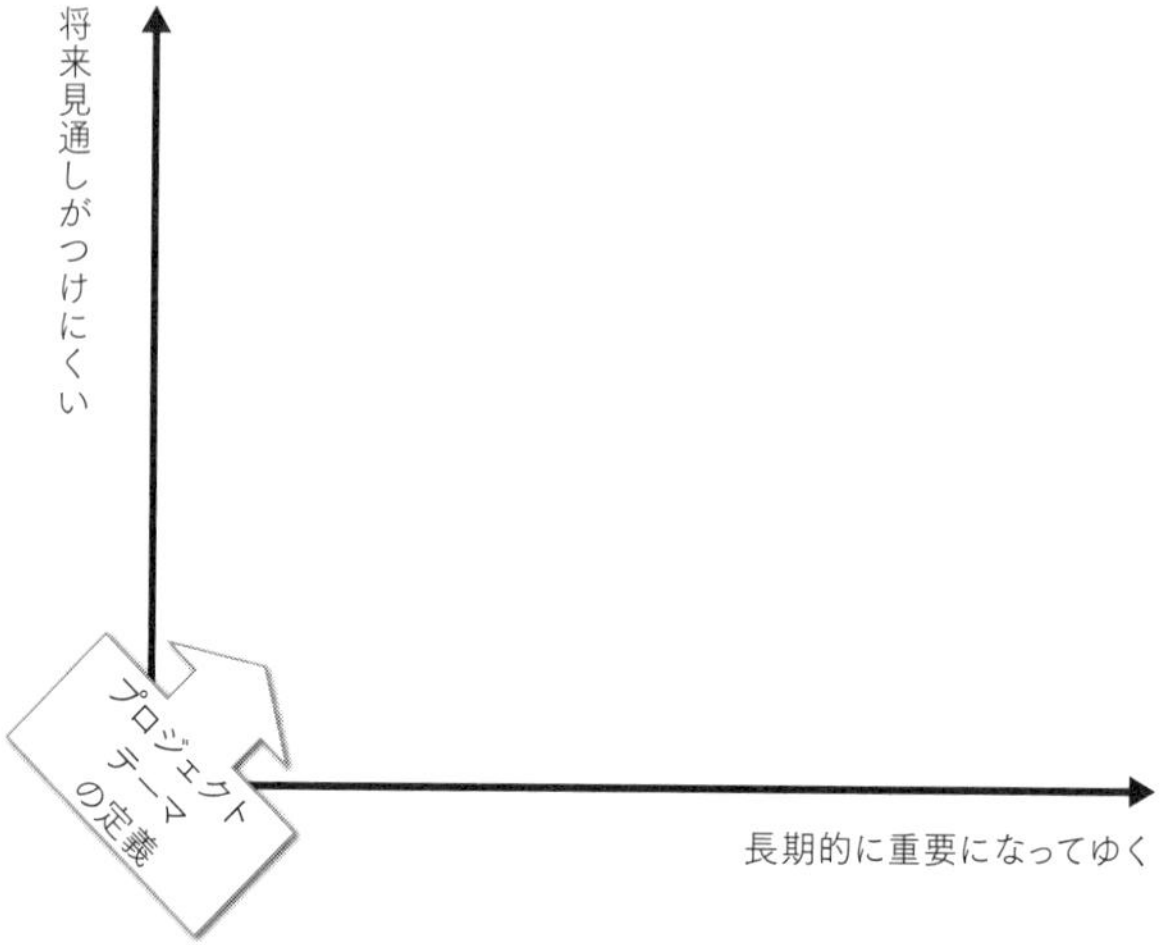

か？」

「何年先の未来まで、考えてみますか？」と、社内シナリオチームに問いかけてみます。

2軸プロットは前章でも出てきました。このフォーマットはシナリオプランニングの手法では必須のものなので、後の章で改めてその使い方を説明します。

事例で説明してみましょう。

現実の事例に寄せて、社内シナリオチームが会社の中間管理職クラスのメンバー数名で構成されている、と想定します。大手企業でのシナリオプロジェクトでは、多忙な経営陣が最初から最後まで作業に参加することはありません。

次に、トップマネジメントたちの最大

図表3-6　クライアントの長期戦略課題

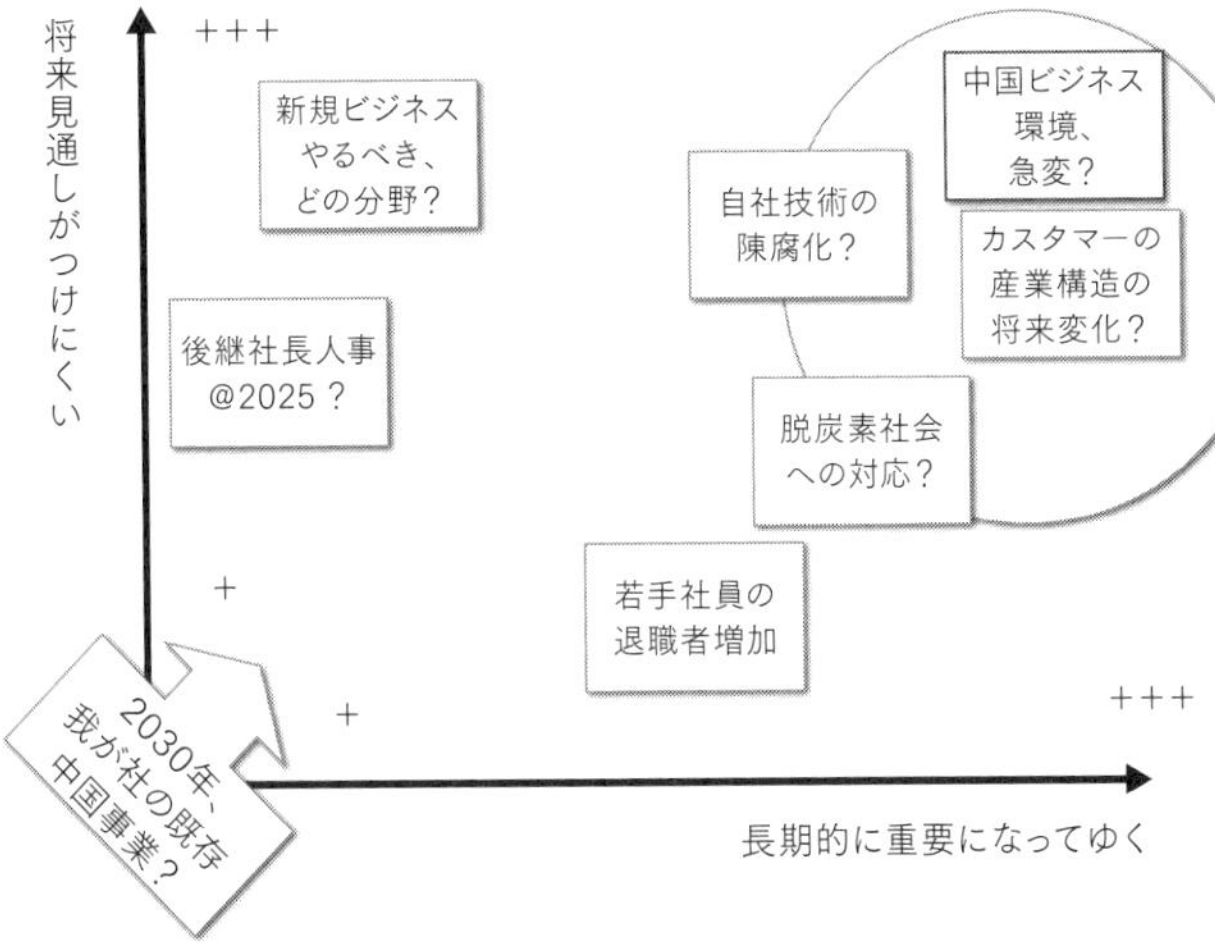

関心事が「中国のビジネス環境の急変？」だったとしてみます。社内シナリオチームはこれを深掘りしたいのです。そこで、「現在我が社の売り上げと収益の中心である中国ビジネスの将来」、がテーマになるだろうと見当をつけました。プランナーは左下コーナーにそれを書き込んでみます（図表3－6）。

ここはプロジェクトの目的と視角を決める、決定的に重要なステップで、後工程すべてに影響します。テーマ設定については経営層自身が決定するか、そうでない場合も社内シナリオチームはトップマネジメントに報告し、同意を得なければなりません。

次は「このテーマに重大な影響を与え

そうな不確実事象」を特定していく工程に移ります。

6 テーマの深掘り

プロジェクトテーマは、「2030年、我が社の既存中国事業はどうなるのか?」、と決まりました。

ここでプランナーはこのテーマの深掘りに必要な調査項目を合意するため、社内シナリオチームにワークショップを提案します。短時間のイベントでかまいません。2時間程度あればいいでしょう。

このワークショップでは、参加者それぞれが、「2030年、我が社の既存中国事業はどうなるのか?」というテーマから思い浮かぶ懸念点を、ポスト・イットカードに書き込み、壁の画面に張り付けながら自分の考えを発表していきます。

図表3-7　未来データの書き方

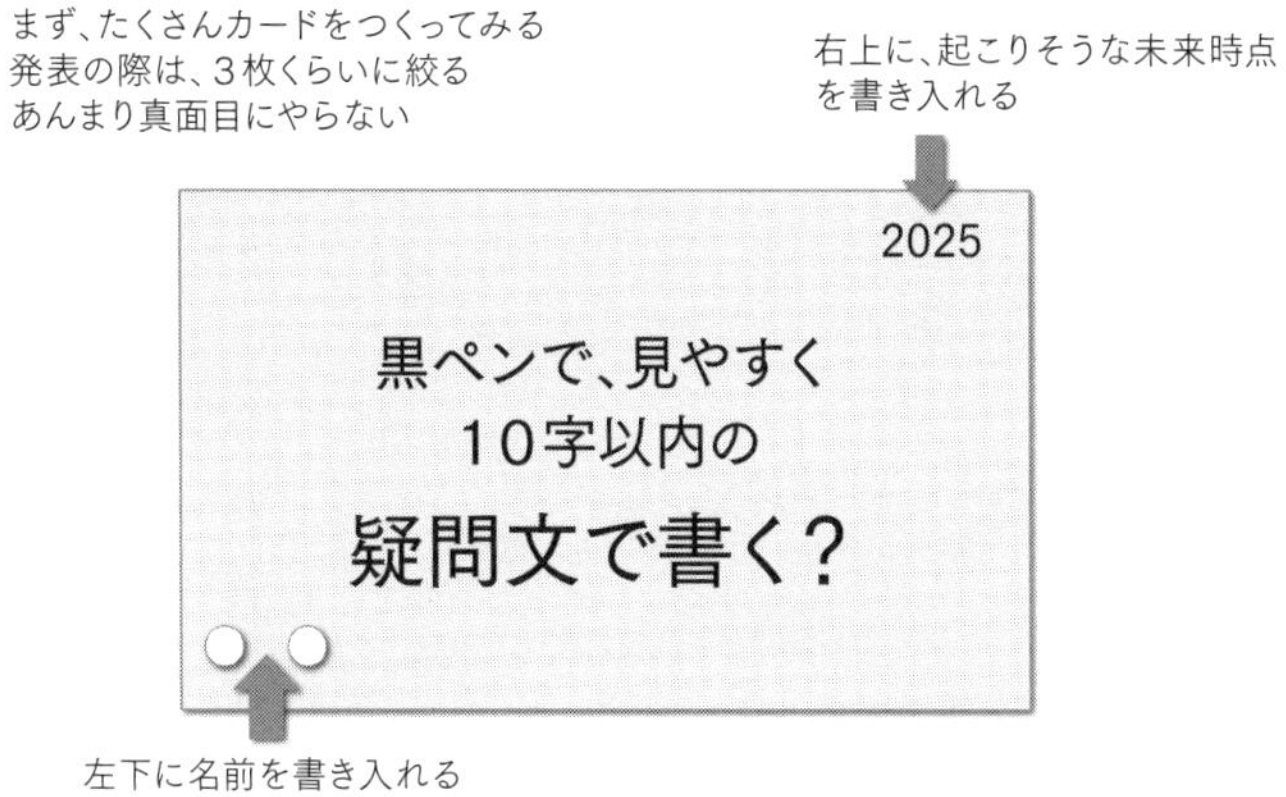
まず、たくさんカードをつくってみる
発表の際は、3枚くらいに絞る
あんまり真面目にやらない
右上に、起こりそうな未来時点
を書き入れる
2025
黒ペンで、見やすく
10字以内の
疑問文で書く?
左下に名前を書き入れる

●ポスト・イットカード

このときプランナー／ファシリテーターは、ポスト・イットカードの書き方を図表3－7のように指示します。

ファシリテーターは「今回のカードには、未来に起こりうる様々な可能性を、想像力を広げて書いてください。なるべく多様なデータが欲しいので、隣に座っている人とは相談せずに、各自の考えで書いてみてください」と指示します。

今回のカード作成の大事なノウハウは3つ。一つは「疑問文」で書くこと。これは未来の出来事が、正確にわからないからです。第二に、その事象が起こりそうな未来の予想時点を書き入れておく。第三に、あまり真面目にやらないこと、といっても荒唐無稽な内容は扱いにくいので、でたらめを書いてはいけません。

中でも大事なポイントは、「疑問文」で書くことです。疑問文の「?」が、他の参加者との質疑を誘導するのです。

ファシリテーターの作業指示が、「テーマから思い浮かぶ懸念点」「想像力を広げて」「真面目すぎない」ということで、なんだか茫漠としていて、参加者はどう書けばいいのか、正直よくわからない。なかなか書き込みが始まらず、「何を書けばいいんだ」と、文句を言うひとも出てくるのですが、ファシリテーターは、〝知らん顔〟を決め込みます。

それでもポツポツと書き込みが始まり、最終的に1人3枚のカードが作成され、壁に貼り出されます。参加者は自分の手で自分が書いたカードを貼り付け、それを選んだ理由について全員の前で考えを述べます。

全員がカードを貼り終えると、続いて貼り出された各カードの項目についてのディスカッションに入ります。

この場での、ファシリテーターのふるまいかたの大切なところは、「すべてのカードを『真』として受け取り、参加者の自由な発想力を妨げないこと」という姿勢で、参加メンバーに対しても同様の態度をお願いします。

メンバーは画面上のカードに対して、

「それはなぜ起こるのですか？」

「その次は何が起こるのですか？」

という2つの質問のみが許されます。未来に起こる出来事は、今の我々には想像がつかない展開をみせるかもしれない……だから、見慣れない、聞き慣れない発想から出てきたカードを前にして、「そんなこと、あるはずがない」と、無碍に、ただちに否定してはいけないのです。


さて、ディスカッションが深化してゆき、そうしたら、提出されたカード全体のおよそ半分が却下されてしまいました。会社の懸念点は次のようにまとまりました。

①ゼロコロナ政策の影響？
②2030年、習近平の政治的影響力？
③地球温暖化問題への対応？
④何かのきっかけで、反日再び？
⑤台湾への侵攻？

図表3-8　調査テーマの選定

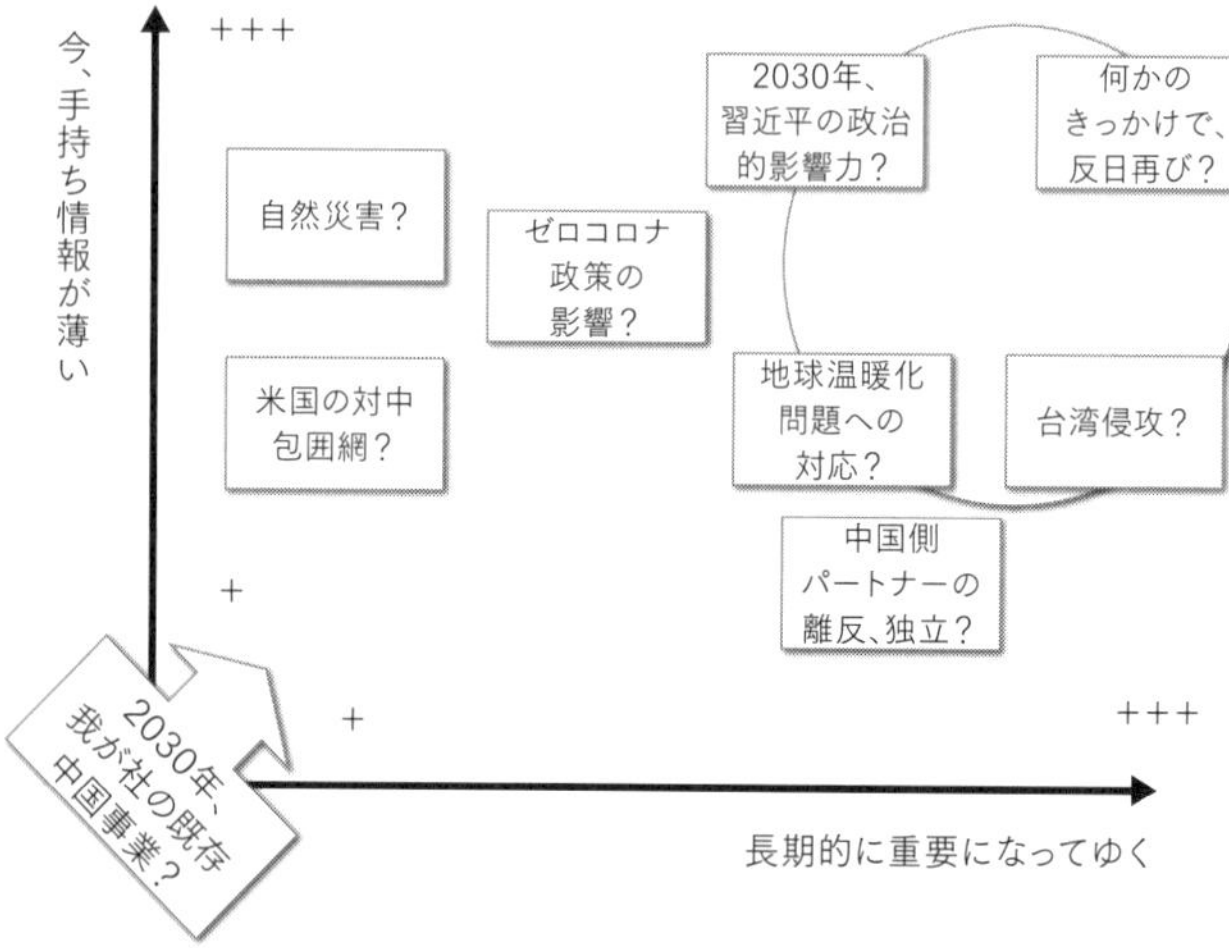

⑥自然災害？
⑦米国の対中包囲網？
⑧中国パートナーの離反、独立？

プランナーは次の作業に進もうとします。

絞り込みを経たカードを、またもや2軸フォーマットの上に並べます。

今回の2軸プロットは、軸の定義が前回とは少し違っています。横軸は前と同じく「長期的に重要になってゆく」ですが、縦軸は前回の「将来見通しがつけにくい」から、「今、手持ち情報が薄い」に替わっています。カードを置いていった結果、図表3－8が現れました。

カードに縦と横、2つの方向から重み

付けが行われ、それぞれの配置が決まり、全員の合意を得ました。

「2030年、我が社の既存中国事業はどうなるのか?」という課題を深掘りしてゆくためには、「何かのきっかけで反日再び?」「2030年、習近平の政治的影響力?」「台湾侵攻?」「地球温暖化問題への(中国の)対応ぶり?」。このあたりのテーマをもう少し調べてみよう、調査作業を経てそれからプロジェクトを再開しよう、という合意が得られています。

7 調査

調査テーマが決定され、社内シナリオチームは作業に入ります。

7.1 調査仕事の概要

「長期的に重要」かつ「手持ち情報が薄い」とされたテーマが、調査テーマになりました。

ここでは図表3-8の右上にかたまっている、4テーマそれぞれについて、「今、何が起こっているのか」、そして「これから何が起こりそうか？」を調査してゆきます。

チームは、社外出身のシナリオプランナーの協力を得つつも、できるだけ自分で情報を収集していきます。プランナーは、研究職ではない普段の会社スタッフが業務の合間にできる調査作業を設計します。とりわけクライアントが、未来に実現したい具体的なビジネス計画を持っており、それが将来、首尾よく実現するかどうか、に強い関心をもって臨んでいるのであれば、そこの関心に強くフォーカスした作業をお願いするでしょう。

まぁ、そうはいっても……「シナリオプランニングはプロセスそのものに価値があるのだ」とクライアントに力説しているものの、それでもなお、「調査は勘弁してくれ、めんどくさいし手間もかけたくない。1カ月後になんらかのシナリオ作品が欲しいのだ」という、事情を話されることもあります。そうしたときは、後の章の「簡略化したプロジェクト」を参考にしてください。

社内シナリオチームが、ある期間、たとえば1カ月半の調査ができる、として……。

プランナーからの指示は「デスクトップ調査」です。自らインタビューやアンケートなどは行わず、すでに実施された調査結果を、文献やインターネットから収集してゆきます。

各自のスケジュールをすり合わせ、2カ月後に結果を持ち寄ってワークショップを行うことが決まりました。

まずチーム内で担当を決めます。お話ししている例では4項目あるので、手分けして片っ端から情報を集めるのです。

デスクトップ調査は一般公開情報の収集で、とくにむつかしいことはありませんが、時間と根気が必要になります。シナリオチームに中間管理職の方々が集まっておられると、日頃から「必要な仕事は、ポイントを絞って、効率的に行うべし」とか鍛えられてきた人が多いので、このようにテーマを、わざと広く、ぼんやりと定義した調査に、たいがい苦戦します。本業を抱えたメンバーにとってはかなりの負担です。そこで……。

この作業は必ずチームメンバー自身でやらなければならないということではなく、元気のよい時間を惜しまぬ若手に任せてもよい。社員をあてられない場合は大学院レベルの学生アルバイトを動員してもよいでしょう。過去には学生インターンや内定者を動員したクライアントもありました。

プランナー側は、誰が担当になっても指導できますし、どうしようもないときには自分で調査を引き受けてしまうケースも出てきます。

図表3-9　シナリオ制作に必要な調査作業

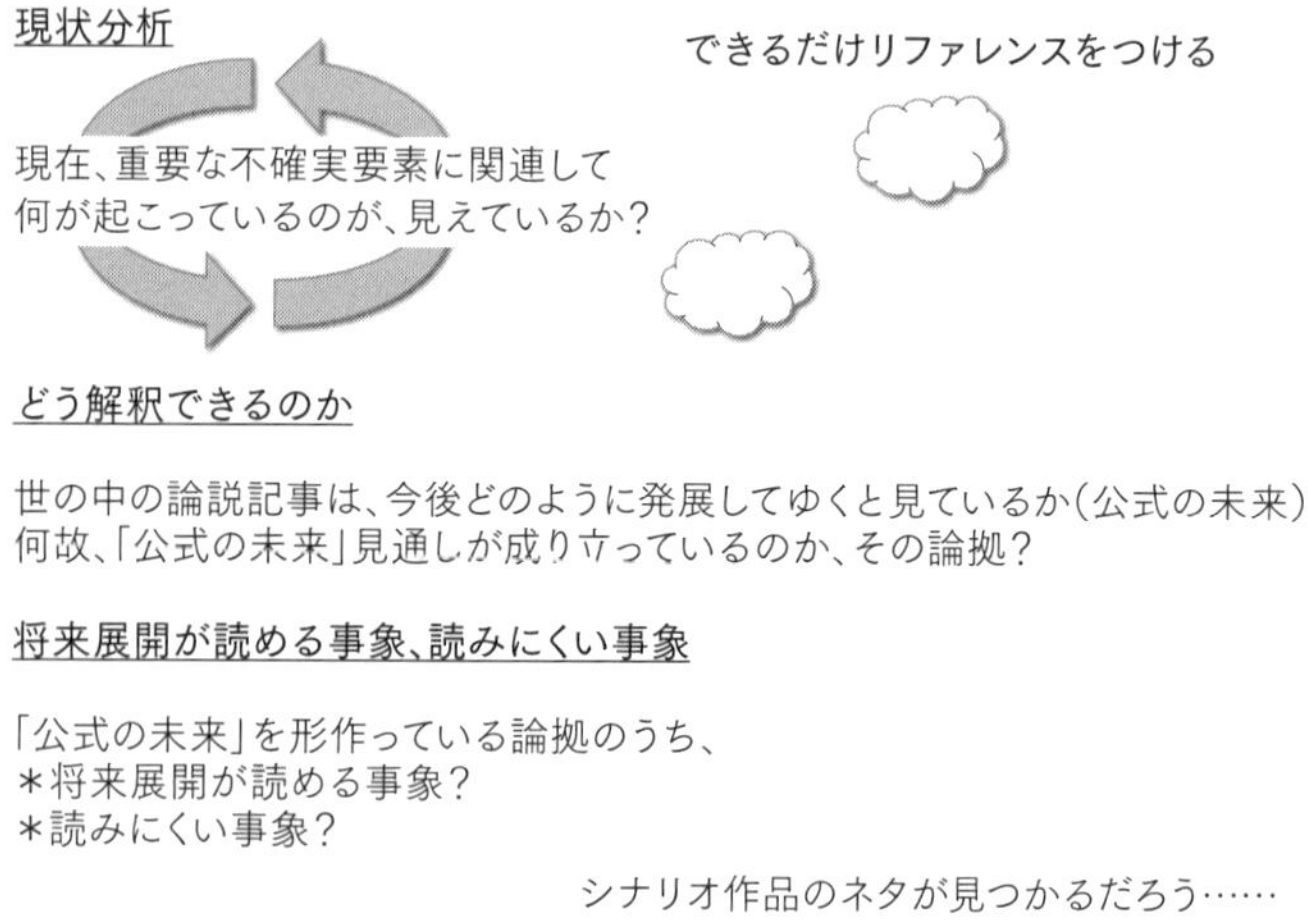
現状分析
できるだけリファレンスをつける
現在、重要な不確実要素に関連して
何が起こっているのが、見えているか？
どう解釈できるのか
世の中の論説記事は、今後どのように発展してゆくと見ているか（公式の未来）
何故、「公式の未来」見通しが成り立っているのか、その論拠？
将来展開が読める事象、読みにくい事象
「公式の未来」を形作っている論拠のうち、
＊将来展開が読める事象？
＊読みにくい事象？
シナリオ作品のネタが見つかるだろう……

いずれにしても、絶対に、2カ月後に、結果を持ち寄って、シナリオプランニングを先に進めるのです。

7.2 シナリオプランニング仕様の調査とは

シナリオプロジェクトの調査は研究レポートを書くことが目的ではありません。シナリオスタディに使えることが目的です。

使える調査とは、どのようなものか。以下にその方法を説明します。

図表3－9と3－10の指針にそって行います。

ここで、「ダストビン、ダストマン」

図表3-10 Dustbin:情報共有の工夫

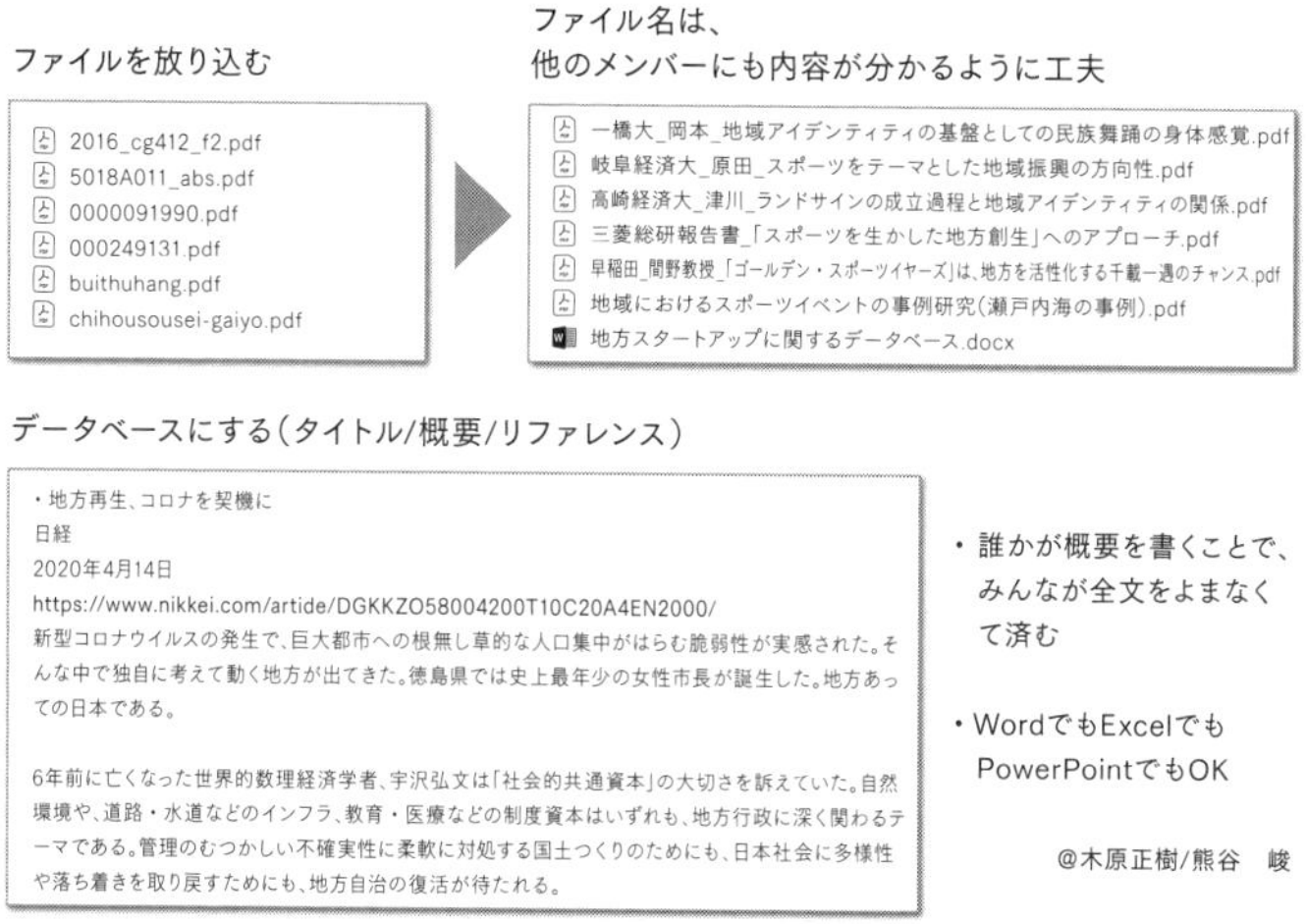
ファイルを放り込む
2016_cg412_f2.pdf
5018A011_abs.pdf
0000091990.pdf
000249131.pdf
buithuhang.pdf
chihousousei-gaiyo.pdf
ファイル名は、
他のメンバーにも内容が分かるように工夫
一橋大_岡本_地域アイデンティティの基盤としての民族舞踊の身体感覚.pdf
岐阜経済大_原田_スポーツをテーマとした地域振興の方向性.pdf
高崎経済大_津川_ランドサインの成立過程と地域アイデンティティの関係.pdf
三菱総研報告書_「スポーツを生かした地方創生」へのアプローチ.pdf
早稲田_間野教授_「ゴールデン・スポーツイヤーズ」は、地方を活性化する千載一遇のチャンス.pdf
地域におけるスポーツイベントの事例研究(瀬戸内海の事例).pdf
地方スタートアップに関するデータベース.docx
データベースにする(タイトル/概要/リファレンス)
・地方再生、コロナを契機に
日経
2020年4月14日
https://www.nikkei.com/artide/DGKKZO58004200T10C20A4EN2000/
新型コロナウイルスの発生で、巨大都市への根無し草的な人口集中がはらむ脆弱性が実感された。そんな中で独自に考えて動く地方が出てきた。徳島県では史上最年少の女性市長が誕生した。地方あっての日本である。
6年前に亡くなった世界的数理経済学者、宇沢弘文は「社会的共通資本」の大切さを訴えていた。自然環境や、道路・水道などのインフラ、教育・医療などの制度資本はいずれも、地方行政に深く関わるテーマである。管理のむつかしい不確実性に柔軟に対処する国土つくりのためにも、日本社会に多様性や落ち着きを取り戻すためにも、地方自治の復活が待たれる。
・誰かが概要を書くことで、みんなが全文をよまなくて済む
・WordでもExcelでもPowerPointでもOK
@木原正樹/熊谷　峻

というノウハウが登場します。

重要な不確実性テーマそれぞれに、手分けして情報を集め、大量の情報を投げ込んだデータベースを作ってゆくのです。この作業を「ダストビン」と呼んでいます。

見つかった情報の断片を、ダストビン（ごみ箱）に無秩序に投げ入れてゆくイメージです。その際、各情報にはできるだけリファレンス（文献名）をつけるようにします。また情報の概要をつくっておくと、全員が全文を読む必要がなくなります。

情報源はきちんと書かれた論文ばかりではありません。ネット上を渉猟し、新聞記事でもブログでも、未来を語ってい

る情報なら何でも当たってみることです。

わぁ、ほんとうに、大量の情報がゴミ箱にたまってきています！

これを仕分けるのが「ダストマン（ごみ収集人）」です。なじみのない仕事なので、ダストマンを引き受けたメンバーは、最初、見当がつかなくて苦労をします。これをやった学生は、「押し入れの中から、持っているお洋服を全部出しちゃったような感じになるんです。それで途方に暮れて、今まで買ったお洋服たちをながめて、それから『さぁどうしましょうか』と。ダストビンとダストマンは、そういう体験でした」と話してくれました。

ダストマンは大変ですが、とても創造的な仕事です。

まずはダストビンの中の数多のデータを無目的に漁っていきます。すると読み込んでゆくうちに、データを仕分けできる構造や筋道が、直観的に見えてくるものです。ここは想像力の出番です。論理化や構造化は、言うまでもなく、我々の想像力から産まれるのです。

見当がついてきたら、ダストマンは、次の作業に移ります。

集まっているデータから、これは！と思ったものを、例によってカードに書き写してみます。

図表3-11　データカードの作り方

・テキストを読んで、書き写す
・ロジックではなく、データを抜き出す
・1枚のカードに20字程度

・記事や論説をデータ化する際は、
　オリジナルの表現をそのまま筆写
　　：書き手の価値判断や意見が現れる
　　（Emotional Intelligence）
⇒発信者の将来展望が読み取れる

・自分の言葉に言い換えない！！　　@杉野綾子

ここで、カードを作成する際の注意点を図表3－11に示します。

記事や論説をデータ化する際は、オリジナルの表現をそのまま筆写することが大切です。ここに発信者の価値判断や意見が現れていて、発信者がこころの中に持っている将来展望イメージが読み取れるのです。これもシェルで言う「Emotional Intelligence（感情的情報）」のひとつです。

データカードがある程度増えたら、今度はそれをクラスタリングしてみます。（クラスタリングについては後述します。）

経験上、ダストビンに溜まったデータの70％くらいは、最終シナリオ作品のなかには取り込まれずに、捨てられてしまいます。それは決して無駄ではありません。ゴミたちはシナリオチームを〝考えさせた〟のですから。

それから、そうですね……プランナー側に、「どうか、ダストマンをやってくれ（めんどうくさい）」、という依頼をなさるクライアントもおられます。筆者は、シナリオプランニングは、クライアント側が苦労して辿ってゆくその作業プロセスのなかにこそ、手法の神髄が宿る、と確信していますからこのお願いは好みません。シナリオプランニングは、この作業から導かれる企業戦略以上に、その過程を通じて、経営者をはじめとする参加者の「見立ての力」を開発してゆくのだ、そこでは洞察力と直観力が養われる、だから時間を費やしてシナリオプランニングを行う意味がある、と、強く、思っております……でもそこは大人ですから、どうしてもの場合には、クライアントの皆さんのお顔を思い浮かべながら、集中して、繊細に仕分けをやりましょう。今までの作業経過を通じてクライアントが見せてくだすった感性や考え方、価値観などを思い出しながら、自分の仕分けが、物語としてクライアントに受け入れやすいかどうか、を考えます。

クライアントの情理と響きあうかどうかがポイント。ここはまことにノウハウに属する部分で、文章で読むより、経験がモノを言うのです。

8 現状説明モデルの作成

調査を終えると次の段階に進むことができます。プランナーとシナリオチームは、手間のかかる調査を協力してなんとか仕上げられたので、今や確かな信頼関係で結ばれています。

調査作業から得られたデータベースを手に、社内シナリオチームを参加者のコアとした次のワークショップが行われます。

このイベントは、前半が調査結果の報告、後半が現状説明モデルの作成にあてられます。ここで社内シナリオチームから、「このテーマに知識の深い専門家をワークショップに呼んでもよいか」という打診がしばしばあります。概ね「社内だけでは勉強が浅いので、○○がご専門の○○先生をお呼びしてはいかがでしょうか？　謝金を用意しますので」といった申し入れで、プランナーはこの提案を歓迎します。

専門家を招聘すれば社内シナリオチームは自分の関心事項に沿って専門家と質疑応答す

る機会を得ます。対面での質疑応答は、学びのためにとても効果的です。

ただ外部専門家を参加させるワークショップには弱点もあります。

第1に質問が途切れず、また専門家はいくらでも説明を続けたいため、前半の「結果報告」の時間が大幅に延びてしまうことです。

第2に部外者がいることで、企業内部の機微に触れる話題が避けられてしまうのです。

対策として、プランナーは、前者については後半での残業をお願いし、後者については後半に入るところで、専門家に退出を求めます。企業内参加者とともに休憩時間のコーヒーとお菓子を楽しんでいただいた後、先生方は会場を去るのです。

このワークショップはプロジェクトの山場であり、プランナー側も全力を尽くします。負荷が大きいため単独ではなく、ペアを組んでファシリテーションをします。

現状分析モデルを制作する後半のワークショップは、とりわけ多くの時間を必要とします。ここでは前後半合わせて午後1時に開始、6時に終了という5時間を予定します。さらに参加者全員に、ワークショップのあとに予定を入れないようお願いをします。

これは「仕事が仕上がるまで今日は続けるよー、今日はがんばらなくちゃ」、と伝えているのです。

8・1　調査の報告

まずはワークショップ前半、調査結果の報告。次々と、担当が発表します。プランナー／ファシリテーター側は報告を聞きながら、要点をポスト・イットカードに書き留めていきます。これはある程度の熟練を要し、また際限なく続いてゆく作業ですので、社内シナリオチームには助けを求められません。ペアで交替しながら大量のカードを書き続けます。

カードを書いてゆくときのノウハウは、報告の部分部分を、意味の通るストーリーとして聞き取り、5、6枚のカードを連ねて書き取ってゆくところです。他のメンバーとの質疑応答の中で注目すべき内容があれば、それも書き取ります。

報告が4件あるのであれば、1件ごとに20－30枚、全体で100枚ほどのカードが作られます。この作業のため、ペアの前には大きく広い作業机が用意され、そこにカードの塊が次々と積まれていくことになります。

ひとつの報告が終わり、次の報告に移る際、プランナーはそれまでの報告内容を書き留めたカードを、机から壁の大画面の下に移動し、これを大画面に貼り付けてみます。

貼り出しながらカードの内容を復唱し、時おり、前の報告内容との関係とか、指摘してみます。次の報告へ移るとまた同じことを繰り返します。

プランナー／ファシリテーターペアは交替でカードを書き付け、貼り付けしながら、自分が聞き取った内容について、誤解や聞き違えがないか、参加者に確認をしてゆきます。何か異論が出れば、それも書き留めて画面に加えます。

やがて、大きな壁面がカードで埋め尽くされます。プロジェクトテーマとそれを取りまくシステム全体を、俯瞰して考えよう、という体験を実地でお見せしているわけです。

8・2　現状説明モデルの誕生

先に「ワークショップは前半が調査結果の報告、後半が現状説明モデルの作成」と述べましたが、実際にはこの2つの作業はシームレスに続いています。プランナーは実は、報告を聞きながら、手を動かしながら、現状説明モデルはどう作れるのだろうか、と考え始めています。

説明しましょう。

ファシリテーターが時間をかけ、内容を復唱しながら「今現在何が起こっているのか」を語っているうちに、壁に貼り出された大量のカードたちは、次第に、互いに関連付けられて並び始めます。

途中、随時クラスタリングが行われ、何枚かのカードがひとつのテーマの下にまとめられていきます。

ファシリテーターはカードを動かし、参加メンバーと対話しながら、メンバーを「このカードと、このカードには互いに相関するのではないか?」「その関係性とは何か?」という思考回路に誘導していきます。

ファシリテーターはメンバーの着想を取り込みながら、いくつかのカードをまとめてみたり、カードの内容をわかりやすく書き換えたり、新しいカードを作ったり、カードとカードを矢印で関連付けたりといった作業を続けているのです。

そうしていると、新しい光景が画面に現れてきます。見慣れないカード同士が、たまたま隣に並べられるとそこに新しい「意味」を発し始めるのです。

クライアント側の参加者たちはこの、壁の大画面に今起こりつつある展開について、自然と話し合いを始めています。

他方でプランナーは、カードの整理と同時に、大画面全体の上で起きているあちこちの光景と、懸命に、向き合っている。この混乱した大画面から、何を、見つけ出せばいいのか。少しずつ何かが見え始めたとはいえ、そこからどうやって現状をうまく説明できるシステム図を組み上げればいいのか。

ここはマニュアル化ができないところで、千差万別であり、皆で、画面の前に集まり、時間をかけてアイデアを出し合うしかありません。

経験を積んだプランナーは、背後に立って画面を遠くから観察しながら、また、参加者たちの会話を聴きながら、いくつかのシステムを、クライアントにとって使いやすいシステムモデルを、思いつくことができます。

現状分析とはクライアントの周辺に広がるビジネス環境の中で、クライアントが今見ている事象を正確に記述してゆく作業のことです。自社の周囲のビジネス環境を、合意されたプロジェクトテーマすなわち自社の重大関心事の視角から、予断なく、虚心に観察して記述していきます。第1章で説明したように、現状は、「なるべくして、そうなっているのだ」と考えて、その様を動態的に安定したシステムとして描きます。

なおここで、動態的に安定しているシステムを描く、とは何か？

システム思考で説明したところを振り返りましょう。

システムは、「要素」「相互のつながり」「機能あるいは目的」の3種類で構成されます。これを念頭に、仮設の現状説明システムを作ってみます。

それが完成したら、次にそのシステム図のなかの「相互のつながり」に注目します。「この関係性が将来、自己強化型フィードバック・ループとして動き出すきっかけがあるだろうか」という視点で、システム全体を吟味するのです。同時に同じシステム図の中で、自己強化型を抑制する可能性のあるバランス型フィードバック・ループとなる関係性（つながり）が見つからないか、これも探してみましょう。2種類の違ったフィードバック・ループが働きそうであれば、みんなで作りはじめた仮設の現状説明モデルは動態的に安定しそうです。

現状説明モデル制作のポイントは、「思いきり」です。どんなに入念に調査してもなお、調査はモデルの制作に不十分なままだからです。我々に知り得ない要素など、当然、無数に存在しています。しかし、「ここがよくわからないから」という理由でモデルの構築を諦めては、先に進めません。

極論すれば、間違っていてもよいのです。シナリオプランナーは仮設モデルに真理を求めているのではなく、次の作業に進むための足がかりを求めている。したがって「分析的知性に対し現状の有り様を合理的に納得させられる、とりあえずのモデル」があれば十分です。

こうやってクライアントの関心事に関係がありそうな要素を取り込んだモデルが試作されます。その一方で、クライアントが知っている事象ばかりを取り上げて、自分の庭先のような狭苦しいシステム図を作ってしまわないように留意しなければなりません。

プランナーが気を配っているところは、現状説明モデルは次の作業工程であるシナリオの制作に直結しているシステム図であり、だから、未来に向かって解放されているような、大きな、システムに仕上がっているのだろうか、というところです。

ううむ……カードの山と格闘しながら、いろんな関連を探る作業に、終わりが見えません。

もはや4時半になりました。

ここは非常に頭を使うところなので、コーヒーと甘いお菓子が欠かせません。小休止も随時必要です。

しかしやがて、いくつかのカードが突然、星座のように意味あるつながりをもって、誰かの眼に見えてくる瞬間が訪れます。

「ほら、つながりが見えるだろう？　このカードとあのカードを矢印で結ぶんだ」

一人から声が上がります。

シナリオチームは、卒然、気づきます。

眼前のカードたちは、意味のある形をめざしている。システムにあてはまろうと、動きはじめている――。

この瞬間の浮遊感は、参加メンバー全員が、ながくながく、覚えているのです。

システムはそのままの姿で本来そこにあり、人知が介在しなくとも自ら形を求めるもの。システムとは、造形力そのものなのです。

こうやってシナリオチームは自らの手で、自らが納得できるシステム図を作り上げていきます。むしろクライアントこそがこれを作ることができる。自社の周りの現在のビジネス環境は、誰よりも彼らが知っている。ここは、外部の人間であるプランナーに丸投げしてはいけないところです。

現状説明モデルのワークショップが終わった後、シナリオチームの顔は、充実感で輝きます。

8・3　現状説明モデルは価値フリー

シナリオプランニングで使う現状説明モデル、とは何なのか？　どんな心構えをもって作りこまれるのか？　ここで少し、復習をします。

現状分析作業は「今ある社会のシステムが、どのように合理的に働いているか」を現象学的に記述します。「今あるこの社会は、合理的に完全に説明できる」という、いささか保守的ではあるが冷静な態度から始めようとするのです。

「クライアントが検討したい重要課題は、他の課題、他者の意図と関係しながら、クライアントにとっても他者にとっても、合理的説明ができる均衡をもって、そこに在る」

これがよって立つ思想です。つまり主義主張による価値付けからは、離れた立場で現状説明モデルを作ろうとしています。

しかしながら、シナリオプランニングのプロセス全体が価値判断と無関係というわけではありません。

シナリオプロジェクトでは、もしクライアントがシナリオ作品の中で現状批判的な姿勢を採用したいと言うのであれば、それは、未来を語り始める、すなわち未来の不確実性を検討し始める、その工程の段階から、満を持して、投入される、ということです。

　このように考える理由は、それは、現状のシステムというものは直ちには変えられないからです。システム思考では、「今現在安定しているシステムの中で、フィードバックに基づいて意思決定をしている人には、現在のフィードバックを動かしているシステムの挙動を変えようとはしていない」と教えています。企業は安定したビジネス環境システムの中に、うまく当てはまっており、他のプレーヤーの戦略と関係しながら競争的に活動している。

（写真提供）Shane_D_Rymer/Getty Images

　現状は、なるべくしてそのように動的に安定している。肝心なことは、クライアントが、こういうものの見方を受け入れてくれるか、というところで、ここをご納得いただきたいのです。そうしてからプロジェクトも企業経営ディスカッションも、「では、この現状は、これからどう変わっていくのか、それにつれて、我が社はどう変わってゆくのか」という方向に進んでゆける。現在立脚している地点から、いよいよ、満を持して、未来に向かって歩きだせるのです。

そして未来のシステムのありようについては、我々は、複数の姿を構想し、どれか、を選択することができる。

現在は変えられない。変えられるのは未来に出現するシステムのみである。これがシナリオプランニングの思想です。

9 シナリオの制作へ

苦労の末に、社内シナリオチームが現状説明モデルを制作しました。

現状説明モデルは、もはやクライアントの自家薬籠中のもの。クライアントの今現在の重要関心事項をシステム化しているのですから、クライアントのほうがよほど深く理解できています。

ここからシナリオの制作に入ります。

図表3-12　シナリオプランニングのモジュール

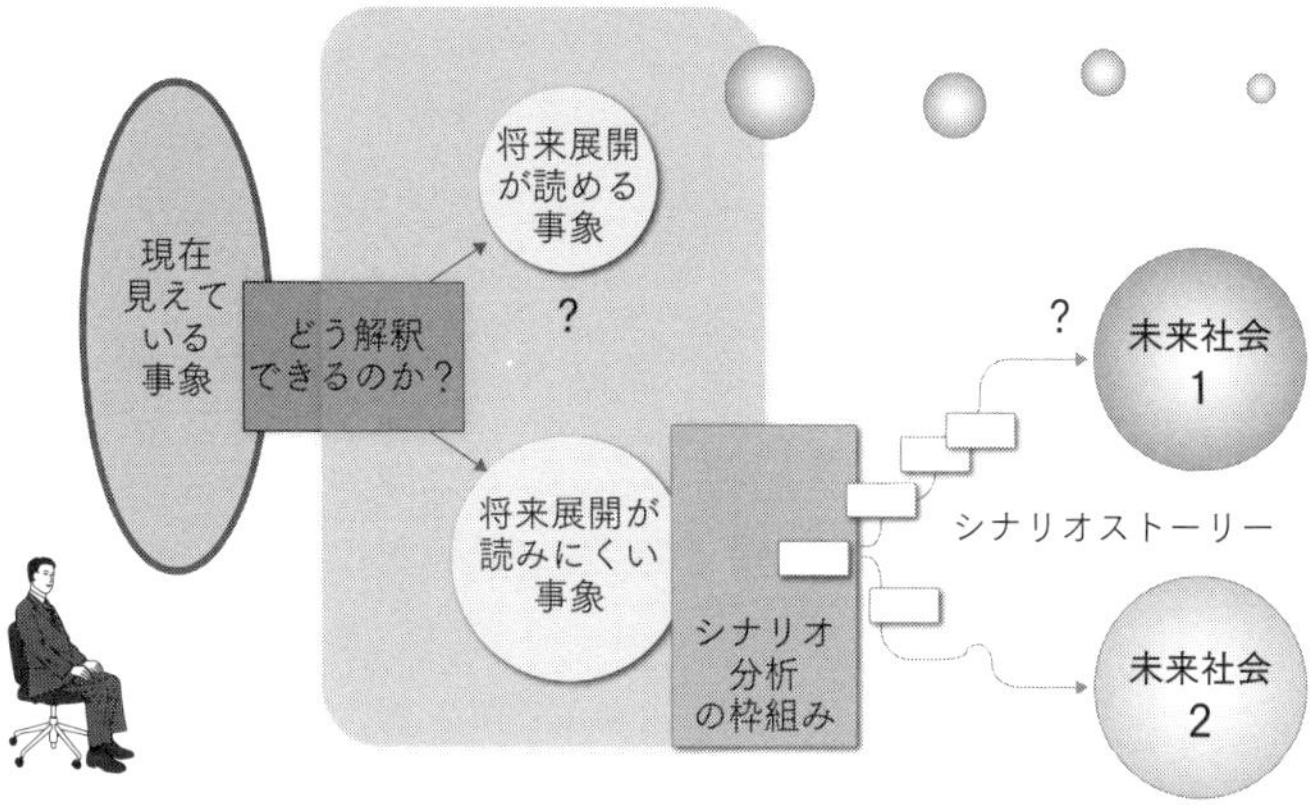

未来を扱うここからが、シナリオプランナーの腕の見せ所です。

「我が社の将来戦略が首尾よく実現する、あるいは失敗する、この分かれ道はどこにあるのか？　そもそもこの分岐点とは何なのか？」と問い進むプロセスを辿り始めます。

シナリオの制作を通じて、未来世界が、クライアントの今現在の関心事と結び付けられていきます。

9・i　改めてカードを作り直す

本章の最初に示した図表3－1（137頁）をもういちど確認してみましょう。

図表3－12はそこに枠をひとつ追加したものです。これからメンバーは大きく枠で囲ったモジュールの部分の作業をしようとしてい

図表3-13　未来データの書き方

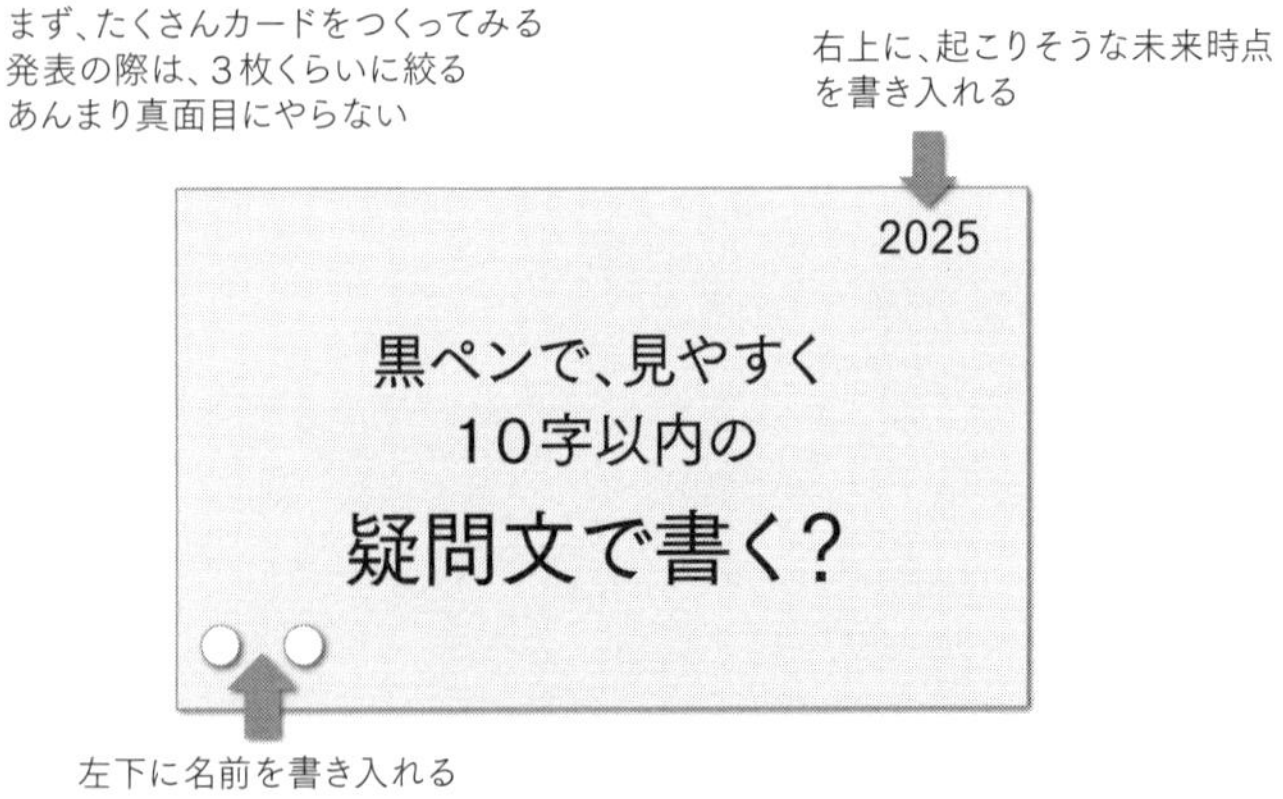
まず、たくさんカードをつくってみる
発表の際は、3枚くらいに絞る
あんまり真面目にやらない
右上に、起こりそうな未来時点
を書き入れる
2025
黒ペンで、見やすく
10字以内の
疑問文で書く?
左下に名前を書き入れる

ます。

シナリオチームは現状分析モデルの記述を確認し、調査ペーパーも軽く振り返って、もう一度ポスト・イットカードを書いてみます。図表3－13にカードの書き方を示しました。

「2030年に至る中国国内の既存大規模投資の長期的な収益性やリスク」が、本書で例示しているテーマでした。このテーマをめぐる未来の懸念事項を、改めて洞察しましょう。

またまた画面上にたくさんのカードが貼られ、ファシリテーターは似たカードを大まかに集め、クラスタリングをして論点を整理していきます。

ここでプランナー／ファシリテーター側は、クラスタリング作業のやりかたに、選択肢を2つ、持っています。

ひとつは事象が発生する想定年代を揃えてカードをまとめる方法です。例えば2025年時点で起こりそうな未来事象がひとくくりのクラスターになります。

もうひとつは、テーマ別に揃えることです。テーマとしては例えば、「習近平長期政権の『後』は?」「経済成長の減速?」「台湾有事?」「中央権力と地方権力の税制バランス?」「中国パートナーから買収されるか?」といったものがあります。このまとめかたをすると、各テーマの内側でそれぞれに、時系列で語れるストーリーが生まれてくるでしょう。

9・2　不確実性が高く影響が大きな未来事象を特定する

クライアントは何が心配で、未来を探索しようとしているのか。プランナーは、ここを絶えず確認しながら作業を進めています。プロジェクトテーマというものは、ディスカッションの深化に従って途中から変わることも、まま、あるのです。それでもまったく構いません。

さてここでプランナーは、またもや、2軸プロットのフォーマットを使って議論を先に進めようとたくらみます。

ただし、両軸の定義はプロジェクトテーマからながめた「未来事象の影響度」と「不確実性」と変わります（次ページの図表3－14）。

左下にシナリオテーマを置き、2つの評価軸を備えた白紙の大画面を用意します。

この例は、2030年までの未来を探索しています。

シナリオチームはこのフォーマットの大画面の前で、長時間、議論します。

チームは改めて現在のビジネス環境を全体的に、総合的に眺めます。前段階の作業を振り返りながら、2030年に至る中国国内の既存大規模投資の長期的な収益性やリスクに、大きな影響を与えそうで、かつ現時点では将来見通しがつけにくい事象を抽出しようとしています。

作業では、8つの事象が特定され、内容がカードに疑問文で書き入れられたところです。

次に2軸プロット上で、8つの事象が、それぞれ、どのあたりに付置するかを、これについてもグループでディスカッションしながら、位置取りを合意します。

図表3－14では内容空欄のまま、8つのポスト・イットカードを置いていますけれど、カードの位置を観察するだけで画面上で何が起こっているのか、筆者は解説ができてしまうのです。

図表3-14　重要な不確実性（現在～2030年ころ）

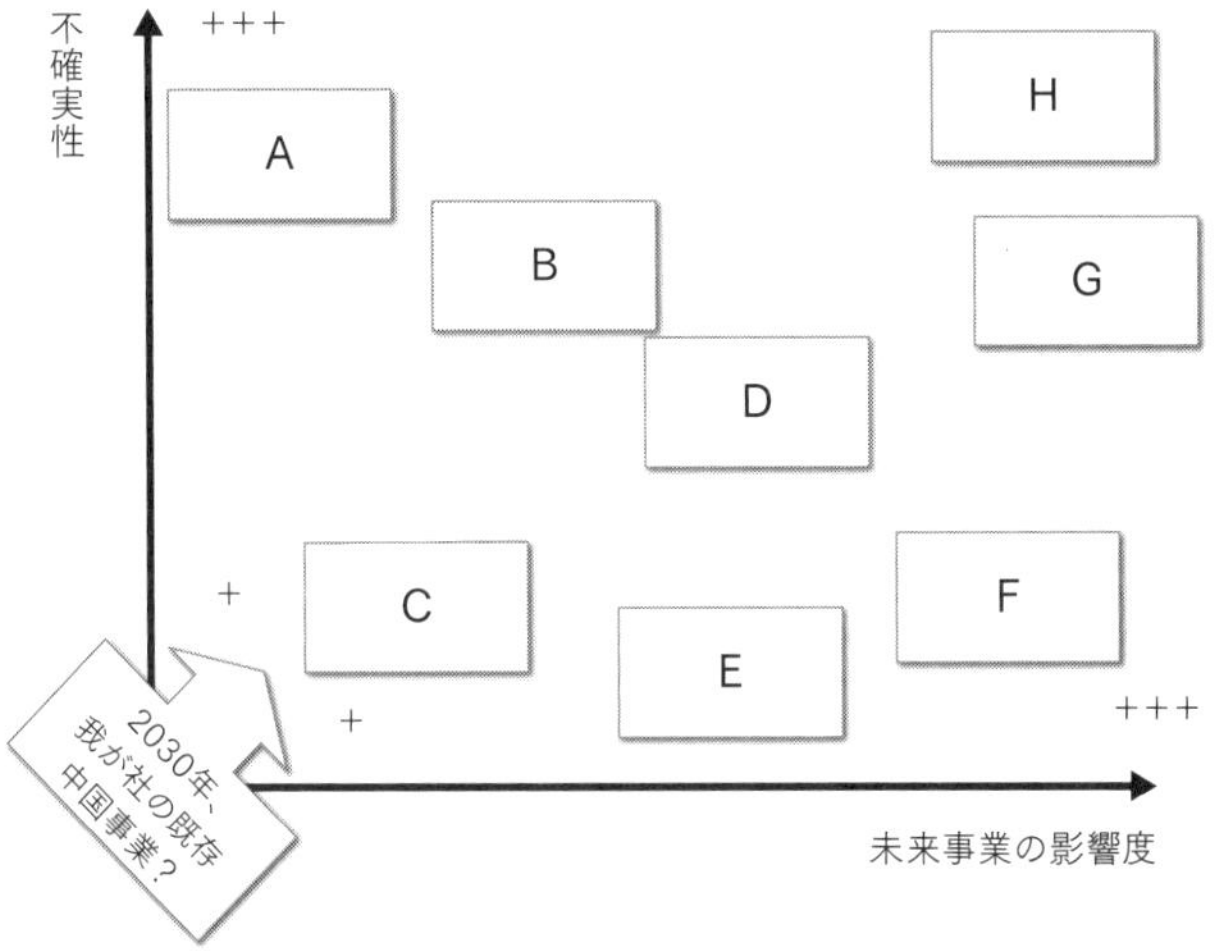

●事象Aは、とても将来見通しがつかないが、プロジェクトへの影響度合いは小さいだろう。だから当面スタディをやらなくともよい。

●事象CとEとFは、ほぼ確実に起こるだろう。その将来展開も読める。

●特にF事象については、生起のタイミングとプロジェクトへの影響の広がり、そして想定すべき我が社の対応について、簡単にまとめておく必要がある。

●我々はGとHの事象に注目すべきだ。目下、将来展開が読めず、しかも影響が大きい。この2つの事象をきちんと考えなければならない。

9・3 「公式の未来」

さて、シナリオチームは画面上の位置で示された「不確実性が高く影響が大きな未来事象」、つまり「G」と「H」について、追加的な調査をやることになりました。

事象Hは、プロジェクトの成否にかかわる重要な不確実性です。ここをさらに深掘りする。具体的には、

事象H＝f（事象a、事象b、事象c、事象n）

と、事象Hの内側に、別の説明システムを構想します。そしてこのシステムをいくつかの要素（事象a、事象b、事象c、事象n）に分解し、それぞれの要素同士の関係性をシステム図にまとめていきます。これが、事象Hが「なぜ、将来見通しは立てにくくて、従って不確実性が高いのか」を説明できる仮説となります。

ここで事象「H」を、図表3－8（156頁）に戻って「何かのきっかけで、反日再び？」と読み替えればわかりやすいでしょう。

次に、事象Hの説明仮説をさらに深掘りしてみます。事象Hの生成に大きな影響を与え

そうな事象をいくつか取り上げて、追加調査をします。例えば、事象aの将来展開を、世の中の大勢はどう見ているのか。そして世の中の識者たちの予想はそこにどんな根拠を挙げているのか。ロジックを整理しながら、破綻がない未来像を書き起こしてみるのです。

ここから出来あがってくるのは、実は、「H」——例えば「何かのきっかけで、反日再び？」——という事象について世の中の大勢が予想している未来像でありましょう。データがたくさん手元に集められていて、それらをつなぐと破綻がなくスラスラと説明できる、つまり世の論壇でよく話され、よく聞かれている未来像や未来展開なのです。これをシナリオプランニングでは「公式の未来」と呼びます。

少し説明ぶりをむつかしくしましたが、「公式の未来」は案外簡単に作れます。代表的な論者の現状分析と未来展望をそのまま引用して「公式の未来」を制作してもかまいません。

9・4　シナリオの分岐点

読者諸兄、なにかおかしくありませんか。不確実性が高い未来事象のはずの「G」と「H」を深掘り調査していったら、シナリオチームは「公式の未来」のストーリーに納得してしまいました。世の論者たちはそれだけ、不確実性の難題をすり抜けるのに言葉たくみなのだ、と言うことです。

ここでシナリオチームは、決然と、「公式の未来」のアタマから離れるのです。他の可能性を想像しなければなりません。「H」と「G」とを不確実性が高い、と見通した、その時の直観的な判断に戻るのです。

ここでの急ハンドルをこなすにはプランナーの熟練が必要です。チームが事象a〜c〜nを検討している最中、プランナーは心の中で、「もしかして、aの展開について、ダストビンのデータベースの中に、『公式の未来』とは異なった記事があっただろうか？　たしか、読んだはずだな……」などと、考えています。そうするうちに、前の工程でチームが事象Hを「これは将来展開が読みにくい事象だな」と、直観的に判断していた、その場の、ぼんやりとした理由が、今やもう少しフォーカスを絞れた理解となって、プランナーの意識の表面に浮かんできます。

「そうか、事象Hの将来見通しの悪さ、これはHの説明仮説に含まれている、cが効いているのか！」、そして……「cは、事象Gの説明仮説にも入っているではないか！」といった発見があるのです。

図表3-15　分岐点の見当がつく！

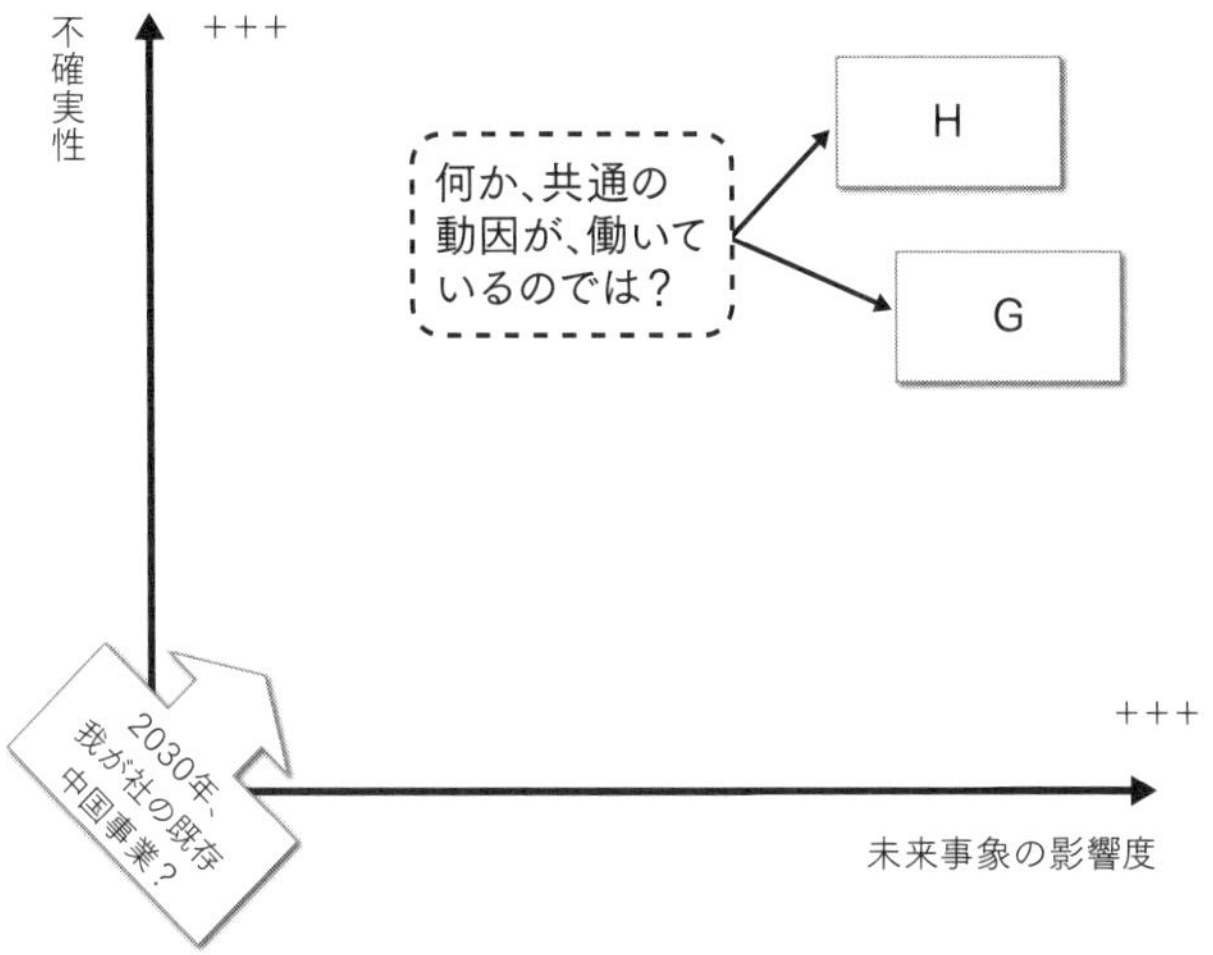

「ということはつまり、cを、シナリオの分岐点としておけば、GとHの両事象を扱えるシナリオが書けるかもしれない」

こうやってクライアントが注目した事象の、その中を探索したら、そこからさらにいくつかの注目すべき不確実性のタネ（これを「動因　ドライバー」と呼びます）が見つかって……このような思考実験を繰り返しながら、いよいよ、未来展開を複数に描き分けられる分岐点が見えてきます。プランナーは、このあたりをシナリオ作品のフレームワークに育ててゆこうかな、と、徐々に、内心、方針を定めていきます。

プロジェクトは現状説明モデルを土台

図表3-16　シナリオの分岐点の発見

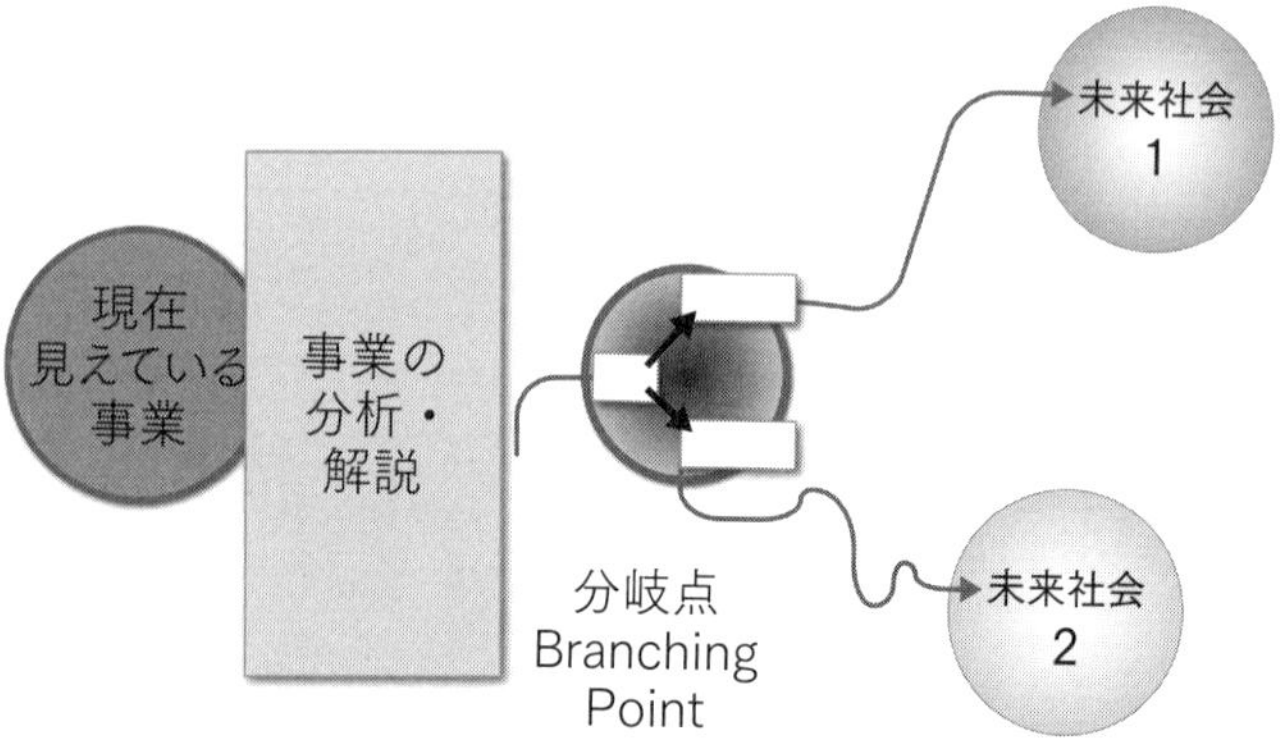

にして、そこから複数の未来展開に向かって可能性を開いているシナリオ作品を構想しようという工程にさしかかっています。ここで、現状から複数の未来に分岐してゆくための「しかけ」が、欲しいのです。これをシナリオの分岐点branching pointと呼びます。この「しかけ」、すなわち分岐点は、シナリオ作品全体の見栄えに影響しますので、目新しさや、切り込みの鋭さが欲しいところです。

分岐点は、もちろんシナリオ作品ごとに異なります。本書はたくさんの作品を紹介しておきますので、読者諸賢は、分岐点の「しかけ」というポイントに注目してそれぞれを読んでみてください。

プランナーはこのように、こころの内側でシナリオ作品の仕上がりのイメージを育てています。が、性急にワークショップ現場に自分の考えを持ち込むことはありません。シナリオチームの続けている思考実験をサポートし、寄り添おうとします。この思考実験がいよいよ息苦しくなってくるその時まで介入を控えます。そうは言っても、「もう飽きたから、先に進みたい。プランナーから提案してくれ、オマエはどうしたいんだ！」と、詰め寄られてしまったケースも、まま、ありました。

10 フレームワークの選択

未来のストーリーを考えはじめています。

しかし実際にシナリオを書き出す前に、どのような形式にあてはめてそれを記述するのか、という大きなフレームワークを決めなくてはなりません。

このフレームワークとは、例えば第2章のストーリー1で出てきた「十字架モデル」に相当するものです。

使い勝手の良いフレームワークにはいくつかの型式があり、シナリオプランナーは、プロジェクトテーマの性質と、社内シナリオチームの振舞い方や思考の性向、そしてクライアント組織内部のコミュニケーションの特徴、を総合的に判断して、適切なフレームワークを選択しなくてはなりません。

この作業もクライアントとの協働が望ましいのですが、やはり試行錯誤が避けられないため、時間がかかります。大学の授業では、この作業を若い人たちに徹底的にやってもらいます。効率の悪い、が、問いを問い深めてゆくプロセスをグループで続けるよう、頑張らせます。学生の皆さんには不満と不安が募る。時間がない、と抗議をする。若い人たちは正解を求めたいのだろうけれども、頑張らせます。

対照的に経験を積んでいる会社の中堅どころは、ビジネス環境はそう単純なものではないこと、環境が急変してしまってオタオタした実体験なども積んでいるもので、ここいらの試行錯誤には耐性を発揮してくれます。我が社にとっての重要課題を切り取ったプロジェクトの未来展開を考えるために、総合的な、使い勝手の良いフレームワークを工夫するのですから、意気に感じてくれます。

でも、思考実験の繰り返し、何回もの手戻りで息苦しくなってきた際には、プランナー側からうまくゆきそうなフレームワークを提案する、という手順をお勧めします。経験豊富なプランナーがリードするべき場面です。

後の章で代表的なシナリオフレームワークの型式を解説しますから、ご利用ください。

11 複数のシナリオを制作する

どのフレームワークを採用しても、そこには現状分析モデルを流動化させ、未来に向かって分岐させている動因（ドライバー）が書き込まれます。

この動因に着目して、未来に向かった複数のストーリーを書き分けていきます。またこの動因こそが分岐点を特定する際に注目されるのです。

ところで、第1章で「未来を基本的に現在とは不連続なものとして捉えることが、シナリオプランニングの特徴のひとつである」と申し上げました。

が、しかし、未来ストーリーを制作する際に、過去からの断絶を無限に許容すれば、いくらでも異なるストーリーが考えられて、収拾がつかなくなります。

シェルでは、そうした玉石混交のストーリーを「エネルギー計量モデル」にかけ、実現可能性を確かめることがあります。

エネルギー計量モデルとは、計量経済モデルをエネルギー分野に適用した世界規模のエネルギー生産・変換・消費バランスモデルです。実際の観測データに一致するよう数式の定数が調節されます。ここで、未来のエネルギーバランスを見るためにシナリオから予想される変数の値をモデルに入れてみたら、荒唐無稽な解が出てきたとすれば、それはシナリオのストーリーのほうに無理があることを示唆してくれます。

企業経営一般のお話しにしてみますと、未来ストーリーのフィージビリティを簡便に検証できるモデルとして、日頃使い慣れている中長期経営計画作成用の財務三表（貸借対照表、損益計算書、キャッシュフロー計算書）をシミュレーションに利用することもできましょう。とりわけキャッシュフロー計算書が使えます。

そうした数理による検証方法については本書では深入りしません。最終的にシナリオ作品の中に書き込まれる数量や価値は、未来を語るためのレトリックに過ぎない。すべては仮定の上に算出された数字であり、その数字が未来世界を予想したり規定することなど、ありはしない。

次のお話に進みましょう。

シナリオ作品の中で描かれる複数の未来社会は、それぞれに全く異なった姿をしていても、将来同じ確率で現実化するように見えなければなりません。プランナーは各シナリオが与える情報力と説得力が聴くものをして同じレベルに感じられるよう、材料の選択とレトリックを工夫します。

シナリオ作品はまずもって、クライアント社内でコミュニケーションを成功させなければなりませんから、ストーリーの語り口の選択は、クライアントの社風に応じて工夫されます。プランナーは、ここは、社内シナリオチームの感覚に頼ります。社内説明の際、グラフィック表現が伝わりやすい会社であれば、パワーポイントを多用しますし、文章化して読み下すスタイルの経営会議であれば、接続詞や接続助詞に注意を払いながら、ストーリーを文章で書き分けます。財務指標にこだわる社風なのであれば、ストーリーを数量化して表記すべく工夫を重ねます。どの場合も各ストーリーの違いが一目でわかるよう、シナリオ作品の最後に、各ストーリーの比較表をつけるとよいでしょう。

第7章でいくつかのシナリオ作品を紹介しています。実例をもって、シナリオプランニングにおけるストーリーテリングのやり方を学んでください。

12 作業の終了

数カ月間にわたった思考プロセスの最後に、シナリオ作品をまとめます。が、これはいわば「最後まで投げ出さずに、グループみんなで質のよい議論を続けました。よかった！」という満足の証（あかし）です。

民間企業をクライアントとするシナリオプロジェクトの本当の成果は、シナリオ作品でも、まして資料をまとめた報告書でもありません。

ワークショップの場で他メンバーとともに、自ら言葉を探し、互いに触発し合いながら、真剣に考え進んでゆく。シナリオプランニングの真の価値は、その思考プロセスそのものです。

クライアントはこれまでのシナリオプランニングの過程で、「不確実性に賭ける」というビジネス活動の本質に十分に触れました。ディスカッションの過程で見られた、「未来が見通せない」という納得のいかなさは、今や、「ビジネスチャンスに賭ける」という決意に昇華されています。

社内における検討が十分に未来の不確実性に踏み込め、その体験をグループ全員が共有できたと判断した時点で、プランナーはプロジェクトの終了を申し出ます。

筆者はシナリオプロジェクトをともに踏破した社内シナリオチームの、健全な敢闘精神と瞳の輝きに、しばしば感動を覚えます。時には社業にとっては不都合となる未来の可能性に気づき「では、我が社をどう発展させるのか」、という重たい碇を引きずりながら、議論をはしょらず、前に向かって知恵を尽くす。みんなで歩けば、遠くまで歩いてゆけるものです。真剣に未来を語りあうことで、自然な統合作用が経営層に、とりわけ苦労をしたシナリオチームの中で働きます。

シナリオプランナーの役割はここまでで終わりです。備忘録として簡単な論点メモが作られ、プランナーは退場します。

13

報告書の作成

プロジェクトには、報告書の作成がつきものです。これは主に、社内シナリオチームの作業となります。基本的にはプロジェクトの進行をそのまま辿ればよいでしょう。

①会社のビジョンと未来の懸念
②現状分析
③シナリオプロジェクトのテーマ
④未来のビジネス環境：経営に重大な影響を与える不確実事象とは
⑤シナリオ作品のフレームワーク
⑥シナリオストーリー1、2、（3）
⑦まとめ：戦略的示唆

筆者は、報告書はメンバーやトップマネジメントの心に火がついて、真剣に意見を交換したワークショップ現場の身体性を、そのまま感じ取れるような記述スタイルがベストと考えます。

メンバーの生の発言が残っていたり、多様な材料を仕分けようとしたフレーミングの苦労が残っていたとしても、それで構いません。そんな臨場感を残しておいた方が、後々、社内で使いやすいようです。こうした報告書は対外発表向けではありません。

なお、別途、クライアント側の都合でシナリオプロジェクトの成果を広報活動に援用したい場合は、フレームワークとストーリーをそのまま残しながらも、語り口を全面的に書き換えられるのがよろしいでしょう。

14 シナリオ制作から戦略検討へ

プロジェクトがトップマネジメントから社内シナリオチームに委託されていた場合には、

出来たてのシナリオ作品をベースに経営層が加わって、戦略的なディスカッションを行います。

その際、チームはシナリオ作品の内容を1枚の対比表にまとめて比較できるように準備して臨みます。

プランナーも求められればそこに同席しますが、このようなハイパワーのディスカッションの場では、たいがい、社長本人もしくは社長が指名する人物が議事進行を務めます。

シナリオ作品の発表が終わると、それから「各シナリオが出現したとき、我が社のプロジェクトにはどう影響があるのか」「どう備えておけばいいのか」「そもそも備えられるのか、それとも抱え込まねばならないリスクファクターなのか」といった疑問が噴出し、いよいよ、戦略ディスカッションの始まりです。

ここでは、社内の「公式の未来」のなかに、未来のビジネス環境の変化の可能性を取り込もうとする、そういう流れのディスカッションが行われます。このとき、シナリオプランニングは組織の意思決定プロセスに、直接的にかかわりはじめています。ピーター・シュワルツの言っているように、シナリオプランニングとは「今日行う選択が、将来どのような結果となり得るかを理解したうえで、今日、選択すること」ですから。

一般的には、シナリオプランニングの専門家はこのような場に同席は遠慮したいのですが、出席を求められるケースもあります。プランナーは経営陣のビジネス環境分析に終始伴走してきたので、重要経営課題をよく理解できているし、ディスカッションのファシリテーターとしても信任がおける。「何かと便利だから、そこにいてくれ」という依頼です。求められれば出来上がったシナリオ作品の内容に沿った解説を行うこともあるでしょうが、戦略の最終決定はクライアントの仕事です。社外の人間は、そこに関わるべきではないでしょう。

第4章

アプローチとフレームワークの選択

シェルに学んだ
シナリオプランニングの奥義

SCENARIO PLANNING

本章ではシナリオの制作におけるアプローチとフレームワークの選択について解説します。

まず、アプローチとは、クライアントに対するシナリオ作品の説明ぶり、の基本方針であり、大きく4つのアプローチがあります。プロジェクトがシナリオ制作の段階に差しかかったところで、どのアプローチを使うかを決めればよいのですが、プランナー側は準備作業にとりかかっている時にクライアント側のシナリオ作品の使い道を見通して、それに適したアプローチの採用を内々に想定できることが、まま、あります。そうしておくと、本音、作業が進めやすいのです。

次に、フレームワークとはシナリオ作品自身の基本構造です。シナリオプランニングの手法では、ロジカルにかつ効果的なコミュニケーションができるよう、いくつかのフレームワークが考案されています。いよいよシナリオ制作段階に入った時は、どのフレームワークを使うかを決めなければその先に進めません。

アプローチとフレームワークは、いずれも、クライアントの性向や意向を勘案しながら決めます。

ベテランのシナリオプランナーは対話を通じて、クライアントへのコミュニケーション方法、すなわちアプローチの見当を早期につけることができます。他方でシナリオ作品の基本構造であるフレームワークについては、これは事前に想定しない方がよろしい。まずもって、クライアントの皆様の自由闊達な発想と意見交換を最大限に促すのです。それをよい耳をもって聴きながら、熟慮しながら、いくつかのフレームワークの可能性を心の中で思いついておれば用が足ります。

1　4つのアプローチ

プランナー側から提案できるアプローチには、大きく2つの区分があり、そこから4つの選択肢が生まれます。

第1は「規範的アプローチ」と「探索的アプローチ」の区分です。

規範的アプローチとはシナリオ作品の中にクライアントの利害にとって望ましい未来社会、今後目指したい未来社会を明示するやり方です。

探索的アプローチは、そうした願望は脇に置いて、世の中の多様な変化をそのまま複数

図表4-1　シナリオプランニングの型式 簡単な分類

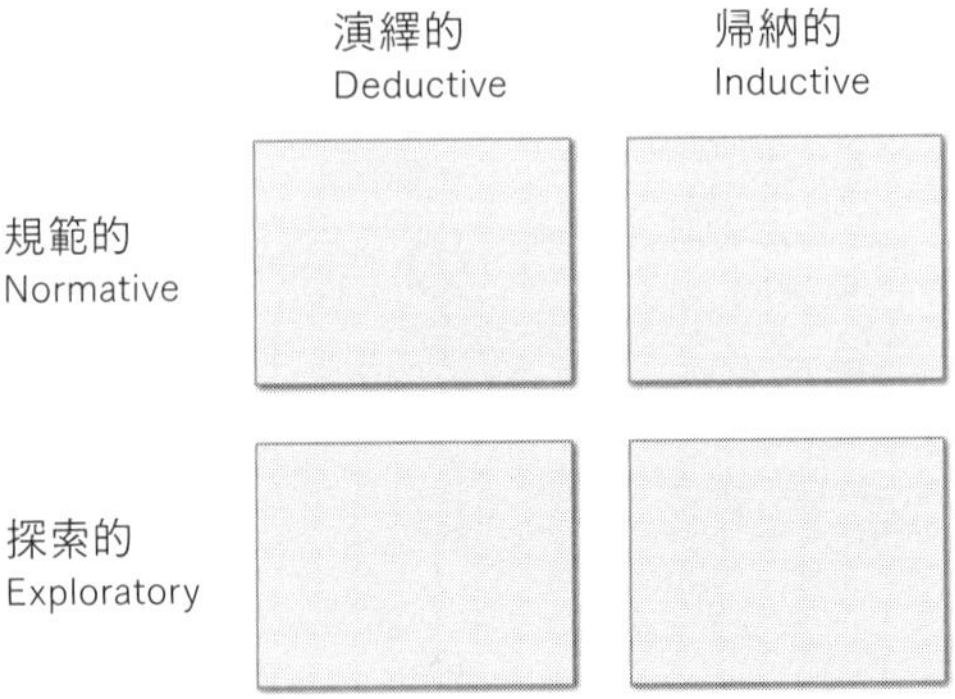

のシナリオストーリーとして書くやり方です。

第2に「演繹的アプローチ」と「帰納的アプローチ」の区分があります。

演繹的アプローチでは、一瞬で未来に飛んで行きます。例えば「2035年の我が社は、どんなビジネス環境の中で操業しているでしょうか、それは……」と、遠い未来世界の有様から叙述を始めます。

対して、帰納的アプローチでは「我が社の中期計画では2025年まで考えているが、28年にはどうなっているのか。何か大きな変化が起こりそうか。では30年では?」というように、現在から未来に向けて、順を追って記述していきます。

以上からアプローチの形式は、図表4－1のように4象限の組み合わせができます。

アプローチの選択はシナリオ作品のコミュニケーション方法の選択であり、この選択はプロジェクトの方向を定めます。

1.1　規範的アプローチと探索的アプローチ

1.1.1　規範的アプローチ

規範的アプローチでは、「クライアントが世の中にどのように働きかけていけば、クライアントのビジョン（政策課題や経営戦略）を達成する上で好都合な世の中になるのか」という、望ましい未来に向かうための能動的なアクションをストーリーの中に書き込んでいきます。

ここではクライアント企業が、現状説明モデル全体に影響力を行使できるプレーヤーとして描かれます。

規範的アプローチに則ったシナリオ作品では、クライアントは「複数の未来の可能性のうちのどれが組織ビジョンの実現に最も好都合か」が明白に判ります。

このアプローチは公共政策を取り扱うシナリオプロジェクトで、よく用いられます。

規範的アプローチで制作されたシナリオ作品は、斬新な切り口で面白くストーリーを語

図表4-2　模範的シナリオアプローチの構造

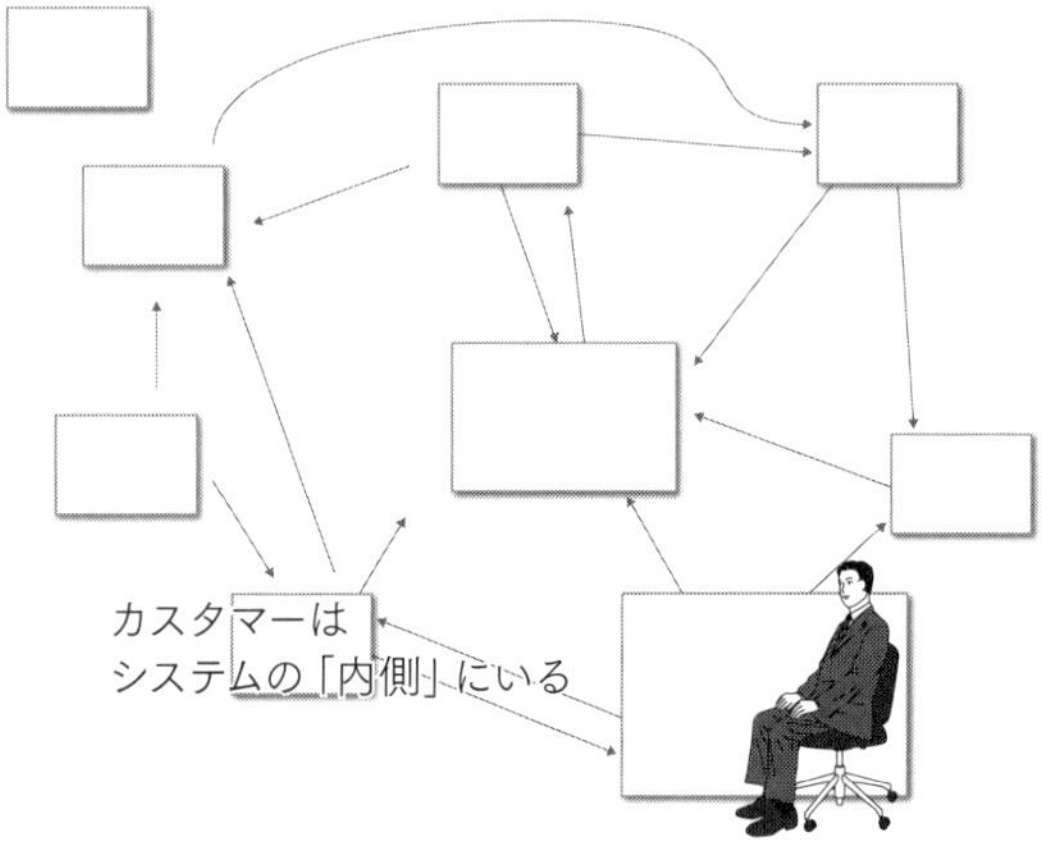

り、聴く側に対して効果的にメッセージを伝えることができます。政策当局の視点から見て望ましいビジョンを市民社会に提案する、という趣旨のプロジェクトでは、規範的アプローチのコミュニケーションパワーが活用されます。この種のプロジェクトは「公共シナリオ」と呼ばれ、欧米では、市民との対話のプロセスでしばしば使われます。

民間企業の話に戻りましょう。クライアントは、自社を取り巻くビジネス環境の現状説明モデルが、動態的に安定しているもののいずれ変化することを予期しています。そして「自分たちの積極的な働きかけによって、我が社のビジネス環境は、今後、どう変化するのだろうか」と好奇心を刺激されているのです。

1・1・2　探索的アプローチ

民間企業は、規範的アプローチを用いて、自社の価値創造と利潤最大化の実現に好都合な望ましい未来を描いてみることはできます。

ただ実際問題として、企業が現状システム全体に影響力を行使できるケースなど、そうはないでしょう。個社のビジネスに都合のよい〝望ましい〟未来のビジネス環境ばかりを書き込んでいる中長期経営計画には、無理があります。

ただし、もしその企業がビジネス環境システム全体に影響力を行使できるほどパワフルなプレーヤーであれば、話が変わります。最近ではGAFAM（Google、Amazon、Facebook、Apple、Microsoft）の群れが、そのようなパワーを窺わせます。でも、彼らのビジネス活動に対しては社会の懸念が向けられていて、長期的にはバランス型フィードバック・ループが働くことが予想されます。GAFAMも社会の眼にさらされているのです。映画では「世界征服をもくろむ邪悪な組織」というシナリオはおなじみですが、企業はもちろん社会に当てはまって利潤を得ようとしますので、そんな疑いがかけられては困ります。そうしたこともあり、筆者がこれまで引き受けてきた企業のシナリオプロジェクトでは、

図表4-3　探索的シナリオアプローチの構造

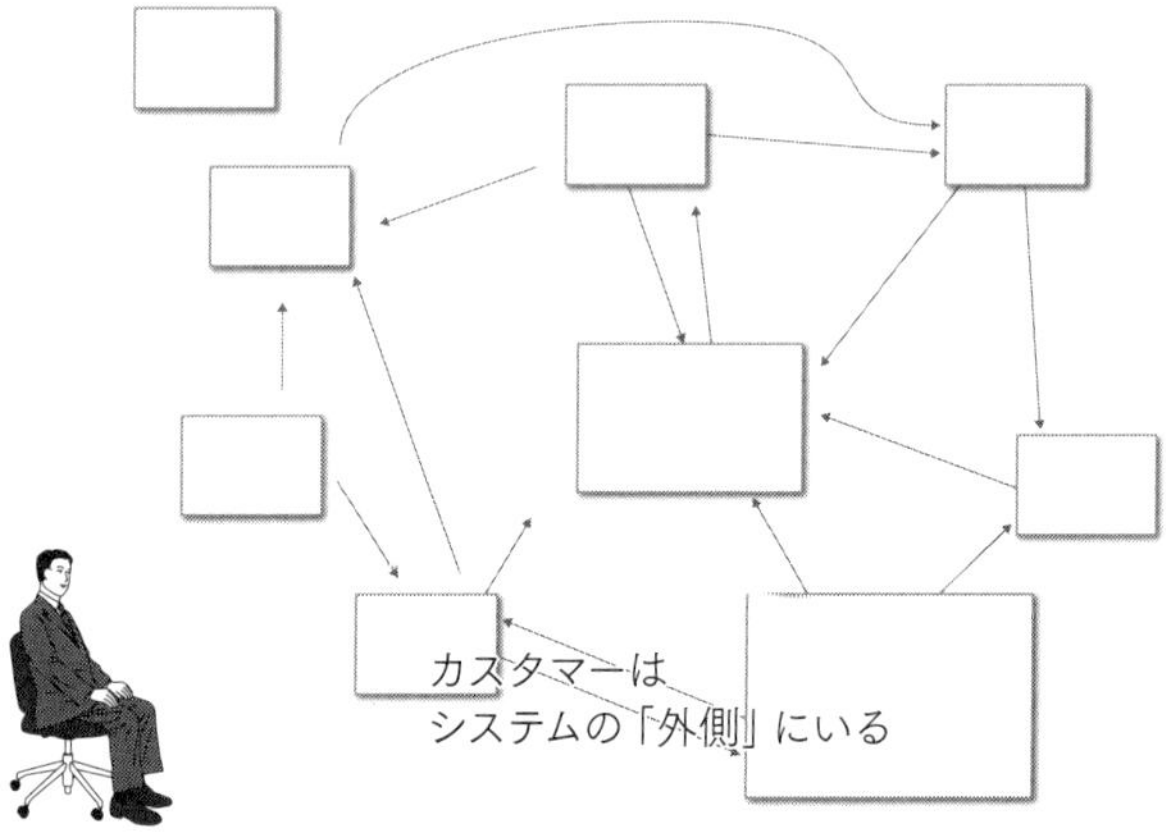

規範的アプローチではなく探索的アプローチに従って進めるケースが大半でした。

探索的アプローチを採用する場合のプランナーの目標は、クライアントがシナリオ作品に描かれた複数の未来のビジネス環境に、真摯に向き合い、自社の戦略にとりわけインパクトの大きそうなイシューに対するリスクマネジメントの必要性を、認識していただくことです。

そのためにはクライアントが「きちんとリサーチを行っているにもかかわらず、それでも残っている不確実性の高い事象は何なのか。その事象は将来、自分たちの組織の戦略にどのように影響を及ぼしてくるのか」というポイントに、論理的・分析的に、かつ十分な驚きと強い印象を抱いて、気付いていただく、ここをプランナーは目指します。

1・1・3　アプローチ選択の基準

企業クライアントはシナリオ作品を、主に、社内ディスカッションに使います。従って「どちらの叙述方式が自社内でのコミュニケーションに向いているか」という視点から、いずれのアプローチ方式を採るか判断すればよい。

なお規範的アプローチも探索的アプローチも、作業量的に大きな差はありません。探索的アプローチからシナリオ制作を始めた場合でも、プランナーは作業の途中で随時、規範的アプローチによる制作に切り変えることができます。ただし、規範的アプローチで作ったシナリオ作品を探索的アプローチに編集し直すことは、まぁ、可能ではありますが、手間がかかります。

1・2　演繹的アプローチと帰納的アプローチ

次に、演繹的アプローチと帰納的アプローチについて。

この2つのアプローチには、「どのような手順でシナリオ作品の基本フレームワークを見出してゆくのか」という違いがあり、実作業面で大きく異なります。

1・2・1　演繹的アプローチの手順

演繹的アプローチではプランナーが、集まったデータカードを鳥瞰しながら、ごく初期の段階で、直観的に、複数の未来世界を描くためのフレームワークを決めます。

典型的な演繹的アプローチのフレームワークに、第2章で出てきた「十字架モデル」があります。

簡単に復習をしましょう。

まず縦横2つの軸で全体を4象限に区切る大画面マップを用意します。

データカードの中から「不確実性が高く」「経営への影響が大きい」と考えるものを2つ選びます。

最初のカードを縦軸に置き、成功と失敗、異なる未来展開の帰結を上下にそれぞれ書き込みます。それぞれ「とどのつまり」ともいうべき状況で、例えばテーマが国際安全保障であれば、「極限の緊張」と「完全な緩和」といった形です。

次にもう1枚のカードを横軸に置き、同様に相反する帰結を左右に描き分けます。例えば「協調」と「疎外」、「変化への恐れ」と「変化を歓迎」といった「とどのつまり」です。結果として大画面に大きな十字架が現れて、4象限が生まれます。それによりそれぞれ

図表4-4　演繹的アプローチでフレームワークを作る

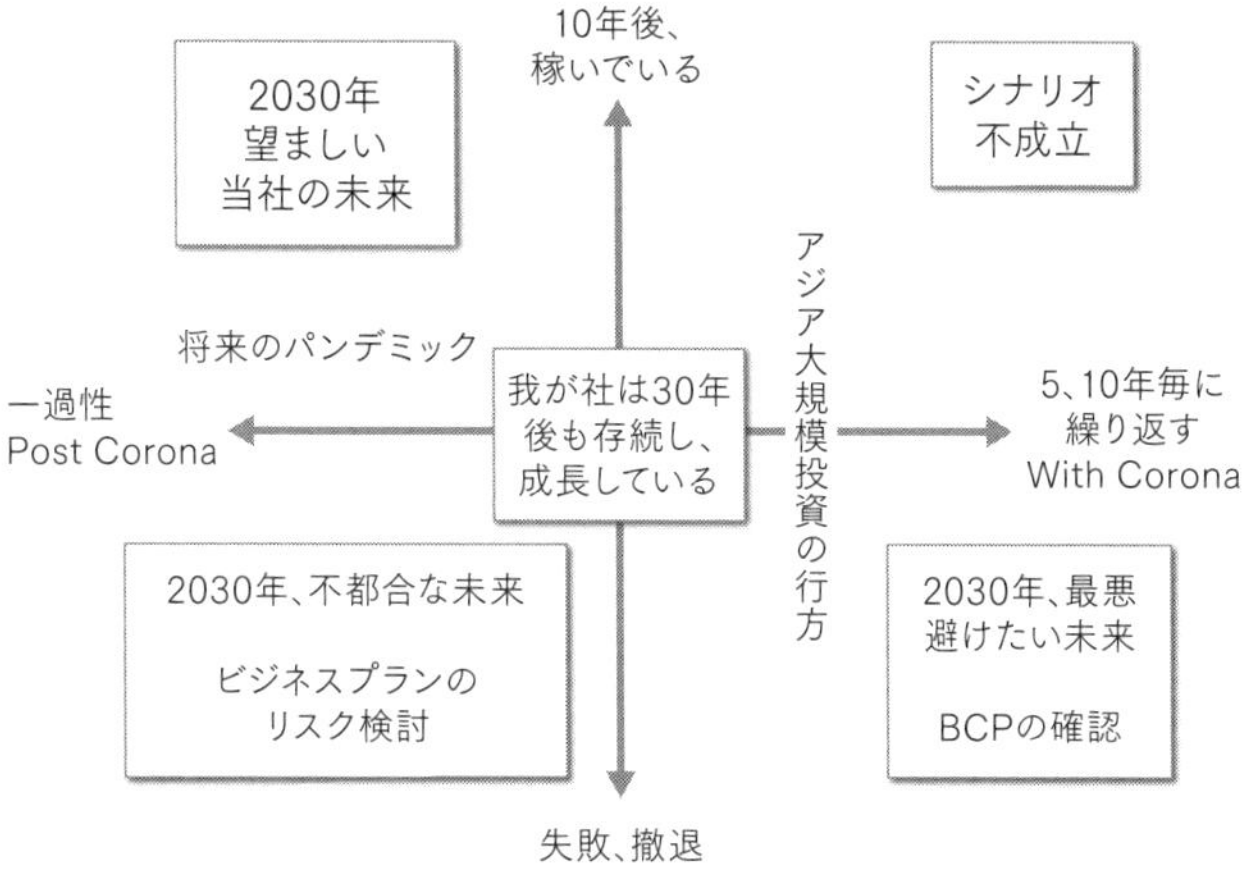

の象限に、不確実性の組み合わせが異なる、４つの未来の経営環境、が描けるようになります。

続いて各象限に異なるストーリーを埋め込んでゆき、４つのシナリオが十分に差別化された印象を与えるよう、シナリオ作品を整えます。

十字架モデルでは、図表４－４が現れます。第２章で使われた図表２－５とほぼ同じものです。

1・2・2　帰納的アプローチの手順

帰納的アプローチでは、ワークショップで収集したたくさんのデータを書き込んだカードを、筋道が追えるストーリーになるように、現在から未来に向かう時

図表4-5　帰納的アプローチでフレームワークを作る

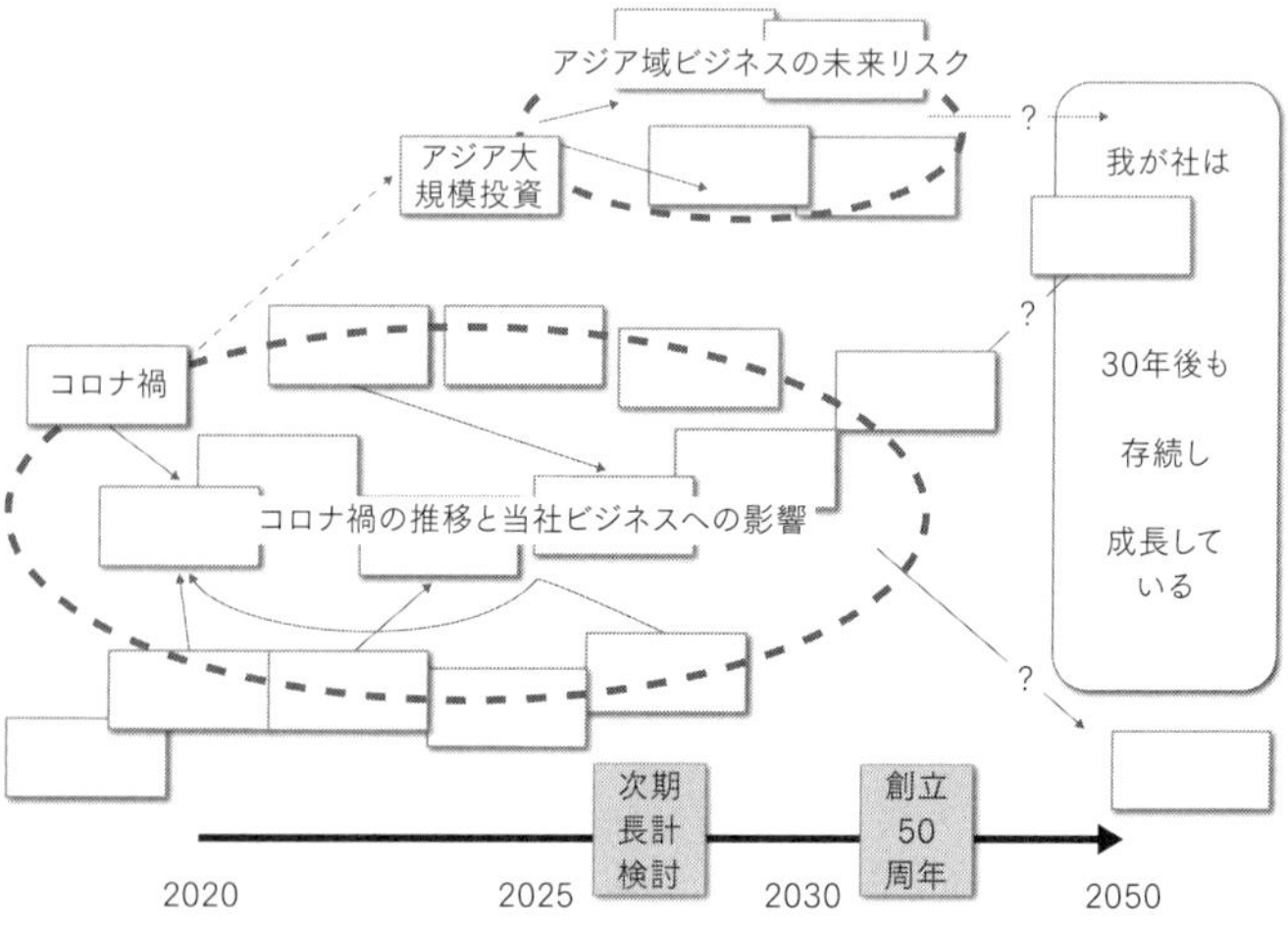

系列上に並べていきます。

このやり方は手間がかかります。大画面に貼りつけたたくさんのカードをじっくり眺め、カード同士の因果関係や前後関係を考え、その事象が出現すると思われるタイミングをフックにして、現在から将来までの道筋を書いてみる。ここでは試行錯誤が必須です。作業の途中、カードをむやみに捨てて取りこぼしが起きないよう注意します。

データカードを時間軸で並べてゆくと、いろいろなストーリーが大画面の上で一堂に会するポイントがあります。ここで異なったストーリー同士が干渉しあったり、衝突したり、融合を始めたりする。このロジックの流れを生かしてゆくと、基本のフレームワークが形成されていきます。そうした作業を通じてフレームワークを見出していくのが、帰納的アプローチです。

帰納的アプローチをやってゆくと、例えば図表4－5のような途中作業が見られます。

1・2・3　企業の戦略検討は帰納的アプローチで

筆者は、企業の長期経営戦略検討にシナリオプランニング手法を用いる場合には、帰納的アプローチの方が使い勝手がよい、と感じています。

経営戦略の検討とはつまるところ、「自社が何年先に、どんな姿になっているべきか、それにはこれから、どんな手を打ってゆくのか」を、トップマネジメント層が理解を共有し、それを目指したアクションを時間軸に沿って整合的に積み重ねてみる、そして皆でこれを合意する、これが目標です。

シナリオプランニング手法は、このプロセスを予行演習するものでなくてはなりません。

演繹的アプローチでは現時点の「今、ここの自社」から、「10年先未来の自社」のビジネス環境に飛んでしまいます。けれども、企業戦略ディスカッションを行う場合、「今、ここ」の現実と、「長期未来にそうなりたい自社」との間に、実務感覚面での飛躍があってはならない。

演繹的アプローチのディスカッションを経て、トップマネジメントが10年後の望ましいビジネス環境が理解できたとしましょう。つまり「10年後、こんなビジネス環境が現実化しているのなら、社業が隆盛するだろう」と見通せたので、大いに満足した。

しかし現業部門としては、これだけでは、今年、来年、3年後に何をすればいいのかがわからず、戸惑います。演繹的アプローチでは、現在から長期未来に至る足どり、つまりアクションプランがよくわからないのです。

目標に到達するために取るべきアクションが何であるか、人により、いく通りにも想像できてしまう。これでは会社がまとまりません。リーダーシップの側としては、我が社の基本戦略が、具体的なストーリーの形で社内組織に浸透して欲しいものです。楠木建さん流に書けば……我が社は10年後、こうなっておる、だからまず、こういうことをやる、そうするとマーケットが、こう動いてくるから、こっちも対応しているうちに、競争相手が、こう出てくるだろう。そこでじゃ……というふうに、説得的な戦略ストーリーというものは、打ち手が時間軸に沿って配列されているのです。

つまり、現在から未来に連続的に事象を置いてストーリーを描く帰納的アプローチが優れるのは、途中部分の飛躍がなく、「それで、自分たちはこれから何をすればいいのか」が見えやすいところです。もちろんシナリオプランニングですから、戦略ストーリーとアクションプランは、複数、作るのですけれど。

帰納的アプローチには、また違う効用もあります。

経営陣が集まったワークショップでこのアプローチを採用すると、注目するデータカードとそれらを繋ぎ合わせようとするストーリーには、参加者それぞれの個性と主張が出てきます。ワークショップは正式な意思決定の場ではないため、不十分な論拠のままで、自由闊達な発言ができます。

このプロセスが貴重なのです。

各々の参加者がどのカードに注目し、どのカードとつなぎ合わせてストーリーを語りながら、戦略意思決定のためのコンテキストを作ろうとしているか。経営トップたちは、お互いに、お互いを観察して、洞察を得ることができます。ここは企画部門のスタッフとしても、同じです。

シナリオプランニングでは複数の未来像を描きます。ここでは参加者たちが提案してくる、それぞれに異なったコンテキストは、それぞれ異なる未来像＝シナリオとして扱うことができるのです。これは実際上、社内にある見解の相違を言語化し、しかもその相違をそのままの形で記録しておくということです。それぞれの未来像があたかも同じ確率で出現するごとくに取り扱う、という黄金ルールは、時に、〝社内政治的に〟使い勝手がよいものです。プランナーとしては提案されたシナリオのそれぞれを、公平・平等に備忘録に残します。

2　フレームワークの選択

次に、シナリオストーリーを語るためのシナリオ作品自身の基本構造、すなわちフレームワークについて解説します。

もっとも、シェルが公開するシナリオ作品は、同時代の言論空間にいる人たちにとっては、時に、目新しさに欠けるようです。しばしば、「フレームワークも書きぶりもどこかで聞いたような内容だ」との批判を受けます。

シェルのシナリオチームは独自の理論や発見を目指しているのではありません。今現在の現状をシステム的にどう理解すべきか、最新の理論研究を取り入れたらどう見えるのか。その見え方は、シェル組織内で、ビジネスの現状と将来を探索するきっかけを与えられるだろうか……こんなことを考えながら仕事しておるようです。

さて。

「現状説明モデルが完成し」「現時点で安定しているシステムを将来的に不安定化させそうな要素をいくつか発見・調査し」「自社のビジネスの成功／不成功に重大な影響を与えそうな不確実要素を特定できた」段階まで進んだ、とします。

ここでプランナーは、シナリオストーリーをロジカルかつ印象的に説明できそうなフレームワークをいくつか提案してみます。プロジェクトテーマの性質とクライアントの行動や性向を総合的に判断したご提案であります。ここはプランナーの力量が問われるところです。

フレームワークの選択を間違えると、クライアントの思考プロセスが淀み、やがて不満が昂じます。わ！　失敗したのかな……そこで、すぐさま別のフレームワークを試しましょう。それぞれの型式の向き不向きを理解し、またそれらを実践の場で使いこなした経験がないと、クライアントの期待に即応することはむつかしい。ここは経験から学ぶところです。

シナリオプランナーを目指す方は、まず自分が得意だと感じるフレームワークの型式を、いくつか、習熟するとよいでしょう。それを実際のシナリオプランニングで試してみて、うまく進まない場合は、他の型式を使いこなせる他のプランナーの応援を求めることもできましょう。

以下に筆者がよく使っているフレームワークの型式を紹介します。

①「上流と下流」
②「新しい重要な不確実要素の登場」
③「メカニズム」
④「十字架モデル」
⑤「様々な経路 multiple paths」
⑥「公式の未来と脱線」

以上6つで、最初の4つはシナリオプロジェクトに探索的アプローチを採用する場合に利用します。後の2つは規範的アプローチの場合に使えます。

図表4-6　上流と下流①

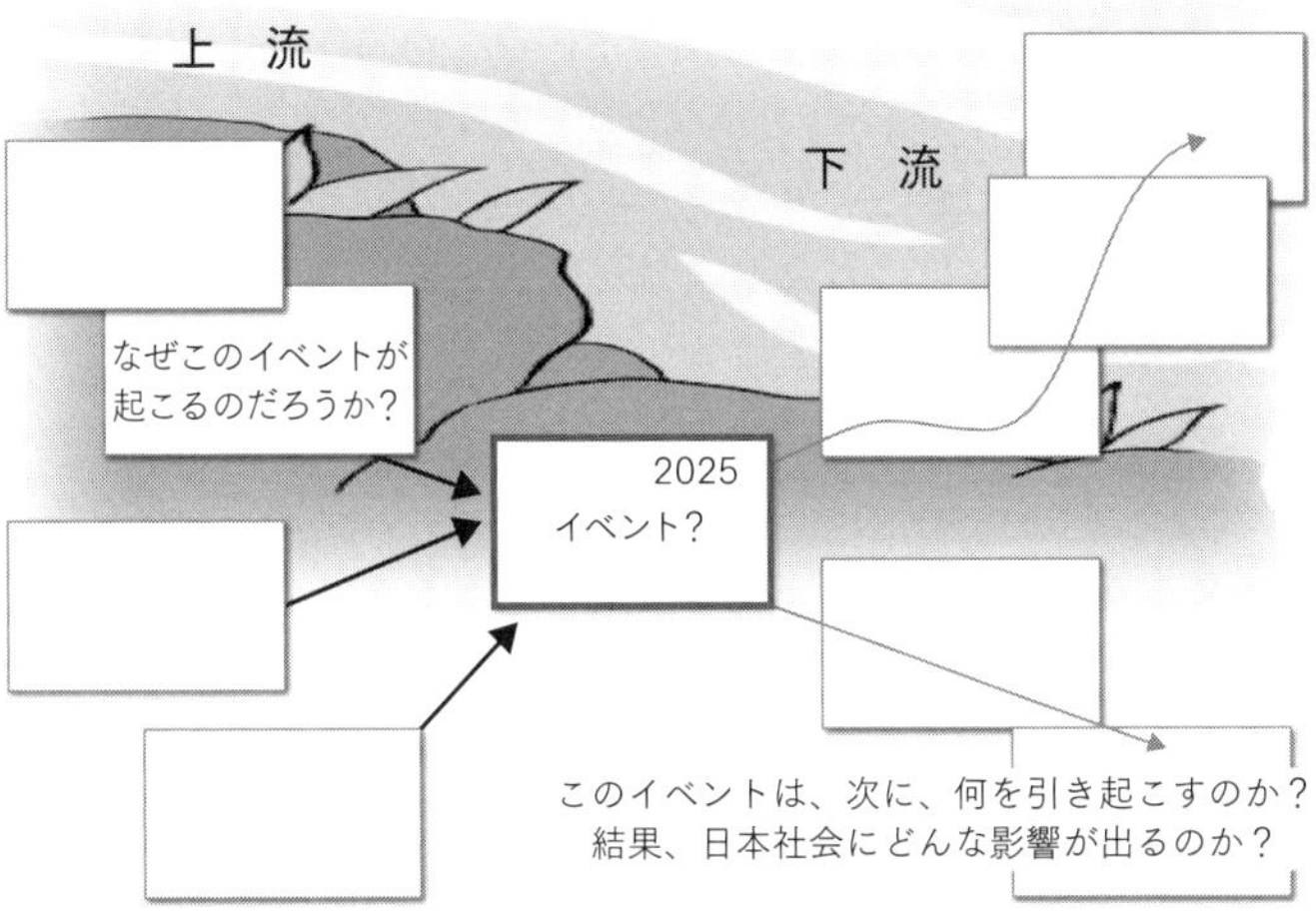
上　流
下　流
なぜこのイベントが
起こるのだろうか？
2025
イベント？
このイベントは、次に、何を引き起こすのか？
結果、日本社会にどんな影響が出るのか？

どのフレームワークを使うかについてクライアントの賛同を得られれば、プロジェクトはシナリオの制作へと進みます。

2・i　上流と下流

先に、データカードを画面に貼って自分の考えを説明している説明者に対して、他のメンバーは、

・「なぜ、そうなるのですか？」
・「次に、何が起こるのですか？」

という2つの質問だけが許される、とお話ししました。

「上流と下流」フレームワークでは、この2つの質問を、そのままフレームワークに使います。

図表4－6で説明しましょう。

図の中央に置かれた「2025年　イベント？」は、クライアントが注目した重要な不確実テーマです。

このカードが画面の真ん中に張り付けられ、参加者各自はそれに対して上の「2つの質問」を自問自答します。それぞれの答えをカードに書き留め、それを画面に貼ってゆくと時間軸に沿ったシナリオストーリーが自然に生まれます。カードの右上にそのイベントが起こりそうな年次をメモしておくと、やりやすいです。

図の左辺が、「なぜ、そうなるのですか？」に答えようとしたカード群。こちらを「上流側」と呼びます。右辺にあるのは「次に、何が起こるのですか？」に答えているカード群。こちらは「下流側」です。

プランナーはこれらのカード群が全体として意味が通るように、それぞれのカード群をまとめたり時系列に沿って並べ替えたりして整えます。

続いて、貼られたカードからいくつかのストーリーを読み取り、複数のシナリオを作っていきます。

実際の作業画面は、たくさんのカードが時系列に沿って配置されています。じっくり眺めているうちに、いくつかのカードのまとまりが、意味の通るストーリーとして目に入っ

図表4-7　上流と下流②

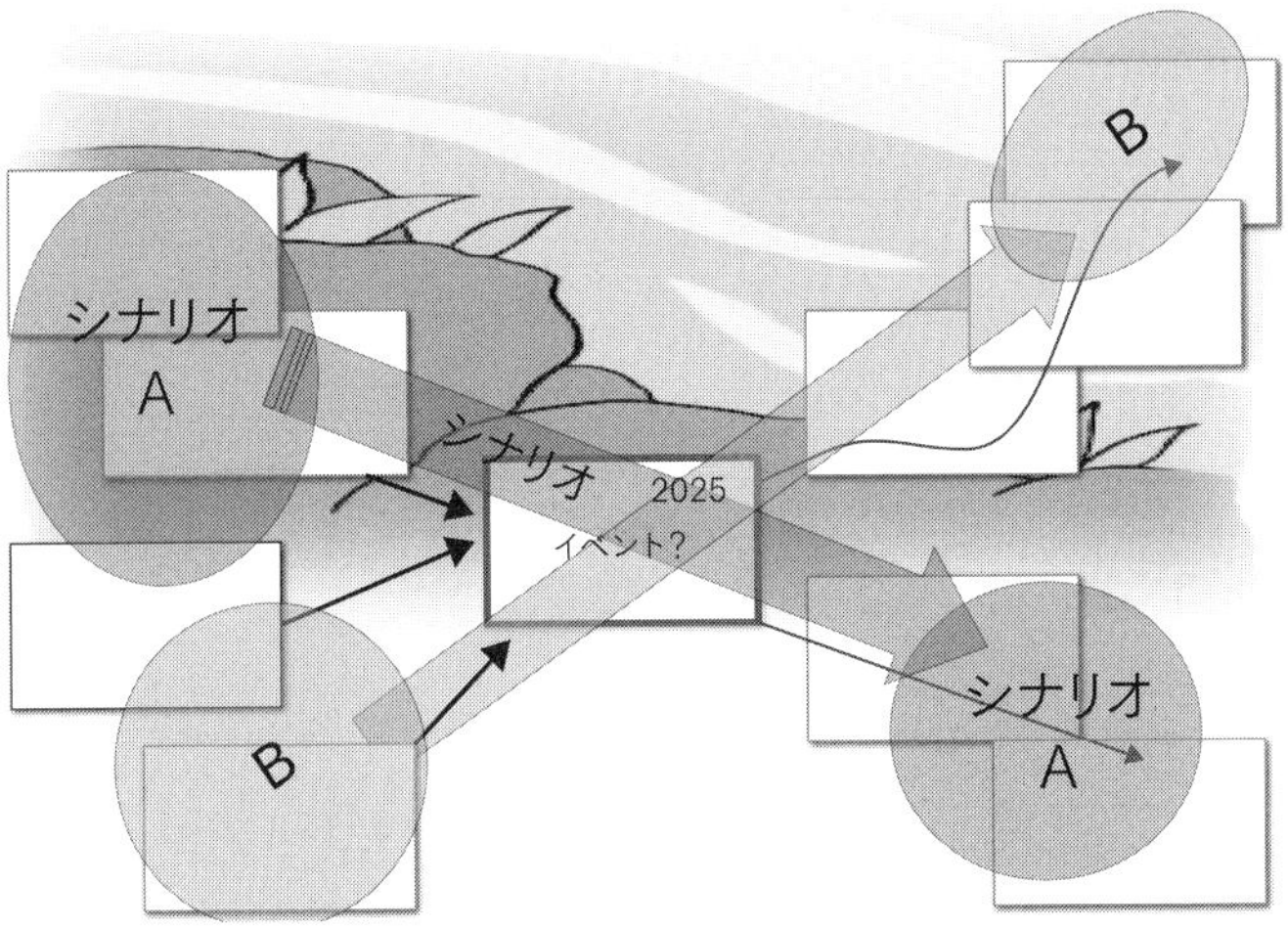

てくるのです。

その様子は前章で述べたように、「いくつかのカードが突然、星座のように、意味あるつながりをもって見えてきた」「いくつかのカードたちが突然、方向感を持った川の流れとして、整序されたかたちで目に映ってきた」といった、劇的なものです。

ただ、こんな説明では読者諸賢の納得感が得られないかもしれません。

マニュアルとして説明するのであれば、「イベント2025」を引き起こす上流の動因（ドライバー）のどれかに注目してみる。

その動因は「イベント2025」の生起に向かってどのように挙動するのか、

をもう少し深く考えてみる。

それから、「その要素が強く働きかけたら、『イベント２０２５』は次にどのような展開を見せるだろうか？」と、参加者に対して下流側、すなわち結果側へ質問を展開してみましょう。

このような作業を繰り返すうちに、しだいに、「シナリオＡ」と「シナリオＢ」が、姿をあらわします。

2・2　新しい重要な不確実要素の登場

本書では現状説明モデルの要諦として、「クライアントが検討したい重要課題は、他の課題、他者の意図と関係しながら、クライアントにとっても他者にとっても、合理的説明ができる均衡をもってそこに在る、と考える」。ここが重要であると、再三、お伝えしてきました。

しかしながら、出来上がった現状説明モデルをよく眺めているうちに、現状の均衡を壊すかもしれない重要な不確実要素がシステムの中にいくつも見つかるものです。システムとは造形力そのものですから、隙あらば動き出そうとしています。

「新しい重要な不確実要素の登場」というフレームワークは、モデルの中にあるどれかの重要な不確実要素に注目します。

そして、「もしこの要素が将来、強力に働き始めたら、現状説明モデルはどう変化するだろうか？」と自問します。

その答えが、いろいろな方向に展開をはじめて、これがシナリオストーリーになるのです。

例を挙げて説明しましょう。

2022年5月に東京大学未来ビジョン研究センターが発表した、認知症とフレイルの増加についての論文があります。以下部分引用します。

> 超高齢社会において、認知症とフレイルの増加は社会的、経済的な分野で多様な形で負担が圧し掛かってきます。個々の高齢者の健康状態・心身機能が個別多様化している状況を踏まえ、本研究では、その健康・心身機能の変化を将来予測するために、（中略）年齢・学歴・併存症別に、認知症とフレイルの有病確率を併せて推計するシステムを開発し未来予測を行いました。

図表4-8　戦略的目的と戦略的関心①

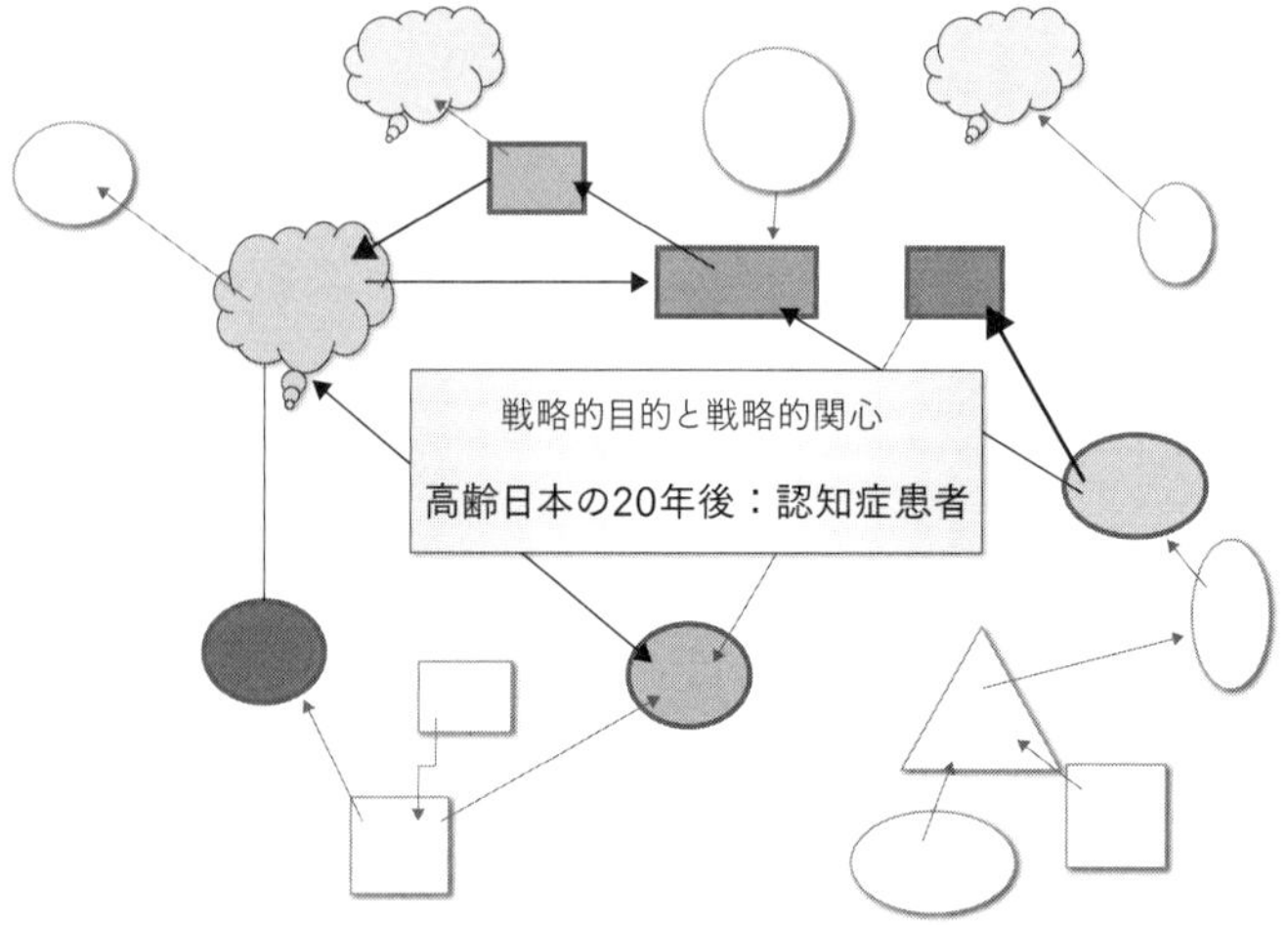

さて、シナリオプランナーは、まず、現状説明モデルを作ってみます。

まん中に「戦略的目的と戦略的関心：高齢日本の20年後：認知症患者」というカードを置きます。戦略的関心とは政府の関心事であり、関心事の周りに政府の様々な施策のカードを置きましょう。施策たちはお互いに補い合い、総合的に問題解決にあたるわけです。

では、施策とは、どんな内容なのか？

厚生労働省は平成29年7月、「認知症施策推進総合戦略（新オレンジプラン）」を発表しています。プランの中身には以下が入っています。

①認知症への理解を深めるための普

及・啓発の推進
②認知症の容態に応じた適時・適切な医療・介護等の提供
③若年性認知症施策の強化
④認知症の人の介護者への支援
⑤認知症の人を含む高齢者にやさしい地域づくりの推進
⑥認知症の予防法、診断法、治療法、リハビリテーションモデル、介護モデル等の研究開発及びその成果の普及の推進
⑦認知症の人やその家族の視点の重視

東京大学のグループは、まず現状説明モデルを作り、それをベースに未来予測を行ったとのことです。そこでは戦後世代の高齢者の健康状態や学歴が向上していること、高齢者の間で年齢・性・学歴による疾病罹患状況の個人差が拡大していることに注目しました。それらの要素を加味して、厚生労働省の施策が立脚している認知症患者数の推計を見直しました。

すなわち、厚生労働省の将来推計では、「2040年には認知症患者数が1000万人近くまで増える」となっていました。ところが、東大研究グループの推計では、2016

図表4-9　戦略的目的と戦略的関心②

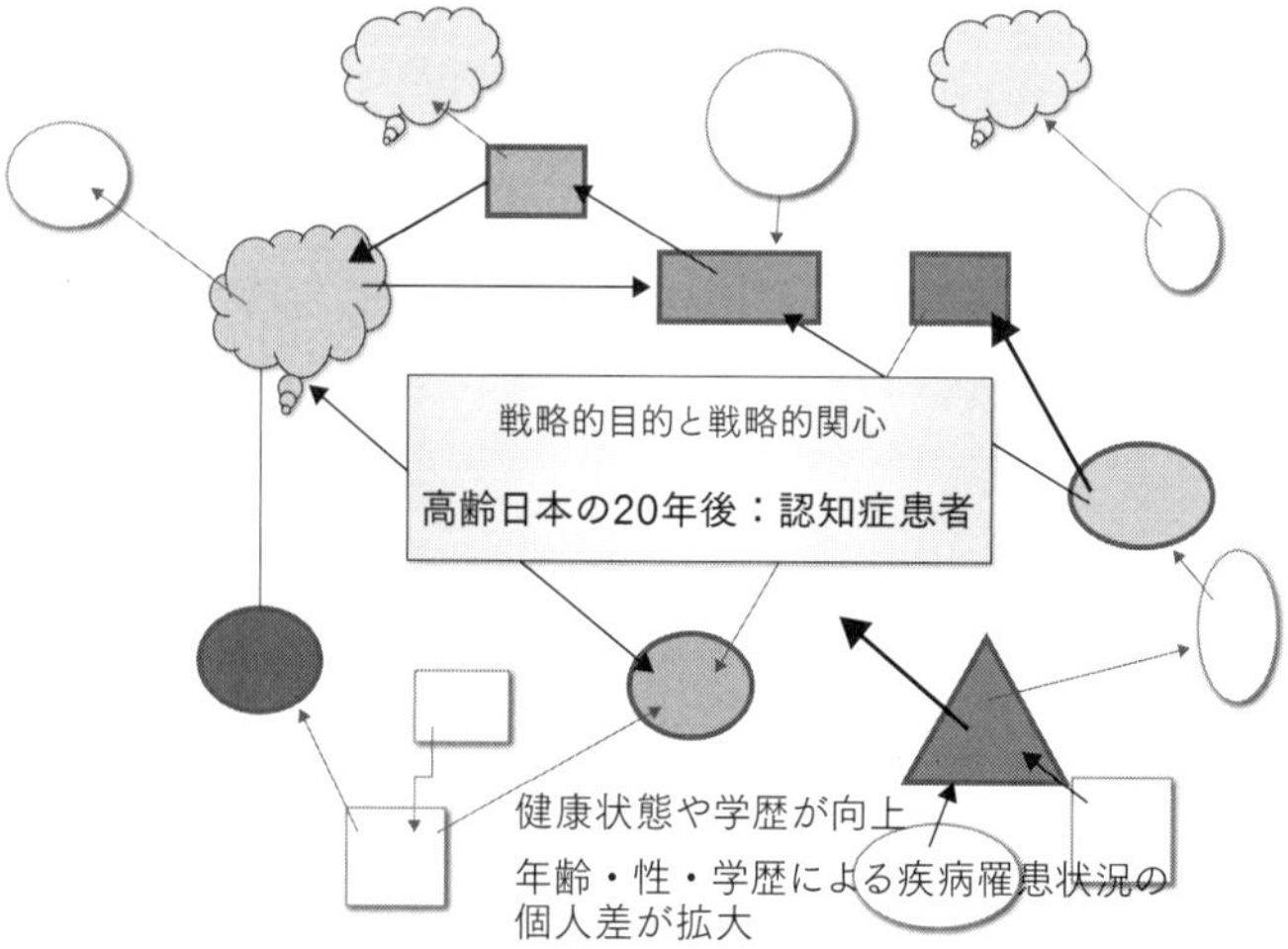

戦略的目的と戦略的関心
高齢日本の20年後：認知症患者
健康状態や学歴が向上
年齢・性・学歴による疾病罹患状況の個人差が拡大

年時点での認知症患者数は510万人と、国の推計とほぼ同じでしたが、将来推計は国の予測と異なり、「2043年時点で465万人に減る」という結果となりました。

また「認知症患者数の減少は大卒以上の男性では著しいものの、大卒未満の男性や、女性では学歴によらず、むしろ増加が予測される」としました。こうした男女格差・学歴格差の拡大に加え、格差の影響を受ける層ではフレイルを合併する割合が高いことも明らかにして、介護費の総額は増加することが示唆されています。

この研究は認知症問題の現状説明モデルに「新しい重要な不確実要素」である

男女格差・学歴格差を加え、それが認知症患者数にどう影響するか、を加味して未来予測を行っています。

「高齢者の健康状態には男女格差や学歴格差があり、将来それが拡大する可能性がある」というシナリオが、従来からの政府作成シナリオに付け加えられて、この新しいシナリオからは、「こうした事態を防ぐために、新たな政策を打ち出す必要がある」という含意が現れます。

こうした、これまで見過ごされていた事象を起点として、複数のシナリオを作成していくのが、「新しい重要な不確実要素の登場」のフレームワークです。

2・3　メカニズム

唐突に、未来変化の予感が浮かんでくることがあります。

現状を解釈する多くの文献を読み込み、識者と話すことを繰り返しているうちに、現状を批判的に見る見解や、よりよき未来像とその実現のための施策を提案している言説に、必ず出会えます。そこで、安定している現状を未来に変化させるきっかけや動因（「ドライバー」とも呼びます）の存在に、直観的に気づきます。

ここにはマニュアルはありません。

この未来変化を呼び起こしそうな「未来の動因」とその動因が全体システムを変化させる様子を、何らかの、現状説明モデルに内在していたメカニズムが働いたのだ、と説得的に説明できれば、それはシナリオのフレームワークになり得ます。

ただしそのメカニズムは、様々に異なる結果に行きつくよう、注意深くデザインしなければなりません。

「メカニズム」フレームワークを用いた作品の例として、2020年9月に発表されたシェルの新型コロナ・シナリオを紹介します。

このシナリオ作品は、

「我々の社会が将来も〝COVID－19と共にあり続ける〟と覚悟したとして、それではこの社会は何を、〝社会共通の目指すべき価値〟として合意するのか？　その結果、どんな社会経済像が現れるか？　それはエネルギー・環境課題について、どう応えるのか？」

という設問をテーマとしています。

シェルは社会的に合意できる共通善として、「豊かさ(wealth)」「セキュリティ(security)」「市民生活の健康(health)」の3つがある、としました。ここは直観的であり、断定的です。

図表4-10　シェル　コロナシナリオ　2020年9月

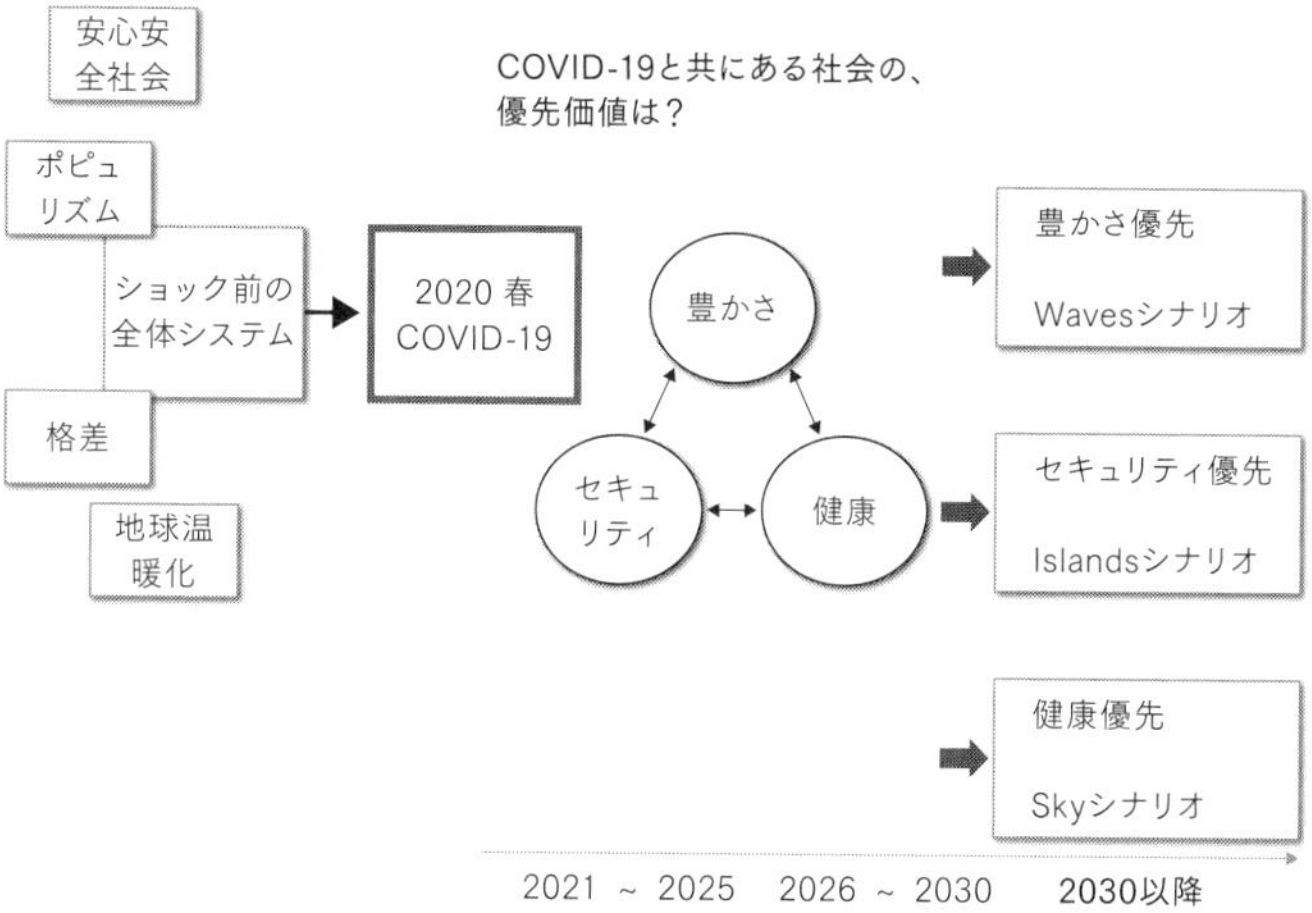

このシナリオ作品ではこの3つ共通善の優先づけの違いが、「未来の動因」として、社会を異なった姿へと分岐させてゆく、とされます。我々の社会がどの共通善の実現を優先させて未来の社会を構想するのか、これは近未来に起こる我々自身の選択であろう。この見立てが「メカニズム」のフレームワークです。

描かれたシナリオは「Waves」「Islands」「Sky」の3つで、「我々の社会が3つのうち、どれを優先すると合意するか」によって、未来は3つの異なる様相へ向います。「Waves」のストーリーだけ、紹介してみましょう。

●豊かさ優先　A Waves World

経済的豊かさを優先するWavesのシナリオ世界では、パンデミックからの回復が比較的早い。各国経済はコロナと共に生きる方策の学びに成功した。経済回復と併せて、エネルギー需要も回復する。

各国政府は既存大企業に経済復興への支援を求め、大企業の業績は好調。従来型のサービスが復興拡大し、雇用を創出。

そうなると社会は社会課題の構造改革を怠る。例えば社会保障、格差、公衆衛生、そして気候変動といった課題への取り組みは遅れるだろう。気候変動は、政治のアジェンダから落ちて漂流し、再エネの力強い成長にも拘らずエネルギー転換は世界的に行き詰まる。加えて、経済効率に焦点が当たるので、将来のショックへの対応余地が全く残されていない。

今後10年、豊かさを社会目標として優先するWavesシナリオになった場合、２０３０年を過ぎると構造改革が遅れてしまった世界が現れる。いずれ高コストの調整を強いられるだろう。

このように、「メカニズム」のフレームワークでは、まず先に、動因（ドライバー）の

図表4-11

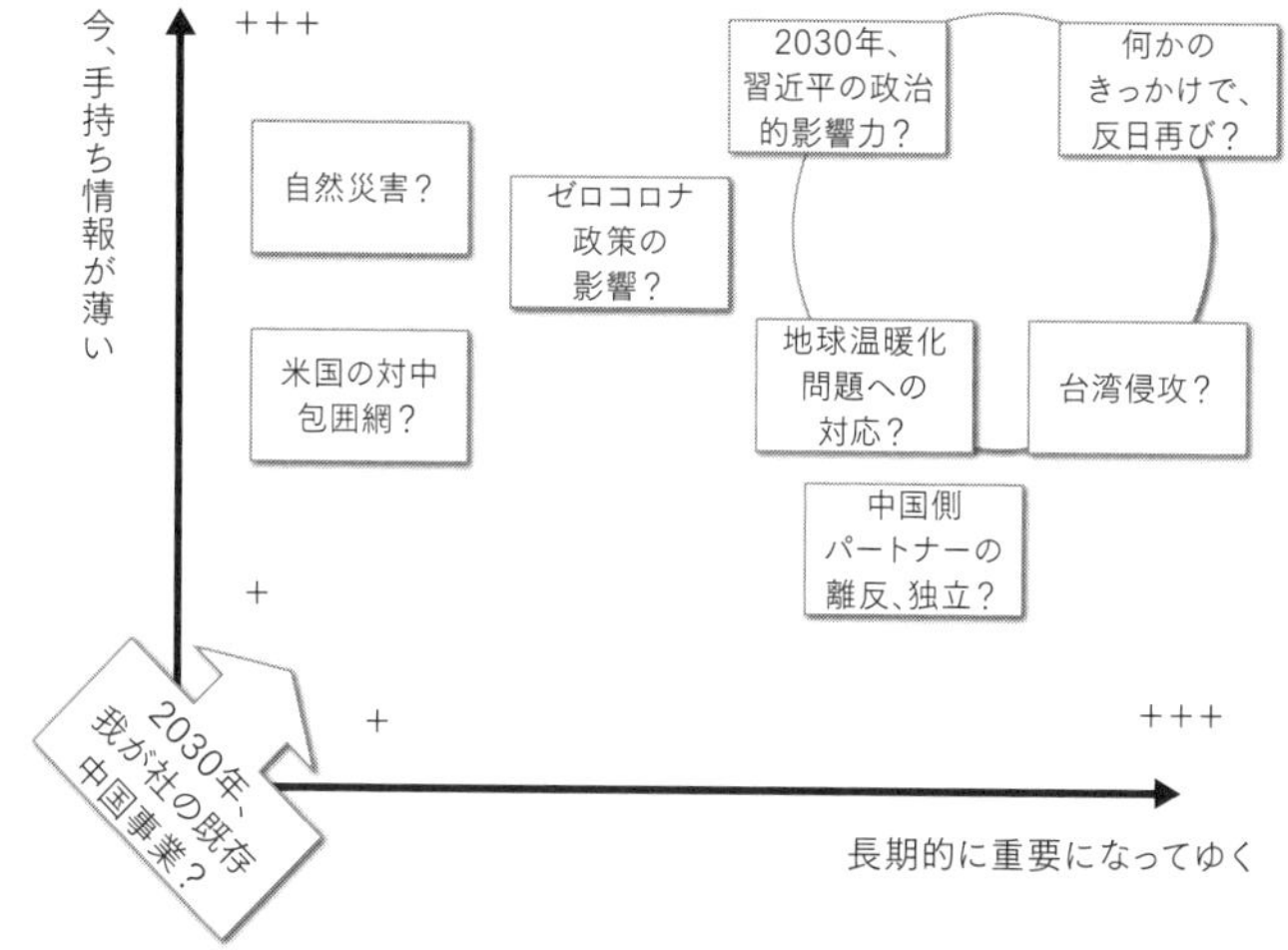

直観的発見が起こります。

2・4　十字架モデル

たびたび登場したフレームワークです。

前章でプロジェクトテーマとした「2030年、我が社の既存中国事業はどうなっているか？」のシナリオを使い、再掲して説明します。

クライアントは目下、「何かのきっかけで、反日再び？」「2030年、習主席の政治的影響力？」「地球温暖化問題への対応？」「台湾侵攻の可能性？」という4つの不確実性テーマについて、「将来展開が読めず」しかも「影響が大きいだろう」と見当をつけたところです。

このうち2つの事象を使い、それぞれ

図表4-12　十字架モデル

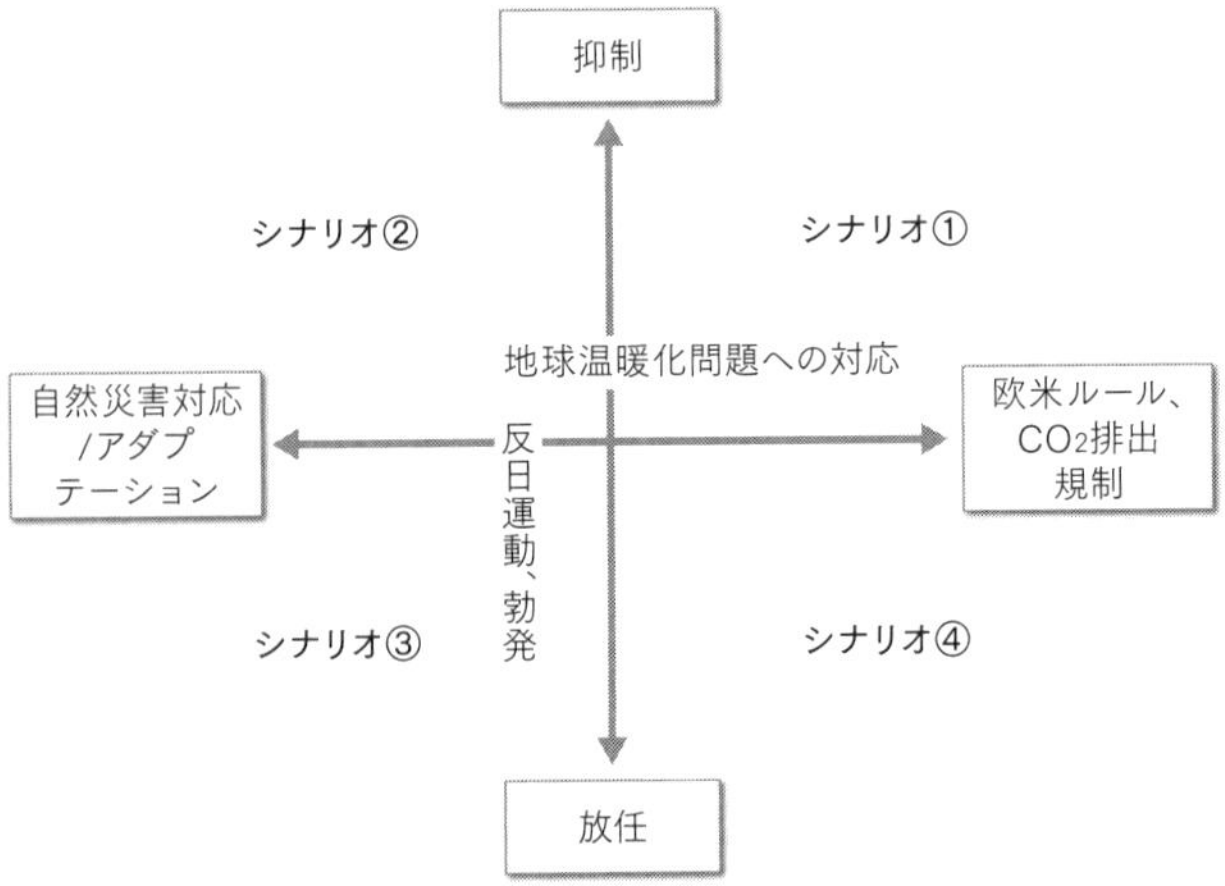

を縦軸、横軸として十字架をつくり、画面を4つの象限に分けることで、複数シナリオのフレームワークを作ることができます。

一例として「何かのきっかけで、反日再び？」と「地球温暖化問題への対応？」の2つの不確実性テーマを選びましょう。この2つとした理由は、この2つのテーマは一見、相互に関係がない独立事象のように見えるからです。

「何かのきっかけで、反日再び？」

この課題については、「運動の発端は何であれ、中国政府がこの反日運動勃発に臨んで、『運動の抑制に回る』か『放任する』か、の大きな不確実性が発生する」、という仮説を立てます。

「地球温暖化問題への対応？」。

ＣＯＰの運動、すなわち国が中心的役割を果たす世界規模のCO_2排出抑制運動に対して、中国政府がつきあうのか、それとも自国中心主義で気候変動被害から中国国民と経済を守ろうとする施策に、より重点を置くのか、そこに大きな不確実性がある、という仮説を立てています。

シナリオ①「地球温暖化問題については欧米のルールに従い、反日運動は抑制する」ケースでは、どんな世界が描けるでしょうか？　中国は世界大のルール形成に協力的のようです。中国市民のナショナリズムのはけ口として反日運動が出現しても、政府は抑制的に振舞うでしょう。

シナリオ③では、中国は一国大国主義を採っています。温暖化に起因する自然災害については、原因を根絶するよりも、人民の被る被害を緩和する政策を採ります。洪水被害が予想される一帯では、強制移住も起こるかもしれません。対岸の日本は軍備を増強中で、中国政府は批判的コメントを発表しつづけ、反日運動は放任されています。

シナリオ②、④については省略します。

この十字架モデルは、ワークショップの現場でとても華のある演出ができるもので、アメリカでは主流です。米国系コンサルタントが日本でシナリオプランニングをやる際に、クライアントに紹介している標準フレームワークでもあります。

クライアントが特定した、2つの、未来の不確実性テーマに注目し、それを縦横の十字架型に組み合わせてみたら、アイデアの地平が拓いた、新しい世界の幕が開いたのだ！　クライアントには驚きがあり、歓声が上がります。ただしこのフレームワークが地に足の着いた企業戦略ディスカッションには必ずしも向かないことは、本書の前章、前前章をお読みになれば納得できるでしょう。

次に、規範的アプローチを採用した場合に使えるフレームワークを紹介します。

2・5　様々な経路 multiple paths

このフレームワークは企業側が既に社内に長期戦略目標を持っている場合に、その達成経路をシミュレーションするために利用されます。

図表4－13はシェルグループが使ったフォーマットです。

例えば「2050年に自社の操業をゼロカーボンまで脱炭素する」という目標を対外的

図表4-13　様々な経路　Multiple Paths

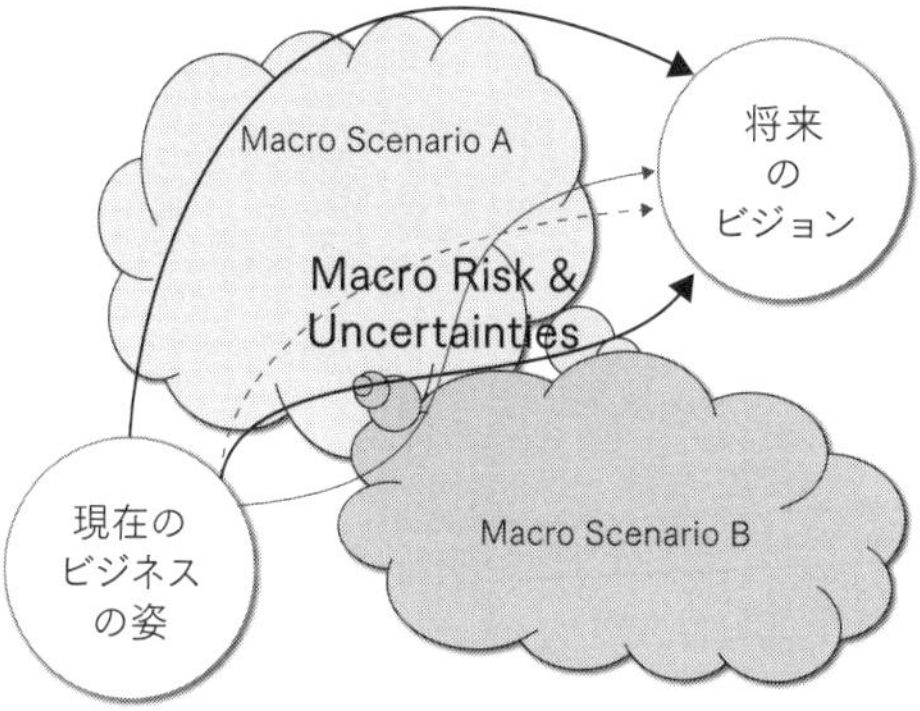

に公約しているならば、「この公約はどういうビジネス環境条件の下で達成されるのか？」という問いを立てます。そして自社を取りまく外部環境を、世界規模で包括的に、研究していきます。

未来のビジネス環境がシナリオAとなる場合と、シナリオBの場合とで、現時点から長期未来に向かう際に潜り抜けるビジネス環境はまったく異なり、それに応じて企業が目標を達成する経路も違ってくる。

将来、様々に異なったビジネス環境が現れた場合でも、それに対応して目標を達成するのだ、という規範的経営方針が社内に確かに存在する、ということです。multiple pathsはそのための複数経路を、事前に検討しておくためのフレームワークです。

これは、組織全体がそれに沿って活動している長期戦略そのものを、再検討するためのフレームワークです。

2・6 公式の未来と脱線

大手企業の多くは「ビジョン」「長期戦略目標」など様々な名称の、事業の長期戦略を持っています。時に、この戦略が「どういう未来環境を想定して策定されたのか?」、とか、「この計画は策定されて1年以上経つが、策定当時の想定は今でも妥当と言えるのか?」を問いたい、という趣旨でシナリオプランニングをやってみたい、という依頼があります。戦略のベースとなった将来見通しは、クライアントが今現在持っている「公式の未来」です。

シナリオプランナーは経営陣の視野を広げ、「公式の未来」とは異なるオルタナティブ(代替ケース)に気づかせるのが自らの使命、と心得ています。そこで「公式の未来」が産み出された経緯を再びたどり、他の未来が出現する可能性を探索し、もし実際に他の未来が現れた場合に、現行の計画にどんな影響があるだろうか、という思考実験を行うのです。

プロジェクトの実作業は社内シナリオチームが担うのですが、実際のところ、「公式の未来」は非常に堅固であるため、オルタナティブを提示するのはなかなかに困難です。

図表4-14　公式の未来

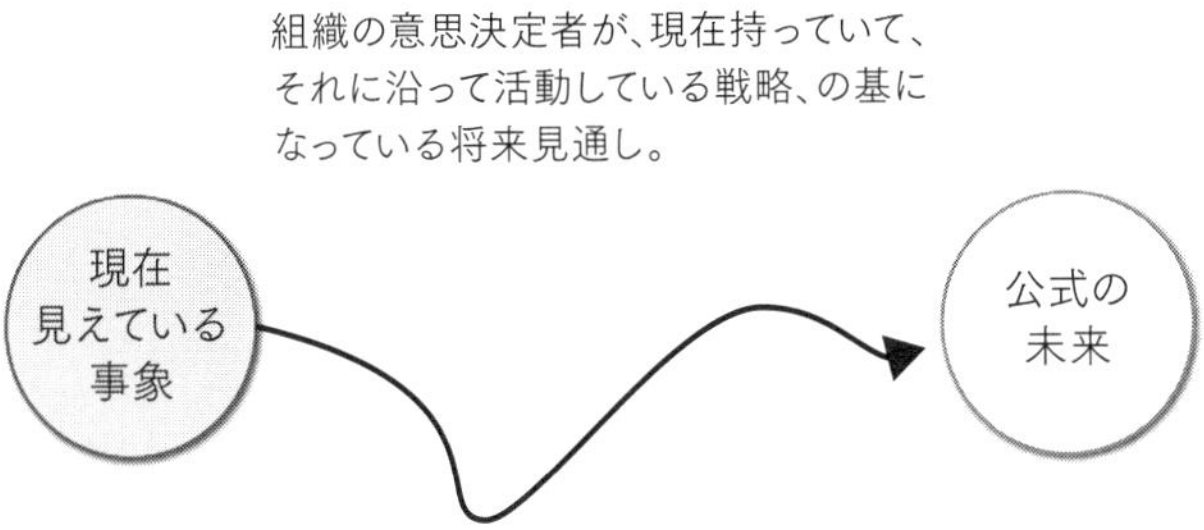

図表4-15　脱線　Derailment

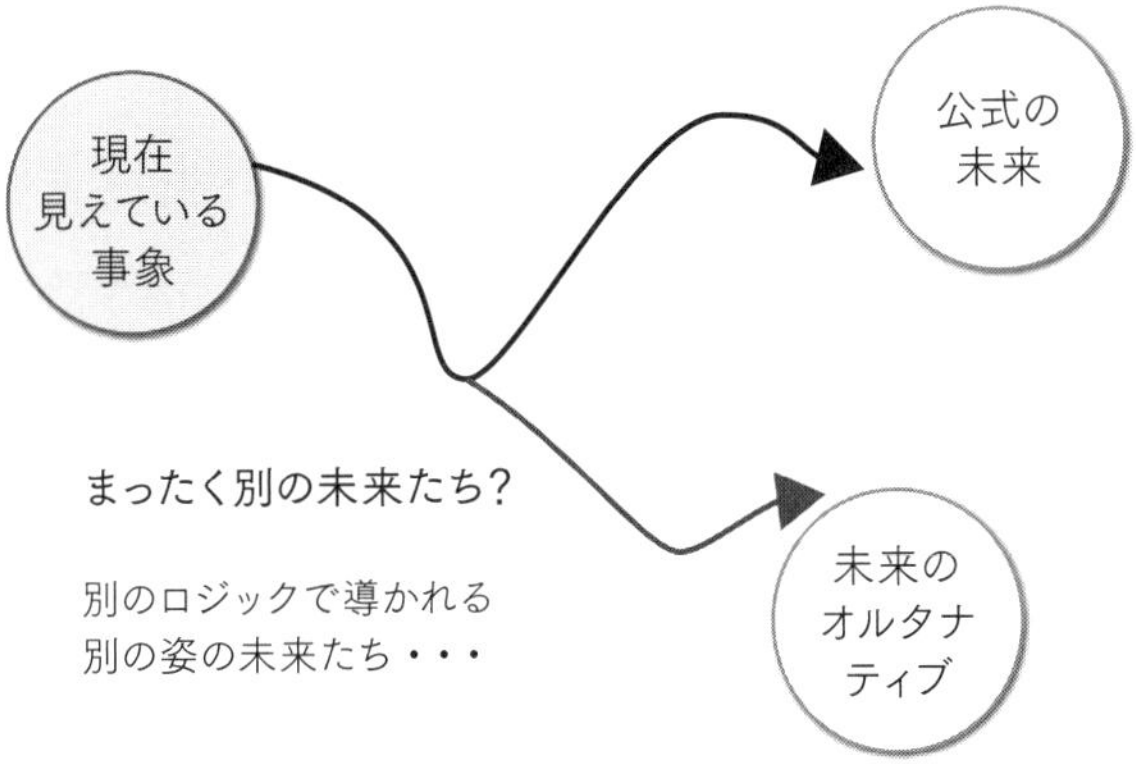

〝堅固である〟とは、それが全部門の売上や収益の積み上げ、計数化、モデル分析、アンケートによるトレンド予想といった数字とロジックの壁で、固く組み上げられているからです。

他方で、「公式の未来」に対する「未来のオルタナティブ」では、公式の未来と同レベルでの詰め方はまずできないので、概念的にストーリーとして語るほかありません。

また「公式の未来」には、時に、既得権が延長可能であるといった楽観や、不都合な真実の忌避が見られることもあり、これを指摘すると社内で強い抵抗が生まれることがあります。組織の隅から隅まで、「公式の未来システム」の中で絡みまくり、しがらんで、現状を変えにくくしているのです。

それでもトップマネジメントの懸念が、深甚で切迫している場面があります。

今、トップマネジメントは、「公式の未来」以外のオルタナティブが発現しそうな気配を、直観的に理解してしまった。心配がつのってしまった。だからシナリオプロジェクトを持ち込んで、社内をしてこの切迫した大変化の兆しに気づかせようとしているのかもしれません。

2・7　バックキャスティング

フレームワーク紹介の最後に、「バックキャスティング」という手法について説明します。バックキャスティングでは「望ましい未来社会」の最終形を設定し、「最終形に到達するために何が起こると好都合か」「そのためにはそれより前に何が起こっているべきか」を考えるために、未来から現時点まで遡ります。

「バックキャスティング」と呼ばれる手法の中には、本書で説明している「様々な経路 multiple paths」と同義のものもあります。そこでは未来の規範目標への到達経路が、複数、描かれるのです。ところが到達経路をひとつに絞る、あるいはひとつだけ描いている、こういう「バックキャスティング」が世の中には多数見られます。これはシナリオプランニングのフレームワークとは言えません。未来を考えるための手法というより、望ましい未来に向かって個人あるいは組織、時には社会をドライブしていくための語り口の手法です。

このような「バックキャスティング」は行政府によって多用されます。あるべき「よりよき未来像」をビジョンとして制作し、数値目標を設定し、それを達成するための施策パッケージを、現在から未来に向かって複数年度で積み上げてゆきます。

将来見通しには不確実性が含まれていることは、行政当局としても当然、理解していま

図表4-16　バックキャスティングの手法

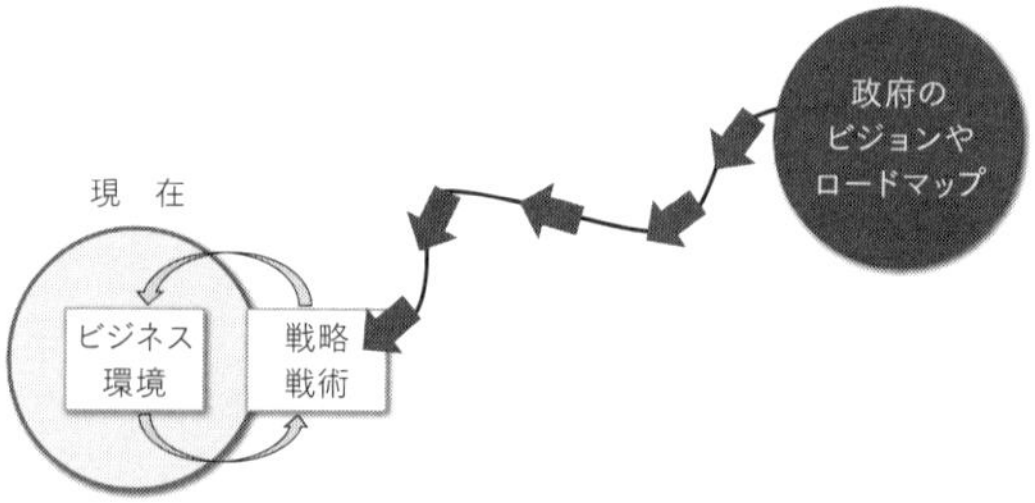

図表4-17　政府のビジョンやロードマップに不確実性を見つける

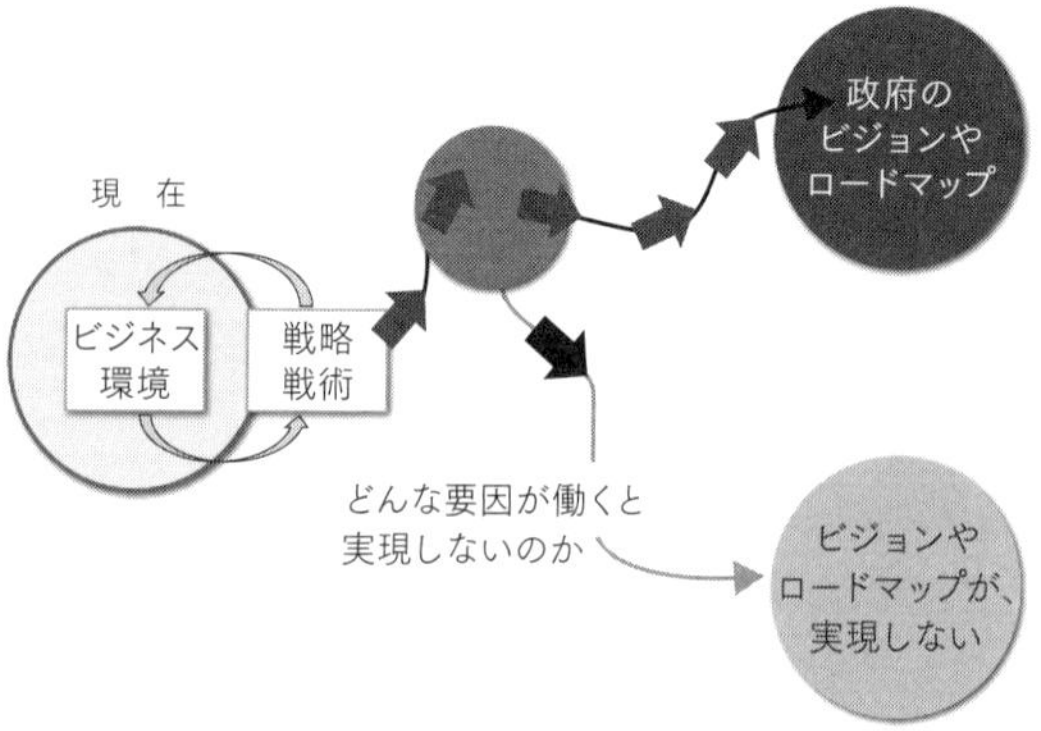

す。しかしながら未来を複数想定してしまうと、予算策定の根拠資料としては使えない。そこで委員会を組織し、専門家たちのコンセンサスにより、オンリーワンの、あるべき「よりよき未来像」を創り上げるのです。

このような行政側から提示される「公式の未来」を、民間企業はどう扱うべきでしょうか。ここは次章の第1節で詳述しています。

ところでバックキャスティングのフレームワークを使っている、現在よく知られている社会課題は気候変動問題です。

気候変動の抑制は今や「社会的に正しい」と見なされ、むやみな批判がはばかられる世界大の規範的目標です。

しかしながらCOP国際会議の場での「決意表明」は、実務的に考えておくべき未来とは別ものです。現実問題として、我々の未来には「あるべき規範的シナリオ」が達成されない場合がありうるし、誰もが望まなかった未来世界の出現もありえます。

目標の達成の道程には人間の意志と行為、さらに外的環境が介在し、そこには本来的な不確実性が存在します。企業側としては、「あるべき規範的シナリオ」だけを、長期ビジネス環境の想定とするのは浅慮でありましょう。

なお気候変動問題についてのシナリオプランニングは、第8章を当てて書きました。

実は、シナリオプランニングの手法は、ディスカッションの参加者に対して、あえて、批判的思考critical thinkingを強制しようとする側面を持っています。何人かが集まり、規範的思潮の呪縛を取り払った上で、様々なオルタナティブの未来展開を想像してみる。現役の意思決定者、あるいは未来の意思決定者たちが、このような思考実験を経験する意義は、今の日本社会では決して小さくないと感じます。

【コラム3】研究者／専門家の使い方

前章第8節で「調査報告の補完のために専門家を招くことは歓迎するが、現状説明モデルの作成を始めた途端、お引き取りを願うようにする」と申し上げました。そこでは「社内のセンシティブな問題を扱うから」という理由を挙げましたが、お引き取りいただく理由はそれだけではありません。

まず、現状説明モデルを作る作業にあんまりふさわしくないのが、研究者や専門家です。というのも、彼らの主たる仕事の流儀はレビュー、すなわち既に終わっていて、しかもデータ化された過去を取り扱い、それを批判的に説明することだからです。

あるいは「未来の社会はこうあるべきであって、それに対して、今はまったく不十分で……」と、どこから見ても反論しようのない理想的な、あるいは教条的な未来目標を持ち込んで、現状を、外側から、上の方から語ろうとする研究者もおられます。

このような姿勢は、「現状は、なるべくして、そうなっているのだ、まずそれを受け入れて、それから未来に進もう」とするシナリオプランニングの立場とは相いれず、ディスカッションの勢いを削いでしまう、というのが筆者の経験であります。

シナリオプランニングは、現状の社会のあり方に対して批判的な姿勢はとらず、現存する社会に何かの目的があるとも考えません。

もしも、「この社会は『目的』を持って存在するべきだ」という議論が成立するのでしたら、政治家や社会運動家は、「あるべき社会」の姿をそれぞれに提案し、たまさか権力を取れば、この社会目的を早急に実現しよう、と行動を起こすでしょう。すでに気候変動問題や人権問題など行政府の不作為が見られる社会課題のまわりには、運動家が現れ、それら課題に対して社会の一員たる企業はもっと鮮明な政治的立場をとるべきだ、と働きかけを始めています。まぁ、政治家という職分であれば、ポリティカル・コレクトネスに敏感になるのは職業上しかたがないことです。でも政治家でもない個人や法人が、「あるべき社会」の風圧に押し付けられて、自分の頭で自由に考えられなくなってしまうのは、これは問題ではないか。我々は、他人の目に映る自分を気にするあまり、批判的思考が弱くなっているのでしょう。

研究者や専門家のなかには、そういった「あるべき社会」の風圧を作り出す社会的な働きかけを使命と任じている人たちがおられます。そういうスタンスのメンバーが何人も集まったシナリオワークショップは悲惨なことになります。みなさん不寛容なので、仮定の話を口にしようものなら直ちにその根拠を難ぜられ、未来に向かう思考力が削がれてしまう。

専門家はまた複数の未来像を創り出すワークショップでも、ここでもうまく振舞えない方がまま、おられる、というのも実体験です。

研究者は専門分野の中で切磋琢磨し、査定（Peer review）を受け、集合的に科学的知見を蓄積してゆきます。しかしながら、個々人の希望や好き嫌い、社会の多様な価値観や、歴史に根差す憎悪感情やら……までを、雑多に取り込んで多様な未来イメージを、思い切りよく描く、という作業に臨むと、過去の堅固なデータに依拠する科学の手続きは、いささか使いづらそうです。

では研究者の流儀はシナリオプランニングで、まったく使えないのでしょうか。

実は必ずしもそうではない。

第1に、民間企業が行う現状分析モデル構築作業では、眼前の、すぐ手に取れるだけの小さな時間を軸にしてシステム思考を行っています。対して研究者の時間軸は長く、時に、我々に、過去の、また未来の、大きな時間の存在を教えてくれます。企業人が日頃体験している、忙しく、小さな時間の集積ではなく、それとは次元を異にする時間が我々を取り囲んでおり、そうした長大な時間を軸とした秩序が存在することに気づかせてくれます。現時点で我が社が懸命に取り組んでいる課題が、小さな時間の粒の中に存在していることがわかるのです。

研究者のこのような役割はとても貴重です。

第2に、筆者には、専門家の不寛容さと専門分野以外の無知なところを、意図的に利用したワークショップに立ち合い、実験的な学びを得た経験があります。

シェルでの経験ですが、中東問題の将来展開がプロジェクトの成否におおいに関係するもので、クライアントの要望により中東の専門家を4人集めたことがあります。ビジネス側からも3人入って、合計7人のディスカッションでした。参加したシナリオプランナーは2人で、筆者はシナリオチームの先輩とペアを組み、ファシリテーターの助太刀を務めました。

専門家の中に、イスラエルから招へいした50代の学者がいました。クライアントはこの学者にイスラエル国の国際政治的、軍事的な立場と、地域の将来見通しなどの見解を求めていました。

この人は分析に優れ、手持ちの情報もしっかりしているのですが、言葉づかいが直截で、妥協を一切しないのです。同席しているアラブ出身の専門家たちから攻撃されても、まったく平気で、口調に抑揚をつけずに反論し続けます。ついにひとりのアラブ人学者が激高して、目の前の灰皿をつかんで（当時はオフィスでタバコを吸うことが許されていました）、イスラエル人めがけて投げつけんとした。心優しい日本人である筆者は、懸命にそれを止めたのでありました。

実はビジネス側は、この激しい対立をじっくり観察したかったのです。それがワークショップをデザインした先輩の意図でした。灰皿投げは、実にわかりやすかった。

大荒れの3時間のあと、専門家たちにお引き取りを願い、プランナー2人はクライアントと一緒にお茶をして、それから皆で、ゆるゆると、カードに未来事象を書き付けながら、自分事のビジネスに関連しそうな中東シナリオを作り始めたのでした。

第5章

簡略化したプロジェクト

シェルに学んだ
シナリオプランニングの奥義

SCENARIO PLANNING

前章までは、シナリオプロジェクトをフルセットで進めてゆく手順やノウハウを紹介してきました。

筆者はシナリオプロジェクトをやってみたい皆さんに対して、「私は貴社の重要戦略課題にかかわる未来の不確実性を、『自分事として』感得できる思考プロセスを提供しようとしています。それには、皆さんは、都度都度の気づきの体験のプロセスを踏んでゆかねばならず、ある程度の期間を要します」と、お話しします。

フルセットのシナリオプロジェクトの期間は通常で半年、最低でも4カ月くらいは必要です。クライアント側の負担は軽くはなく、筆者には、「もっと簡便な方法はないのか」という要望がしばしば寄せられます。

例えば、第3章で触れたように、「1カ月後に何らかのシナリオ作品が欲しい、とトップに下命されているんです」というような事情があるときは、どうすればよいでしょうか。

簡略化するには、3つのオプションがあります。

第1、シナリオ作品のロジック（フレームワークやストーリー）を外部に求める

第2、調査を外注する

第3、プロジェクトの目的を限定する

筆者は、真剣な事情で早急にシナリオ作品を必要としている企業には、第3のオプションを紹介しています。

1　出来合いのシナリオ作品を使う

「シナリオ作品のロジック（フレームワークやストーリー）を外部に求める」とは、出来合いのシナリオ作品を下敷きにして作業を進めるプロセスです。

これはそれほどむつかしくなく、かつクライアントの受けも悪くない。最初に既存のシナリオ作品をきちんと読み込み、「もしこのような近未来が実際に起こったら、近未来の我が社への影響はどうか」と、考えを進めていきます。

今の世の中、ネット上を探すだけで、クライアントの関心ある分野について、近未来や長期未来を描いている公開レポートがいくらでも見つかります。どれを持ってきてもよいのですが、やはり評判の高い書き手の作品がよいでしょう。

1・1　カントリーリスク・レポートを利用する

どの国を対象とするのであれ、カントリーリスクを企業内部で検討するのはむつかしい仕事です。社内スタッフが調査するよりも、対象国を継続的にしかも国の全体状況のなかでモニタリングしている専門家の見解を読んだほうが早道でしょう。カントリーリスクのシナリオプロジェクトは、既存のレポートを出発点とするのが低コストで確実に結果を得られます。

カントリーリスク分析の例としては、ユーラシア・グループの年次レポート『TOP RISKS 2022　最も重要な地政学リスク・トップテン2022』があります。このグループは地政学リスクの分析を専門とするコンサルティングファームで、同社ホームページによれば、日本でも約60社のクライアントを持つとのことです。

例を挙げて説明をします。

上記のレポートで、2022年初頭の地政学リスクの筆頭に挙げられていたのは、「中国のゼロコロナ政策の失敗」でした。

以下、概要を部分引用します。

中国はロックダウンと激しい内向き志向に変化した。（中略）「ゼロコロナ」政策は、初期の成功体験があり、加えて習近平の個人的な思い入れから、軌道修正は不可能である。けれども感染を抑えられず、拡大し、より厳しいロックダウンが必要になる。経済の混乱はさらに大きくなり、国家による介入も増え、国営メディアの「中国はコロナを倒した」という喧伝に反して、国民の不満の声が上がるだろう。
世界の主要な成長エンジンの中国が、苦境に立たされる。中国のコロナ感染拡大は、世界大のサプライチェーンの混乱に拍車をかける。輸送上の制約、また人員、原材料および設備の不足により、商品の入手が困難。海上輸送費の高騰は、自社船の所有はおろか、コンテナを予約するリソースすら持たない海外の中小企業に打撃を与える。（中略）
国民の反発と経済の混乱。中国は、権威主義・国家資本主義が後退するどころか、むしろ強化される。2022年秋の第20回党大会で習近平が異例の3選を果たそうとしていることもあり、中国政府は国内課題に注力する。
さて、ユーラシア・グループの「中国のゼロコロナ政策の失敗」のストーリーを読み込んで、その意味するところの自社への影響を明らかにしたい、というワークショップを行うとします。

それは、以下のように運営されるでしょう。

プランナーは事前に、参加者全員に同レポートを熟読するよう伝えます。

その上で、「皆さん、もしユーラシア・グループが予見している中国が、本当に2023年に出現したら、御社のビジネスへの影響はどうなるでしょうか？　めいめいが、隣の方と相談することなく、ポスト・イットに書き付けてご発表ください。おひとり5枚、カードを作成ください」と、促します。つまり、より権威主義的で国家資本主義的な中国が現実となった場合の、自社の中国ビジネスに対する影響を考えてみようとしているのです。

参加者たちはそれぞれに15分ほど頭を絞り、カードに書き込みます。それから一人ずつ大画面の前に立ち、自分のカードを貼り付けながら、他の参加者に向かって説明を始めます。

それぞれの意見は多方面で多様、重なり合い、衝突しあうでしょう。第4章第2節で紹介した「上流と下流」のフレームワークを思い出してください。このワークショップでは、

図表5-1　what if?

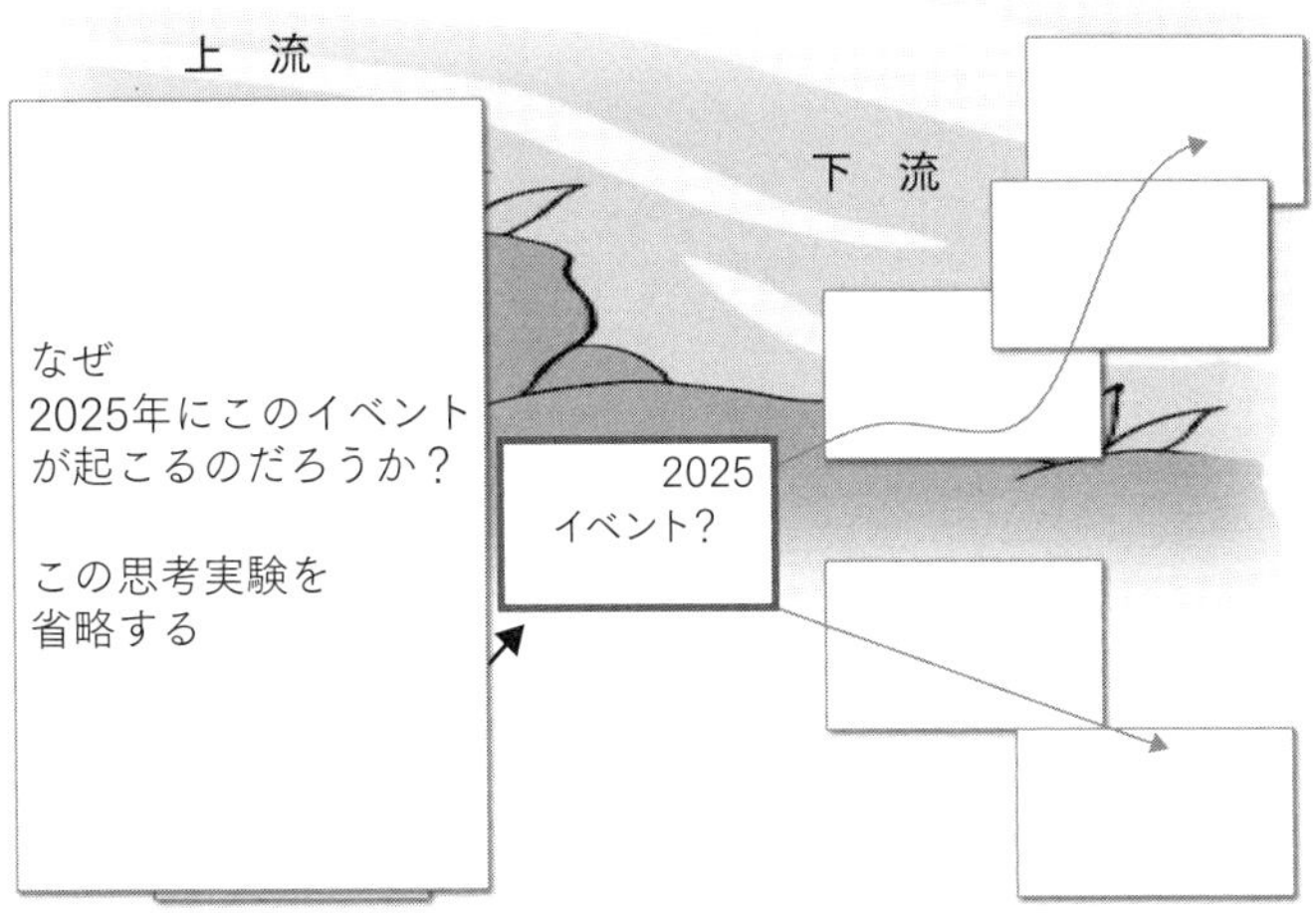
上　流
下　流
なぜ
2025年にこのイベント
が起こるのだろうか？
この思考実験を
省略する
2025
イベント？

「なぜ、それが起こるのだろうか」という上流側の考察を省略して、下流側の未来展開のみを考え進めているのです。ファシリテーターはテーマカードを作り、それを使って大量のカードをクラスタリングし、いくつかのテーマの下にまとめます……。

すなわち、これは「もし、未来にこんなことが起こったら？（what if?）」という問いからディスカッションに入る型式です。

この型式はどんなテーマに対しても適用できます。例えば、

「2030年、東南海大地震が起こったら、我が社のBCPは？」

「3カ月後、大規模通信障害が3日間続

いたとき、我が社への影響は？」

といったテーマも扱えます。

ただし、この型式で進めるシナリオプランニングの弱点は、自社の特定の関心の周辺について深く観察してくれる公開データなど、なかなか手に入らないだろう、という点です。

クライアントは、中国の全体的な政治経済状況についてはユーラシア・グループの見解を採用するとしても、「それでは○○省で稼働中の、我が社の工場への影響は？」というように、自社の懸念事象については、やっぱり自らの努力で補ってゆかねばなりません。

1・2　政府のビジョンやロードマップを参考にする

シナリオ作品のロジック（フレームワークやストーリー）を、政府筋の資料に求めることはできないでしょうか。実は、これは日本企業の常とう手段です。

こういうことです。

「未来のビジネス環境が不確実、場合によっては不可知とまで言えることは、了解した。しかし経営戦略を作るには何かの長期的な見通しがなければいけない。ここはひとつ、最近政府が発表した見通しに乗ろうじゃないか。立派な先生方を集めた委員会で審議されたものなんだから、根拠は十分だ。経済団体やシンポジウムでも発信されているので、資料が手元にある……」

行政府等公共セクターが制作して、市民社会に発表する未来想定を「公共シナリオ」と呼びます。

企業の皆さんが〝寄らば大樹の陰〟となりがちなのは、わからなくもありませんが、筆者は「自分事」の案件に関わるビジネス環境の想定に、行政府が発表した未来想定をそのまま使うことは、お勧めしません。

なぜなら第4章の「バックキャスティング」でも説明したように、そこにははじめから行政府側の政策意図が含まれており、その姿勢はドネラ・メドウズの説く現状説明システムの基本的性格、すなわち現状はシステム内で最適化しており、システムは安定している、という冷静な洞察とは反するからです。

システムプランニングが立脚するのは、「現状は、なるようにして、そうなっているのだ」という出発点。対して、行政府の姿勢は基本的に、「社会の現状には問題があり、不完全である、将来あるべき社会の姿はこれこれであり、政府の役割は国民に向かって、進むべき、正しい方向を示すことである」というものです。

例をあげて説明しましょう。

図表5－2は「官民ＩＴＳ構想・ロードマップ２０１９（高度情報通信ネットワー

図表5-2　究極の自動運転社会実現へのシナリオ

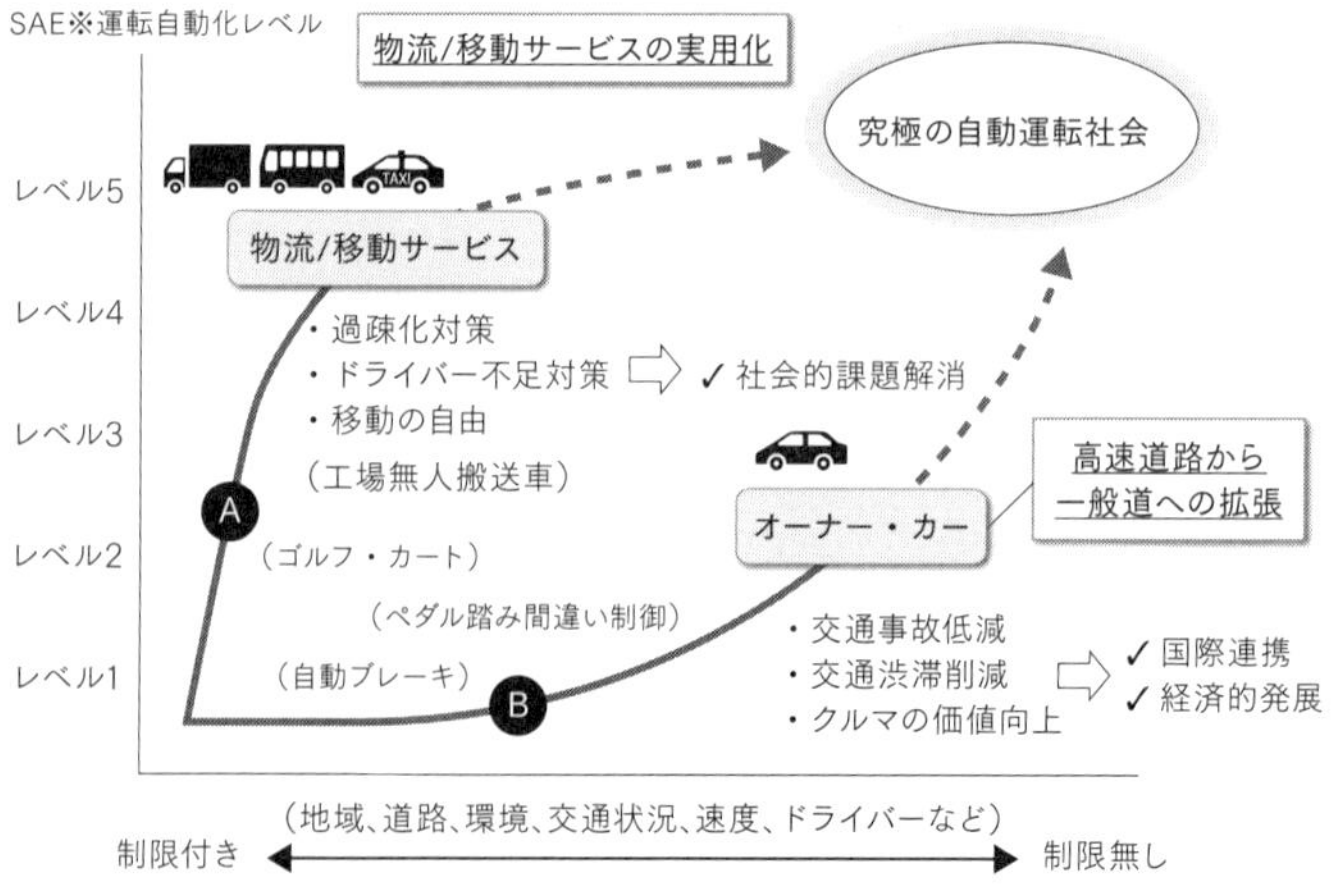

※SAE（Society of Automotive Engineers）：米国の標準化団体

（出所）経済産業省

ク社会推進戦略本部・官民データ活用推進戦略会議、2019年6月7日）」に掲載された「究極の自動運転社会実現へのシナリオ」です。

縦軸は自動運転化レベルの区分で、レベル1からレベル5に進むに従い自動運転化の度合いが高まることを示しています。横軸は自動運転化の面的広がりを示しており、地域、道路などの要素のどこかが自動運転を妨げている状態を「←」（左矢印）で、制限がなくなっている状態を「→」（右矢印）で表しています。

道路交通の現状は、2つの軸の起点である左下です。

すなわち現状の道路交通は、自動

運転に対する制限がきわめてきびしく、その現状からAシナリオとBシナリオが展開してゆくのですが、あるべき「究極の自動運転社会」は、ここでは一元的に規定されていて、いずれのシナリオも最終的に右上にある、その、「究極の自動運転社会」に到達しています。AとBの違いは、目標までの経路です。そしてあろうことか、報告書の結論部分「6．ロードマップ」まで読んでゆくと、シナリオA、シナリオBを区分してきた議論が消滅してしまいます（図表5－3）。このように未来の目標とそこに至る道筋を一本化しているのが「公共シナリオ」の特徴です。

この報告書では「1．はじめに」が総論、「6．ロードマップ」が結論であり、将来の政策環境分析は総論部分に書かれます。ちなみに「2．自動運転」以下の各論では、各省庁のやりたい政策が細部に至るまで盛り込まれます。

「究極の自動運転社会」という未来像は、「政府はこうなることを目指しています」「本当にそうなったらいいと思いませんか」という、政策意思の表明です。これは『現状は、なるようにして、そうなっているのだ』と、まず堅牢に認識して、そこから現状とは不連続な未来を構想してゆく、というシナリオプランニングの手法とは、別物であります。

民間企業が官製ロードマップを信じて大規模投資計画を決定し、後日、それがそのとおりに実現しないとなっても、行政府は無駄になった投資を補償してくれるわけではありま

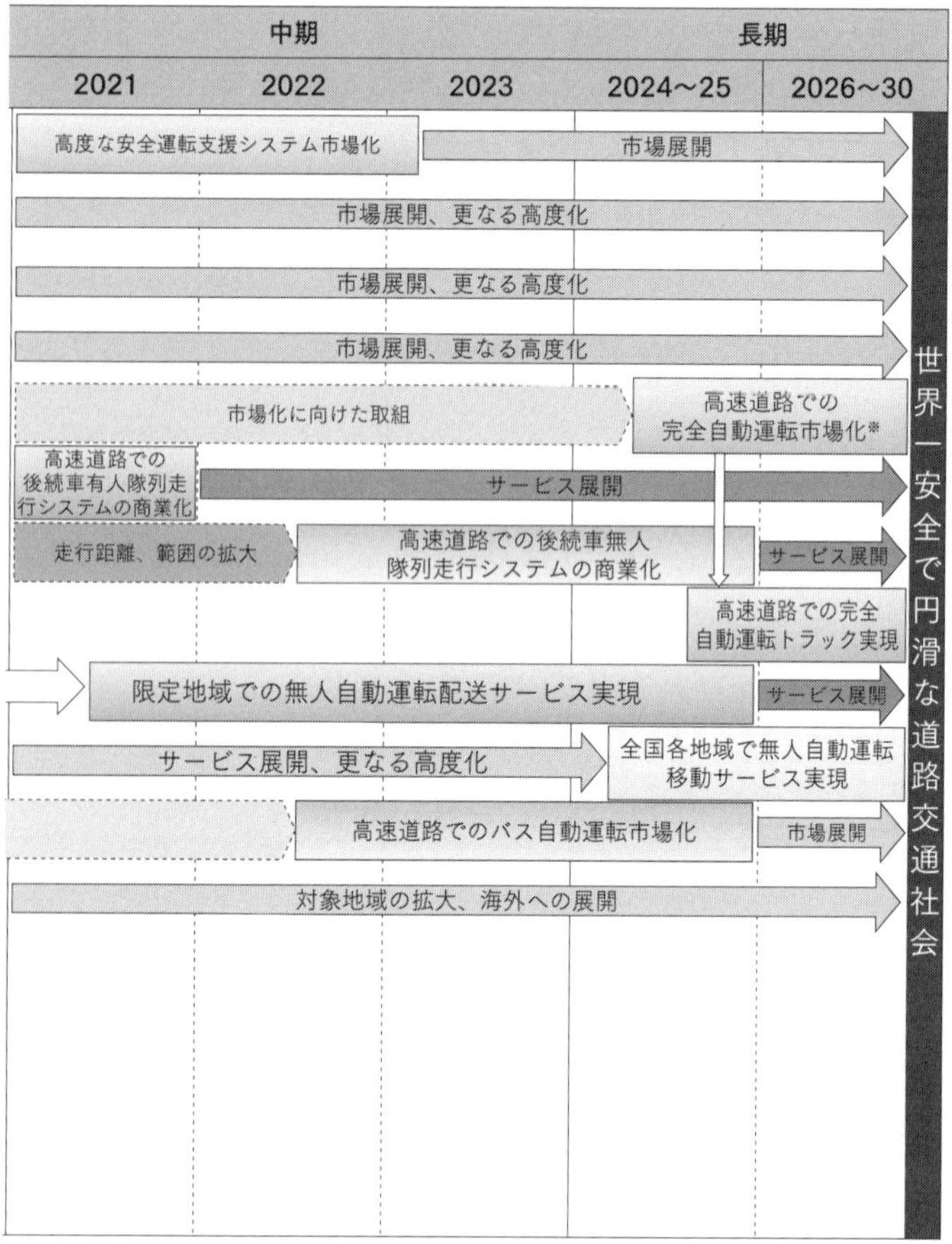

※民間企業による市場化が可能となるよう、政府が目指すべき努力目標の時期として設定。

図表5-3　官民ITS構想・ロードマップ2019（ロードマップ全体像）

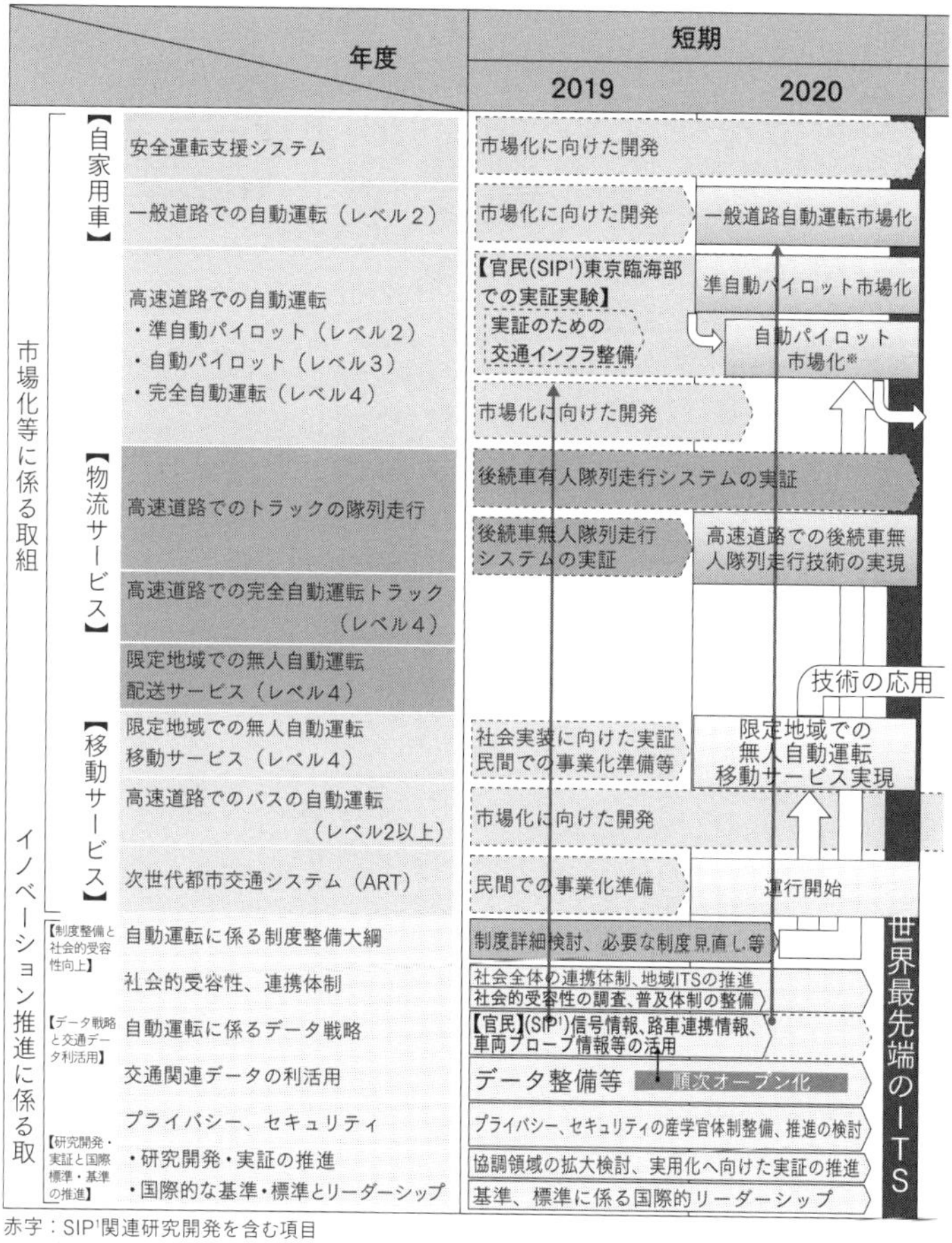

赤字：SIP¹関連研究開発を含む項目
SIP：総合科学技術・イノベーション会議戦略的イノベーション創造プログラム

（出所）経済産業省

図表5-4　政府のビジョンやロードマップに不確実性を見つける

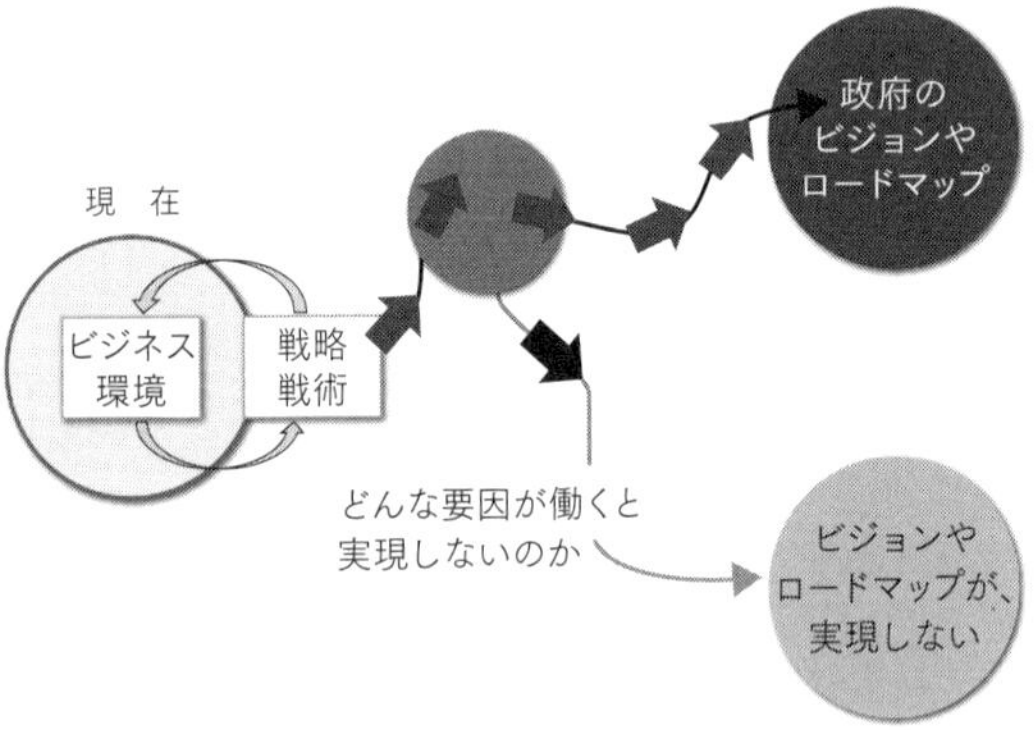

せん。「政府が言ったことだから、きっとそうなるはずだ」と信じるのは、何かに願掛けしているのと変わりません。これでは独立自尊の経営姿勢からは外れます。

そこで、第4章第2節で説明した「公式の未来と脱線」のフレームワークが使えます。政府のビジョンやロードマップの社内検証、というシナリオプロジェクトが成り立つのです。

この、「公式の未来と脱線」のフレームワークは、事前に公式資料を読みこんで準備すればよく、それほど手間はかかりません。

行政府の報告書＝公共シナリオは、委員会に提出された大部の資料によって分厚く鎧われた、堅固な城です。しかしながら、いったん批判的な姿勢を持って読んでゆけば、随所に論理の飛躍や牽強付会が見つかります。

空を低く覆いはじめた公共シナリオの暗がりから、企業人が明るいところに戻るのには、日々オペレーションしている、今現在動態的に安定している現状を改めて確認するのがよいです。行政府が何をやろうとし、その目標に向けて社会を誘導するための自己強化型フィードバック・ループをどうやって作ろうとしているのか、このへんを理解してみましょう。そしてそれが、何かの事情でうまくゆかない可能性も……。

さらにその自己強化型フィードバックを、未来のいつかの時点で抑制するであろう「バランス型フィードバック・ループ」を探してみるのも有効でしょう。

そうやって公共シナリオが認めていないオルタナティブ（代替となる選択肢）を、社内で、ひそかに発見しておきます。もし、オルタナティブの世界が到来した場合に自社が採るべき戦略を、事前に、社内限定で話し合っておく。それがシナリオプランニングの使い方です。

2 外注

クライアントはシナリオプロジェクトの負担を低減するために、調査など手間のかかる準備業務を外注することができます。

自社の重要戦略の成否にかかわるビジネス環境分析は、トップマネジメントの関心が高いものですので、調査についても社内で進めるのが理想です。ですが、調査スタッフを自前で用意できないこともあります。調査仕事は、外注が可能です。

ただし、であります。調査だけならよいのですが、シナリオプロジェクトそのものを外注したい企業も少なくありません。

経営層の指示を受けた企画部長が旧知のコンサルティングファームに声をかけ、「自動運転の未来について、シナリオプランニングの手法を使って複数の想定を書いてほしい。2カ月後の経営会議の場で、20分で発表できるような仕上がりで納品すること」というお話しになって、委託契約が交わされます。

担当となった若手コンサルタントは、自社内の手持ち資料を編集してクライアントに持ち込み、相手の要望に合わせて手直ししていきます。納期のきつい仕事であれば、残業をしてでも締め切りに間に合わせます。

そして2カ月後に合わせて、どこにも自社の身体感覚が感じられない、美麗なシナリオ作品が納品されてきました。企画部長は自分がこの作品をきちんと理解できているのか、本当は自信がありません。経営会議には、レポートを作成した若手コンサルタントが同席し、企画部長のプレゼンを徹底フォローする構えです……。


企業の多くは何年かに一度、自社の浮沈を左右する重要戦略の判断に直面します。

〝丸投げの外注〟で済ませていると、会社は、未来への洞察と胆力をもって判断を下す経験は積めないし、自社の未来を自ら探究する力を持った人材が社内で育つこともないでしょう。

できれば、そのような真剣な「自分事」の決断の機会が近未来に訪れることを想定して、何年かに一度でもよいので、控えめな案件でもよろしいので、社内でシナリオプロジェクトをやってみてはいかがでしょうか。

3 目的を限定する

「今急に始まったビジネス環境の激変は、中長期的にどのように展開してゆくか。シナリオ手法で分析をしたい。1カ月先を目途に、経営層に報告できるようなプロジェクトが組めないか」

といったお話をいただいたときには、短期間で手堅く成果を出すために、プロジェクトの目的と内容を限定します。流れとしては以下のようになります。

①プロジェクトの目的とシナリオプランニングの効用を、「未来探索ツール」(第2章を参照)のみに限定する。社内の戦略検討には踏み込めない。
②1カ月後、社内で3時間程度のワークショップを実施する。十分な予算をつける。
③シナリオプランナー側は2人体制でワークショップを運営する。
④ワークショップに数人の社外専門家を招聘、現今の事態の原因と今後の見通しについて

レクチャーしてもらい、その後トップマネジメントとの質疑応答を行う。
⑤プランナーは専門家のレクチャーと質疑応答の最中、重要と思われる論点をカードに書き留め、壁の画面に貼ってゆく。貼りながら論点のクラスタリングを試みる。
⑥ワークショップの最後に時間を取り、参加者全員が壁の前でめいめいの意見を発表する。プランナー側はそれを記録する。
⑦ワークショップの後、社外専門家たちをきちんとおもてなしする。
⑧現場での発言記録を中心にした備忘録を作って納品する。

以上の実施計画をクライアント経由でトップマネジメントに確認を求めます。この実施計画の可否は、忙しい経営層が時間を空けられる1カ月後の、その日その時刻に、これまた忙しい外部専門家たちを呼べるかどうか、にかかっています。シナリオプランナーが培ってきた人脈で専門家に声をかけ、クライアント側にも招聘に動いてもらいます。たいがい、日時を合わせるには専門家の予定を変えてもらうことになるので、謝金は多めに用意する必要があります。

招聘専門家が決まると、プランナーは事前にアポをとり打ち合わせをします。その際、会場で同席する他の専門家の名前を告げ、「その先生と可能な限り違う見解を用意してほしい」、と依頼しておきます。

ワークショップ当日の流れは例えば、

1300　事務局集合、会場整備、先生方を会場に誘導

1330　イントロダクション：

ワークショップの趣旨、自己紹介、会議ルール

1350　○○先生

説明20分、質疑20分

1430　○○先生

説明20分、質疑20分

1510　コーヒーとお菓子、自由な意見交換

1540　プランナーチームは、カードを壁の大画面に貼り、クラスタリングの試作

プランナーによるクラスタリング作業の説明

自由討議

1630　終了

1700　撤収：会場かたづけ等

という具合です。

ワークショップ当日、プランナーは2名体制です。ファシリテーター役を交代しながら進めます。このイベントは決められた時間で成果を挙げるべきですので、プランナーは議論を導くために、〝強めの〟ファシリテーションをやります。

各専門家のレクチャーと質疑応答を聞きながら、「これは重要そうだ」と判断した論点をカードに書き留め、壁の画面に貼っていきます。ときおりカードの位置を張り替えて似た論点を集約し、クラスタリングします。カードの制作と大画面上でのクラスタリングは、プランナーのその場の感覚で、どんどん進めます。

ワークショップの最中、複数の専門家の意見が一方向に揃ってしまいそうになったら、質疑を仕掛けて割って入り、無理にでも、各人の見解を引き離しにかかります。

このワークショップでは、最後に、最低30分くらいの時間を残しておきます。ここでプランナーは、画面上のクラスタリング作業を即席のストーリーの形で参加者に語り、参加者は画面のカードの内容を踏まえつつ、めいめいの考えを述べます。

ペアを組んだもうひとりのプランナーは発言を記録してゆき、後日その記録にもとづいた備忘録を納品して、プロジェクトは終了です。

このように、本来なら半年かかるシナリオプロジェクトを、目的を限定すれば1カ月程度でとりあえずやれます。

筆者はある程度の規模を持つ日本企業では、とりわけ先進的な企業は、もはや外部人材に頼らずとも、シナリオプランニングを自力で進められる。このような目的を限定したプロジェクトでよいのであれば、なおさら、と思っています。

でも、あえて社外のシナリオプランナーにプロジェクトのデザインや当日のファシリテーションを依頼したい、ということであれば、そこには別の理由がありそうです。例えば、経営企画部としては、お金をかけた立派なイベントを仕立てて、トップマネジメントが喫緊の重要課題を自分自身で考える、集中した、強いインパクトの3時間、が欲しい……このへんに、これをやる価値があるのではないかしらん。

【コラム4】シナリオプロジェクトの成功とは

クライアントにとって、またシナリオプランナーにとって、「成功したシナリオプロジェクト」とは、どのようなものなのか。

シェルのシナリオチーム内でもこのテーマは過去50年にわたり、折に触れて話し合われています。筆者はシェルのシナリオチームとの長年の付き合いから、彼らの見解をおおよそ次のように理解しています。

まず成功／失敗の評価軸は、シナリオプランニングを使う目的によって異なります。第2章で説明したように、重要課題の将来展開を社内で検討する目的で使う場合と、自社の見解を公開し、広く討論してもらう目的で使う場合とでは、成功／失敗の基準は違います。

シェルではシナリオプロジェクトは、社内の長期戦略を検討する目的で使うことが本分であり、シナリオチームとしてはこのような本分に立脚して、自らのパフォーマンスを3つの観点から評価しているようです。

①シナリオのメッセージが、グループ組織内に十分なディスカッションをもたらしたか

②メッセージが具体的な戦略立案につながり、実施が試みられたか

③シナリオは、十分な調査と洞察に基づいて作成されたか

チームはシナリオ作品の成功基準を、主に①と③に置いています。②の具体的な戦略立

図表5-5　シナリオ作品のパフォーマンス評価範囲

●メッセージの質？
●戦略ディスカッションへの貢献？
●立案・実施への貢献？

シナリオのメッセージ	作成年	メッセージが、ハイレベルの戦略ディスカッションを引き起こしたか？	シナリオに触発された戦略策定がなされたか？　実行されたか？	ビジネスの成功をもたらしたか？
有限な炭化水素資源	71 72 73	YES	原子力ビジネス参入 (73-　)	NO スリーマイル島事故で撤退
原油価格の急騰	71	YES		
	72	メッセージを受容	重油溜分の分解設備 大規模投資への準備（74）	YES 投資決定スピード競争に勝つ。収益性で他社を引き離した
		メッセージに反発 信じられない	VLCC 大量発注（74）	NO タンカー部門は船腹過剰で長く不採算に苦しむ
原油価格の急落	85	YES	北海原油先渡し市場の育成・活用（85）	YES トレイディング部門の強化 ショートポジションを取る
ソ連圏崩壊後の未来像	93	YES	新規参入戦略立案（93）	NO 実行段階では、それほどうまくいかなかった
アフリカ大陸の低迷	89	YES 既得権益のマネジメント	YES（91-94）	NO やはり巻き込まれた

案とのつながりについては、「もはやシナリオ作品を送り出した後のことであり、シナリオチームの守備範囲外にあるもの」と捉えています。

シェルのシナリオチームが過去の社内向けシナリオ作品を評価した例を掲載します。これはチーム内部で語り継がれてきた一種の神話であり、社外に公開されていません。また、それぞれのシナリオ作品については内容を紹介する余裕がありませんので、ご寛恕ください。

第6章

ファシリテーションの技術を磨く

シェルに学んだ
シナリオプランニングの奥義

SCENARIO PLANNING

ファシリテーションとは、ディスカッションの「場」のマネジメントのこと、と考えます。

だから、「場」に参加している個々人それぞれの、そしてグループ全体から発せられてくる意思や気分を、感じ取り、それを尊重して「場」のマネジメントの仕事をします。気分や意思は、移ろい、変化するものです。ファシリテーターは、その変化を尊重します。ファシリテーションは、リーダーシップでは、ない。これが、筆者が大事にしている心構えです。

本章ではシナリオプロジェクトのワークショップで用いられる、ファシリテーションのテクニックやノウハウについて解説します。内容は7点です。

① 参加者ひとりひとりを尊敬する
② グループ全体の創造力を引き出す
③ 裏方に徹する

以上3つは、ファシリテーターの心構えに関わるものです。

図表6-1　ワークショップ・ファシリテーションの技術

- 「場」のマネジメント
- 「場」における参加者個々人、それぞれの、そして参加者全体の、意思や気分を尊重する。
- 気分や意思は、移ろい、変化する。その変化を尊重する。
- ファシリテーションの技術：機敏、柔軟、俯瞰、尊重、時間管理
- 習得法：
  ディスカッションの進行の複数の可能性を、前もって
  シナリオを書いて想定し、リハーサル

④ポスト・イットカードの使い方
⑤クラスタリングの技法
⑥2軸の評価画面
⑦ワークショップの発言記録法
以上4つは、技法のテクニカルな紹介です。

こうしたノウハウのほとんどは筆者が経験から学んだもので、系統だった説明は困難です。肩の力を抜き、気軽にお読みいただければ幸いです。

なお本章でご紹介するのはすべて対面でのワークショップを前提とするものです。理由については後段のコラムをご笑覧ください。

1 ファシリテーションの心構え

1.1 ひとりひとりを尊敬する

ワークショップの参加者ひとりひとりに対し敬意をもって接することは、ファシリテーターの基本的心構えです。この姿勢を確かなものにするためのノウハウを、以下に紹介します。

1.1.1 「チャタムハウスルール」

「チャタムハウスルール」はイギリスのチャタムハウス（王立国際問題研究所）発祥の、参加者に自由闊達に発言してもらうために用意された、世界に通用しているルールです。明文化されており、

「会議の全体あるいはその一部がチャタムハウスルールで行われる場合には、参加者はそ

こで得た情報を自由に使用してもよいが、発言者およびそれ以外の参加者の身元や所属団体は一切明かしてはならない」

と定められています。

このルールは、発言者を政治的なリスクから護ることによって自由な議論を促進するルールとして、世界の様々な会議で採用されています。日本の民間企業の会議でも、これを導入すれば簡便です。外部から呼んだゲストに守秘義務契約へのサインを求めるよりも、よほどスマートでしょう。

1・1・2　発言とアイデア出しの機会平等

ファシリテーターは、「参加者ひとりひとりがワークショップのテーマについてちゃんと考えようとしている」、そして「組織の全体性を心得ながら、『この組織をより良くしたい』という願いを持って参加している」と信頼しながら、ディスカッションを進めています。

参加者の中には、発言が上手でなめらかな人もいれば、口が重たい人もいます。ファシリテーターはそうした参加者それぞれに対し、最初の発言の機会を平等に演出する工夫をします。

図表6-2　未来のことを語る際の、ブレインストーミングのルール

・未来の事実を伝えてくれるデータなど、今現在、得られない。
・その分野で権威ある人の言説も、フツーの人のつぶやきも、等価
・まず、すべて、「真」として　扱ってみよう。

・結論を導くためではなく、アイデアの発散を求める。
・ひとりで考えると、発想が偏る。

・自由奔放であれ
・質より量

・他の人の意見をむやみに否定しない

・他の人に対して、「それは、どうしてですか？」「次に何が起こるんですか？」と、問うことは許される

いきなり議論をはじめるのではなく、まず一人ひとりが良く考え、考えを整理する時間を設けて、カードに他の人に伝わる表現で書き付けてもらいます。一人当たりのカードの枚数を同じにして、機会平等を実現しています。

またワークショップでの発言は、順番に、大画面にカードを張り付けながら、他の参加者に対し自分の考えを説明していく進行をします。その際「他の参加者は、説明者の発言を決して遮らない。必ず肯定する」というルールを敷きます。

参加メンバーはお互いを尊重し、発言を行っている人の言葉に、まずは謙虚に耳を傾け、異論があれば終わりまで話を聞いた後、自説を述べるのです。

1・1・3　言葉探しをしている参加者を励ます

ファシリテーターはワークショップの合間に、参加者と雑談を交わしながら表情をうかがい、自分の進め方を検証し、やりかたがまずかったと気づけば、その場で修正します。失敗は引きずらないようにします。

参加者たちは、懸命に自分の思いを言語化してゆこうとしますが、これは人によっては簡単な作業ではありません。言葉探しをあきらめ、借り物の言葉に頼る人も見受けられます。そうした人は不安げな、もどかし気な表情を浮かべているものです。このひとは、静かにいぶかり、静かに抗っている……。

そうした時ファシリテーターは、言葉探しをしている参加者をサポートしなければならない。

たとえばポスト・イットカードに、言葉を探している人の似顔絵を描いてあげて、壁の大画面に貼るのはどうでしょう。その参加者の思いと、何かしらの意見が「そこ」にあることを、ディスカッションの大画面に登録するのです。きっと後から、探していた言葉が見つかるでしょう。

1・2　グループ全体の創造力を引き出す

有用な議論な場とするには、参加者たちに未来を探索してゆくのにふさわしい、自由で創造的な心持ちになってもらうことです。

以下は、武蔵野大学の杉野綾子先生に寄稿していただきました。このあたりのノウハウを解説しています。杉野氏は複数の大学で、シナリオプランニングの理論と手法を実践的に教えておられます。

1・2・1　星野リゾートの事例

授業でブレインストーミングを始めるにあたり、チームの約束事として毎回お話しているのが、以前テレビで紹介された星野リゾートの事例です。

拠点毎に毎週行われる同社の「魅力会議」では、入社1年目以上のメンバーが年次も役職も関係なく対等に意見を出しあい、企画を練るとのことです。

北海道の星野リゾート　トマムでは、若手女子社員の「鮭ガールステイ」という宿泊プランの企画が採用され、鮭と熊のデザインの「鮭ルーム」が誕生しました。当初の真っ赤

図表6-3　星野リゾート　トマム

『鮭旅』鮭ルーム

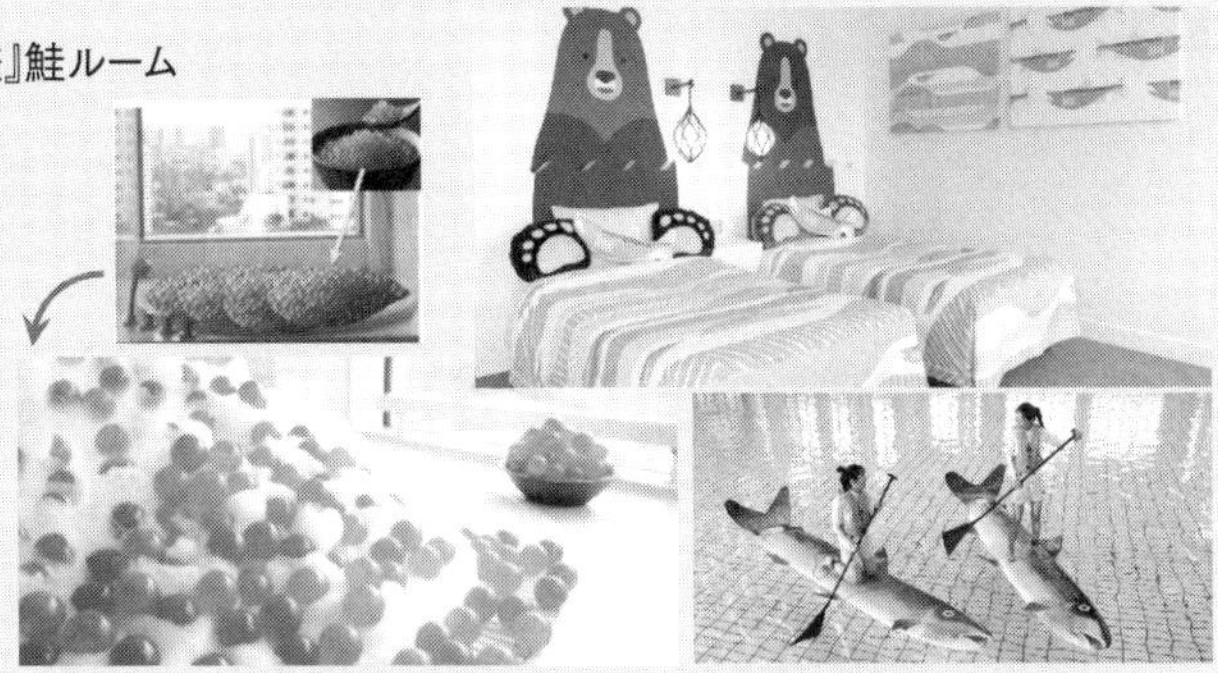

いくら丼風呂　　遡上する鮭になりきる鮭SUP

（出所）星野リゾート　トマム

な粒々の入浴剤を使用した「サーモンキャビアバス」（ジェットバス）のアイデアは、白い泡風呂に赤い粒が浮かぶ「いくら丼風呂」へと変更され、プールで体験できる波乗り「鮭SUP」では、ボードの形を鮭、尾にするか、鮭の性質として群れるので魚群型にするかについて、喧々囂々議論したとか。

「どんな企画がヒットするか、未来は誰にもわからない。若手もベテランもアイデアは等価値。他人の意見を否定しない。他人の意見に『それは面白い、こうしたらさらに楽しいね』とかぶせるのはOK。大の大人が真剣に、でも楽しく議論する様子は、シナリオワークショップの理想型です」

と、お話ししています。

この例のように、グループ全体の創造力を引き出すためには、組織内の立場や役割や従来の考え方から、いったん離れるようにお願いをします。

シナリオとは、すなわち未来のストーリーのこと。「次に何が起こるのだろう?」という問いかけや、他メンバーの活き活きとした発言に励まされて、参加者たちは自分の想像力の射程を、次第に、先の方へと伸ばしていきます。想像を広げてゆく上で大事なことは、他のメンバーの出してきたアイデアをその場で否定しないこと、シニカルに取り扱わないことです。もし「斬新で面白いアイデアだ」と感じたら、自分もそれに乗っかり、アイデアをさらに先に進めてゆくのです。

〝シェル流〟シナリオプランニングは、ワークショップの場での、集合的なクリエイティビティの発現、を心から信じています。ひとりでこね回して考えているよりも、目的をひとつにする仲間と、語り合い、お互いが持ち込んでくるへんてこなアイデアを面白がるほうが、よほど楽しい。「他のメンバーの出してきたアイデアをその場で否定しないこと、シニカルに取り扱わないこと」。このルールを全員が心得てさえおれば、素晴らしく自由に、闊達に、スピード感を持って、アイデアの交換ができるのです。

このルールの下に、多種多様な参加者が集まります。老若男女、国籍、仕事のキャリア、

図表6-4

> **速くゆくなら、ひとりで行こう**
>
> **遠くまでゆくなら、みんなで行こう**
>
> アフリカのことわざ（らしい…）

専門性、異なる価値観……そうして、グループ全体が、未来の地平に向かって、何かを、共同で、創り出しはじめる。

こんな「場」の光景は、日本でも、簡単に、我々の身近でつくり出すことができます。

心構えひとつで、つくり出せるのです。ファシリテーターは、この「場」に集った参加者に対して寛容な精神の発揮をお願いし、自分がいつも使っている言葉で自由に発言してよいことを、実感してもらいます。「他のメンバーの出してきたアイデアをその場で否定しないこと」。このルールを、何度も、口に出して確認をします。

こうやって、集合的なクリエイティビティが、いよいよその場に発現してくる、その時を、待つ。見通しのきかない未来のことをあれこれと考えるには、みんなで一緒に考えるほうがよほどよい。そのほうが頑張れます。

図表6－4は筆者がファシリテーターを務める際、よく使うスライドです。

それでは、グループ全体の、集合的な創造力を引き出すためのノウハウを紹介してみましょう。

1・2・2　グループディスカッションの時間を十分にとる

十分に長く時間をとって、対話やグループディスカッションを辛抱強く続けてもらうこと。イライラしてこちらをにらんでいる〝効率好きの〟参加者がいても、気にしません。

ここで例えば「8人の参加者が、1時間以内で話し合おう」といった時間制限つきのディスカッションを設定すると、各人が得意技に頼りがちになります。

「いつもの得意なルーティンの話題を披露すれば、限られた時間のなかでも失敗することなく、聞き手に自分を印象付けられる」と、考えてしまう。結果、誰の耳にも聞きやすい手慣れた話を、順番に、平板に語り続けることになり、ワークショップが各人の自己表現欲求で充満する場に変質してしまう。「限られた時間内で順番に発言するよう求められている、ということは、このワークショップは人の話をじっくり聞かなくともよい場なのかな」……と理解されることもあるのです。

ワークショップはディベートの場ではありません。まして情報伝達の場ではありません。時間をかけたディスカッションの中で、自分と違う見解や思いをもつ他人の言葉を真剣に受け止めてもらい、集団として議論を先に進めてゆくのです。

そのためには十分な時間が必要です。無理に時間内に仕事を終えなくともよいのです。無防備なおしゃべりが必要であります。互いのしぐさや表情を観察しあう時間が必要であります。お茶とクッキーが必要であります。そうやって参加者は、やがて、それぞれの語りのルーティンから抜け出し始め、互いに聞き合いはじめます。

1・2・3 大喜利方式

ファシリテーターは参加者から、それぞれの考えを記入したカードをできるだけ多く出してもらうよう工夫します。

ここで寄席の「大喜利（おおぎり）」を応用することがあります。大喜利では司会者が「お題」を示し、それに対して複数の回答者が当意即妙な回答を続けて、場を盛り上げます。ワークショップでもこれを真似て、さながら大喜利の司会者のように、参加者に次々と「お題」を振っていくのです。

図表6-5　そいつぁ、おもしれえ、そいつぁ、てえへんだ！

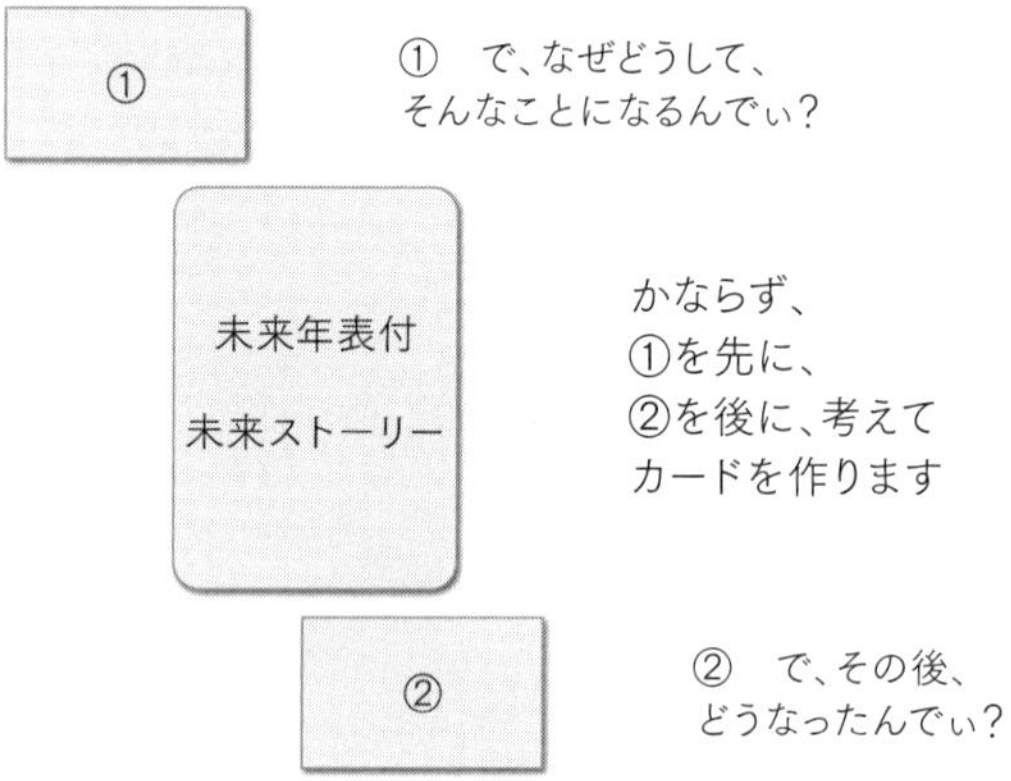
①
①　で、なぜどうして、
そんなことになるんでぃ？
未来年表付
未来ストーリー
かならず、
①を先に、
②を後に、考えて
カードを作ります
②
②　で、その後、
どうなったんでぃ？

以下のように。

重要な不確実事象を特定する作業が始まっており、壁の大画面に未来事象が書かれたカード、未来年表付未来ストーリー、が貼られています。

ここで、例えば「2025年、○○が起こるかも？」と書かれたカードを指さし、「どうしてそんなことが起きるんですか？　皆さんで一緒に考えましょう」と問いかけてみます。すると参加者たちはそれぞれ何らかの答えを考え、それがカードになってファシリテーターの手元に返ってきます。

次に、「で、その後、どうなってゆくのですか？　皆で考えましょう」と、提案します。同様に答えのカードが集まってきます。

この2つの質問によって画面のカードを増やしていくと、集まったカードが自然に、「上流・下流」フレームワークの形に揃っていきます。

1・2・4　逆境にある自社を想像する

いくら「立場と役割と、従来の考え方、を取り払ってください」とお願いしても、参加者の感性と知性が「面白がり」の方に向かってくれないことも珍しくありません。なかなか自分の殻から出てこず、会社の公式見解ばかりを引用したり、ファシリテーターから外界の新しい事象を話しかけても、どうしても会社の話に戻ってしまい、かんばしくない。

ついさっきまで立場と役割をわきまえた企業人として行動していたのですから、これは、無理からぬことではありません。そのためファシリテーターは、時に、強引に働きかけます。

「皆さんの、会社の将来に関するものの見方は、おおよそ理解いたしました。ありがとうございます。御社はきっとうまくゆくでしょう。ところで、もし、ですが、御社には、このままのやり方では全然うまくゆかない将来が起こる、と仮定しましょう。なぜ、そうなってしまうのだろうか。どんどんうまくゆかなくなってしまう未来への道筋を書いてみてください」

図表6-6　構想力を喚起し、鍛える

従来、自分が想像している道筋とは違う、

もうひとつの、見慣れない、

未来への展開を、

構想する思考　を　**強いる**

と、問いかけてみる。

そうすると参加者たちはぶつぶつ言いながらも、都合の悪い未来を具体的に考え出します。不思議なことに会社に都合の悪いストーリーを描き始めると、みなさん自然に表情がゆるんできます。カードを集め、各自の「会社にとって都合の悪いストーリー」が融合してゆき、ついに、会社が本当に困った事態に陥ってしまった、救いのないストーリーが出来上がる頃には、参加者たちはほぼ全員、ニコニコした顔になっています。これは、すこし強引なテクニックなのですが。

1・3　裏方に徹する

シナリオプランナーの勝負の場はレポートやプレゼンではなく、クライアントが参加するワークショップです。ワークショップの進行やシナリオ作品の仕上がりについては、すべてプロであるプランナー／ファシリテーターの責任であり、クライアント側は当日のワークショップの進行の不手際を難じて、いっこうにかまいません。

これまで何度も申し上げてきたように、シナリオプロジェクトの主役はクライアントであって、プランナー／ファシリテーターはクライアントの思考プロセスの深化の過程に伴走し、クライアントが十分な学びを得た時点で退場してしまいます。

プロジェクト終了後、社内で戦略意思決定がなされ、内輪の関係者がうれしく集まったとしても、そのパーティーに呼ばれることなどほとんどありません。

ワークショップで、参加者たちの顔が思いがけない思考の新しい地平を切り開いた喜びに輝いた「場」を見られるのが、プランナー／ファシリテーターの仕事のやりがいです。

2 技法

2.1 ポスト・イットカードの使い方

ポスト・イットはスリーエムジャパン（株）の粘着カードです。シナリオ作りの作業に大変に役立つ発明で、シナリオプロジェクトのあちこちで用いられます。筆者は主に75㎜×127㎜のポスト・イットを愛用しています。

ワークショップにおけるカードの使い方には、いくつかのコツがあります。まず、画面上の、いくつかのカードの位置に注意を向けること。人間はカード上に何も書き付けてなくとも、いくつかのカードの並べ方、つまり同じ画面上に並べた複数のカードの付置関係を見ているだけで、そこにカード同士の関係性を想像してしまえるのです。

以下にその例をご紹介します。

図表6-7　直列乾電池-1

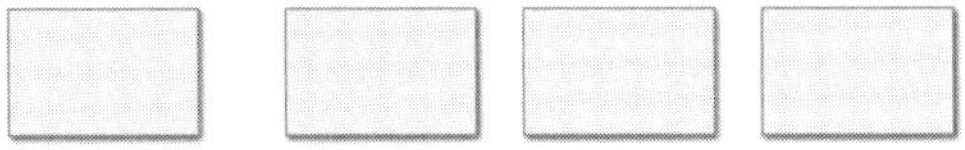

図表6-8　直列乾電池-2

2・1・1　直列乾電池

図表6－7では4枚のカードが、きちんと同じ高さに並んでいます。そうすると我々の目線は自然に左から右、あるいは右から左に流れます。

次にこの4枚のカードにA、B、C、Dと書き込んでみます（図表6－8）。するとそれだけで我々は、「これらのカードは左から右に読むものだ」と暗黙のうちに了解してしまいます。なぜならアルファベットがその順番に並ぶからです。

2・1・2　パイプライン

ここで前の図のカードの隙間に矢印（↓）を書き入れてみましょう。このようなカードの並び、言い換えればシステム図の構造を、仮に「パイプライン」と呼びましょう。

図表6-9　パイプラインのストーリー

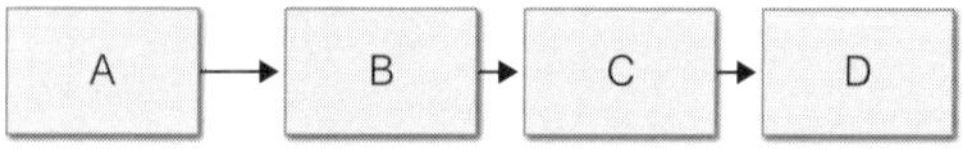

AからDまで、この順番で、あるいはこの因果関係の
連鎖で、未来が次々に生起するだろう

パイプライン　Pipeline

こうすることで画面上には「AからDまでこの順番で（あるいはこの因果関係の連鎖で）、事象が次々に生起する」というロジックが示唆されます。「次々に」というのは、矢印の存在によってAからDまでの流れが示された印象になるからです。つまり我々はカードの並び方から順序だけでなく、時間の経過の様子をも勝手に想定してしまうのです。

2・1・3　流れ下る　Stream

図表6－10ではAからDまでのカードが左側に固まっていて、Eが1枚だけ離れて右下に置かれています。この配置は皆さんの目にはどう映るでしょうか？　直観的な把握をしてみてください。

ワークショップ中、模造紙の大画面の中でこのようにカードが置かれたところで、グループのメンバーの一人Xさんが模造紙に矢印「↓」を書き入れました。それが図表6

図表6-10　なんだろう?

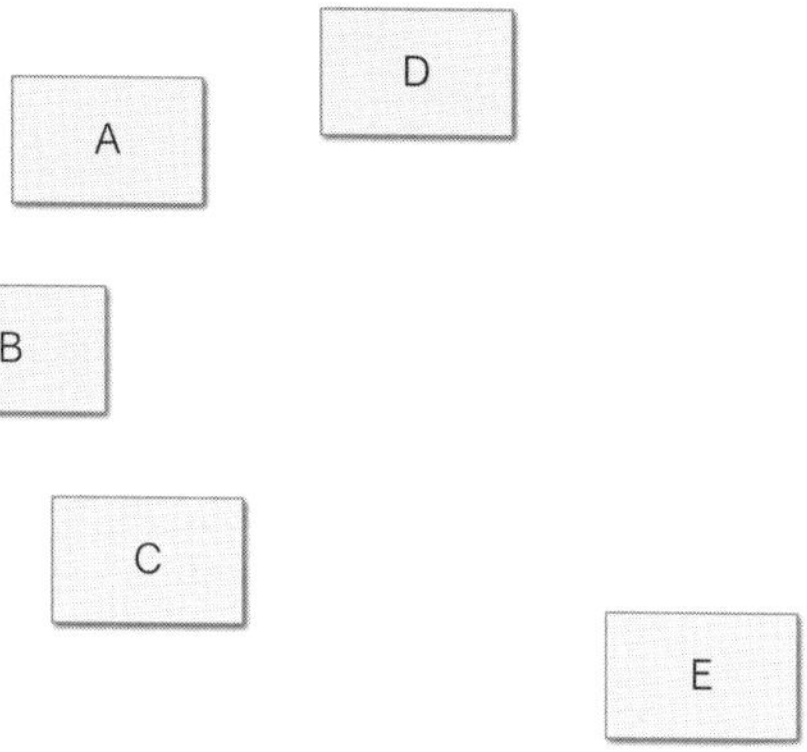

図表6-11　煙突Funnelのストーリー

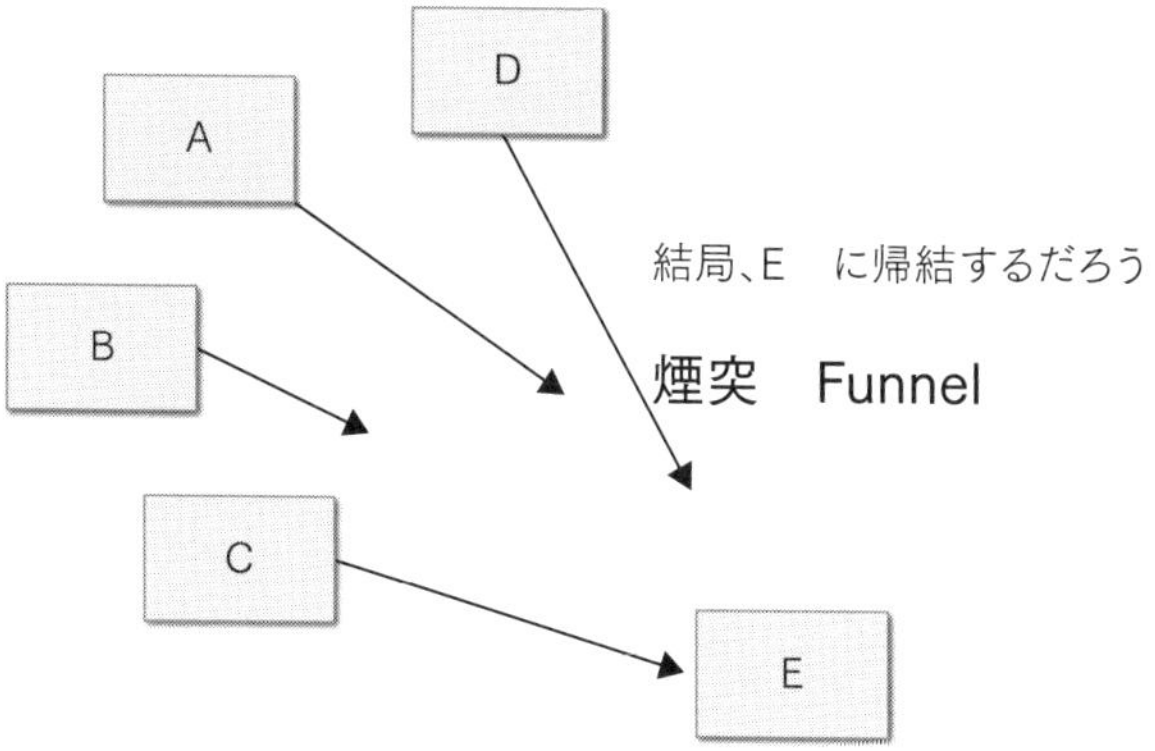

図表6-12　因果連鎖のストーリー

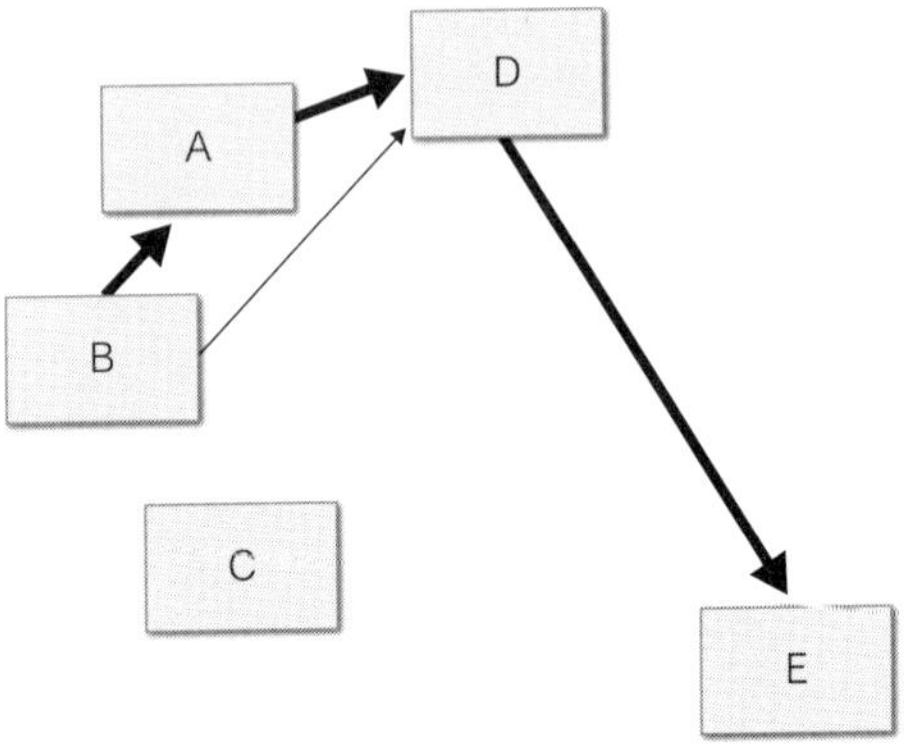

－11です。

矢印を書き入れたXさんの意図が推察できます。Xさんは「A、B、C、Dの4つの事象は、結局Eという事象をもたらすのではないか」と考えたのです。この発想は、実は、カードの配置に触発されたものです。置かれたカードの配置を見て直観的に、「画面の左から右へと時間が流れ、ロジックも流れている」と想像したのです。

ここでYさんから異論が出ました。Yさんは、

「私はそうではなく、このように矢印をつなぎたい。そういう関係性が私の目には見える」と述べて、矢印を図表6－12のように書き換えました。

Yさんは「この画面にはA、B、D、Eをつないだ因果関係が見える。そしてDからEに因果関係が繋がっている。Dの事象はAにより出現が促され、AはまたBにより出現を促され、またBはDの出現にも関わっている。だがCは、今見えているこの因果関係の流れ、A~Dがつくるシステムには無関係な事象である」と考えているようです。

矢印に、線の太さの表現が加わっていることにご注目ください。

そこからYさんの考えが伝わってきます。

「BはDの出現に影響してはいるが、その割合は比較的小さく、主にAを介してDの出現に影響を与えている。DはEの出現に決定的な影響を及ぼしている」と見ていることがわかります。

だんだんとメンバーが協力しはじめ画面にはカードが追加されてゆき、画面に大規模な因果連鎖が現れてきました。

この図表6－13には、

「A、B、Dの要素が関係しあって、やがてEに帰結する。Eは上流にあるA、B、Dの働きにより力を得て、未来の事象Nへと向かう勢いを増してゆく」というストーリーが描かれているようです。

図表6-13　渓谷のストーリー

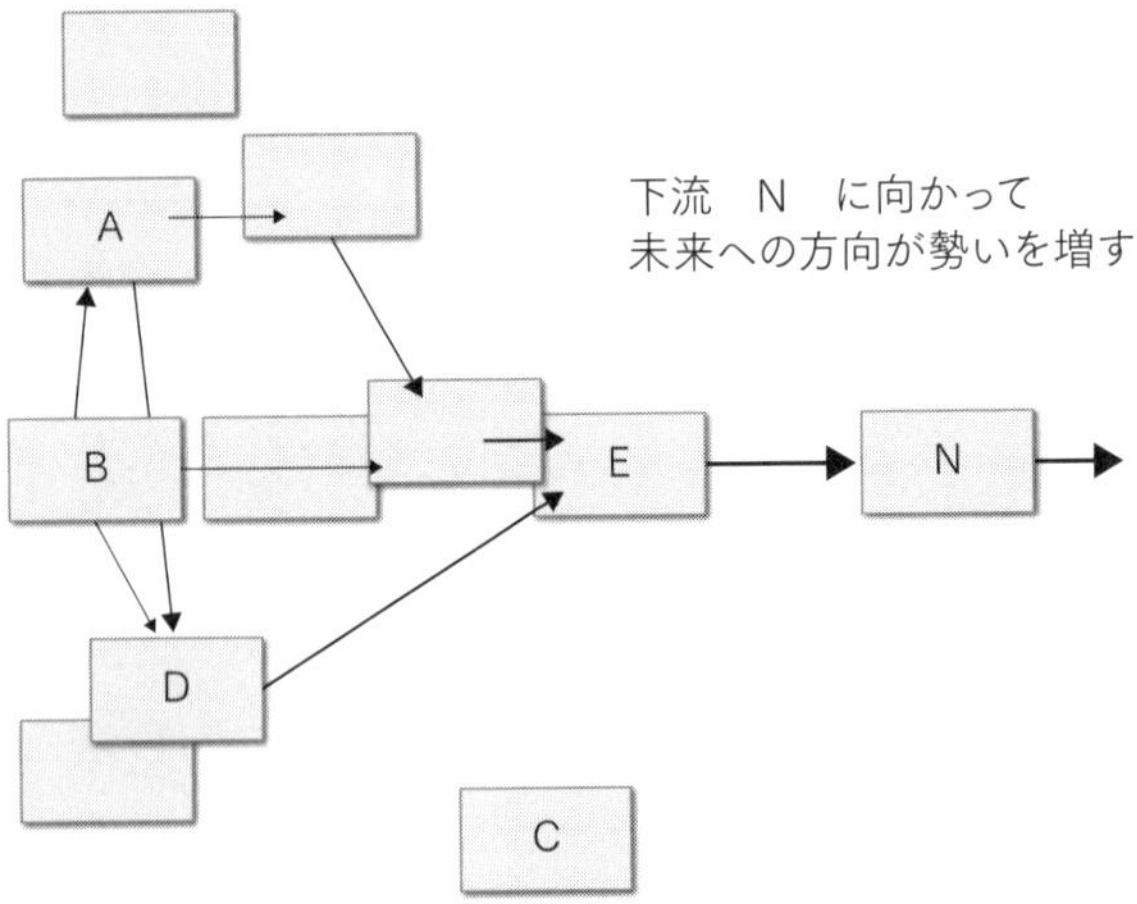

水の流れで言えば、水源A、B、Dから流れ出た水が一本にまとまってEに至り、流れを強めてNに達し、さらに先へと流れていくようなイメージです。

この形を「渓谷」と呼びましょう。

「五月雨を　集めて早し　最上川」、という見立てです。

2・1・4　フィードバック

図表6－14をご覧ください。

ここでは5つのカードが矢印で複雑に結ばれています。

AからEへの因果関係が強い、という図示ですが、それ以外にもC→B→A→Eと、C→D→Aの連鎖が見られます。

そしてEに帰結するのですが、そこで話

図表6-14　フィードバックのストーリー

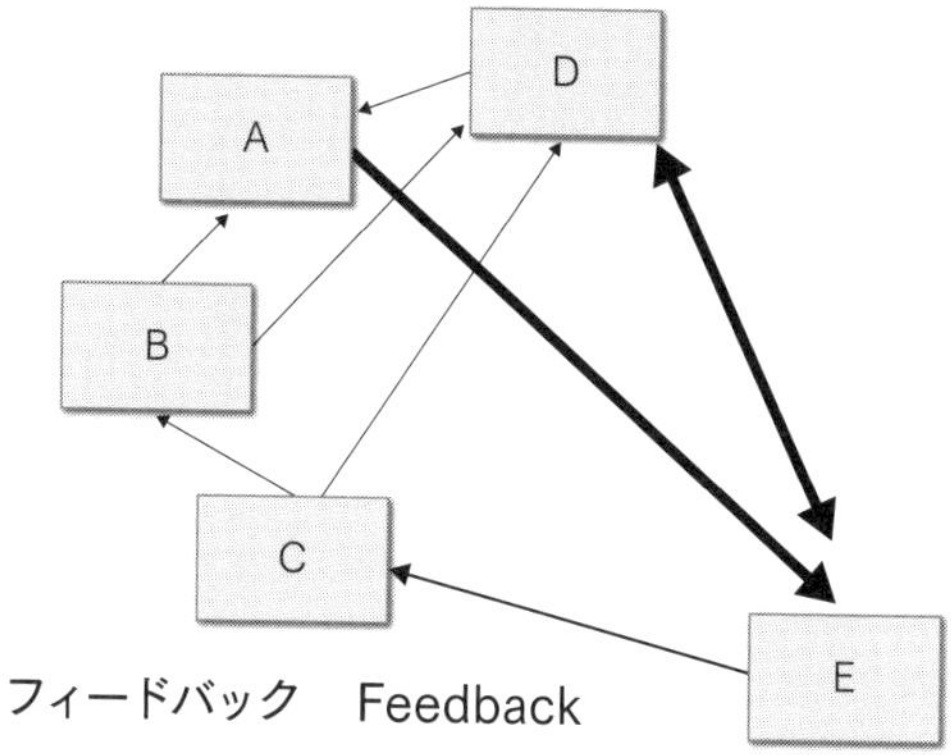

が終わらず、Eはそもそもの源流であるCの生起を促していることがわかります。

またEとDの間には、双方向の矢を持った矢印が置かれています。EとDの間に拮抗関係、つまり、バランス型フィードバック・ループを想像しているようです。この矢印を書き込んだメンバーは、「もしEに帰結するとした場合、Dの働きが弱められるのかな。そうするとD→Aの働きも弱まるのかな?」などと考え始めているようです。

大事なポイントなのですが、この画面は左から右へ向かう時間の流れを描いていません。5つのカードを同一の時間空間の中で構造的に関係づけ、全体を、今現在存立している動態システムとして理解しようとしています。

このように、カードが互いにどのように連関しているのかを探っていく分析手法が、システム分析です。E↓C↓B↓A↓Eに見られる因果のループが自己強化型フィードバック・ループ、E↓D↓Aがバランス型フィードバック・ループです。

フィードバック・ループについては第1章のコラムを参照ください。

2・2　クラスタリングの技法

クラスタリングは目の前に貼られた多量のポスト・イットカードを、何らかのテーマの下に寄せ集めながら、画面を整理し、次の工程に向けて考えやすくするノウハウです。第3章で登場しました。

ワークショップでは、参加者めいめいに何枚かずつデータカードを書いてもらい、それを壁の大画面に貼り出して発表してもらいます。そうすると壁の上に大量のデータカードが出現します。

クラスタリングの技法はアイデアの拡散をひとまず収めるため、新たに整理用のテーマカードを作り、それに近い内容が書かれたデータカードをテーマカードの回りに、ユルく、集めます。テーマカードはデータカードとは違う色を使うとよいでしょう。

クラスタリングはグループで行います。ファシリテーターは、最初に参加メンバーに画

図表6-15　中間作業としてのクラスタリング

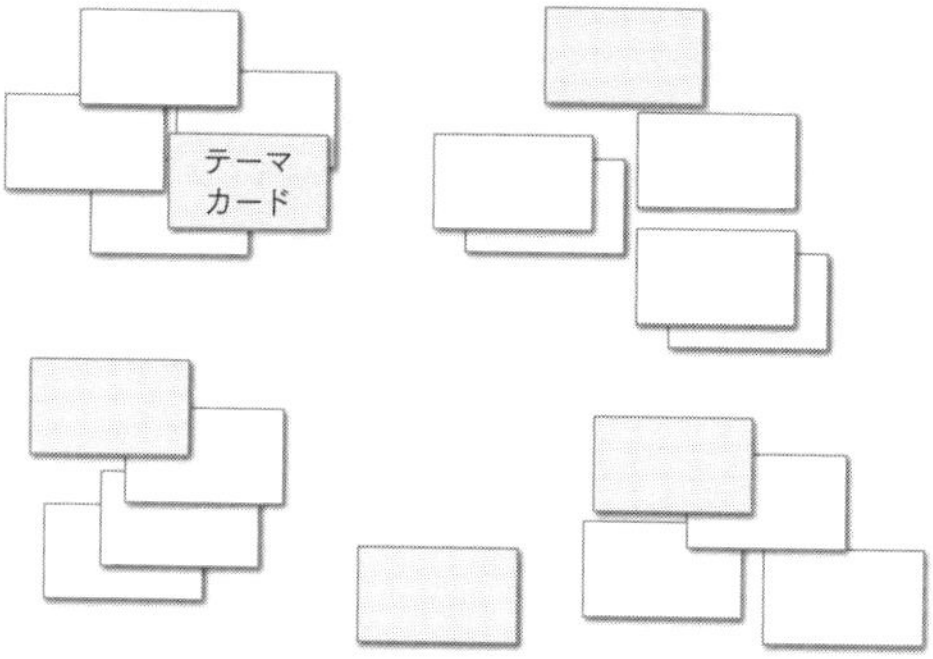

図表6-16　クラスタリング技法を使う機会は、2度

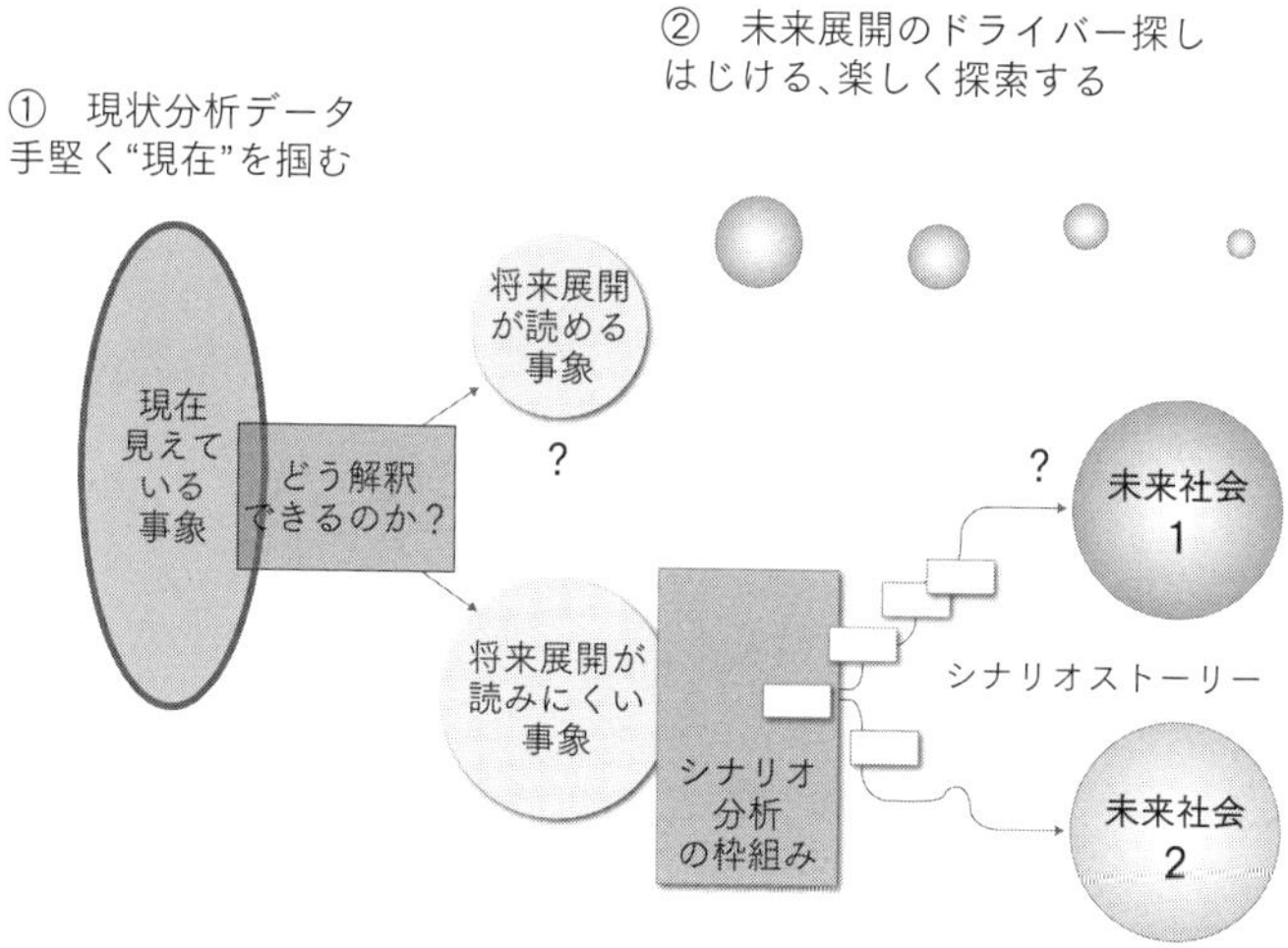

図表6-17　現状分析作業でのカードの書きかた

黒ペンで、見やすく
10字以内の
短文で書く

面を委ね、試行錯誤を許します。クラスタリングは単なる情報処理ではなく、皆で粘っこく考えるための工夫なのです。

さて、シナリオプロジェクトを進めるうえでクラスタリングが有効な場面は2度あります。現状分析の工程と、未来の不確実性事象をさわる工程、の2度です(図表6－16)。

まず、現状分析作業では、参加者のデータカードは図表6－17の書き方で統一します。重要なことはこれが「肯定文」で書いてあることです。したがって、これらデータカードを束ねるテーマカードも肯定文で書きます。

テーマカードを何回も書き換えながら、データカードを離合集散させながら、現状説明モデルを試作してゆきます。

図表6-18　未来データの書き方

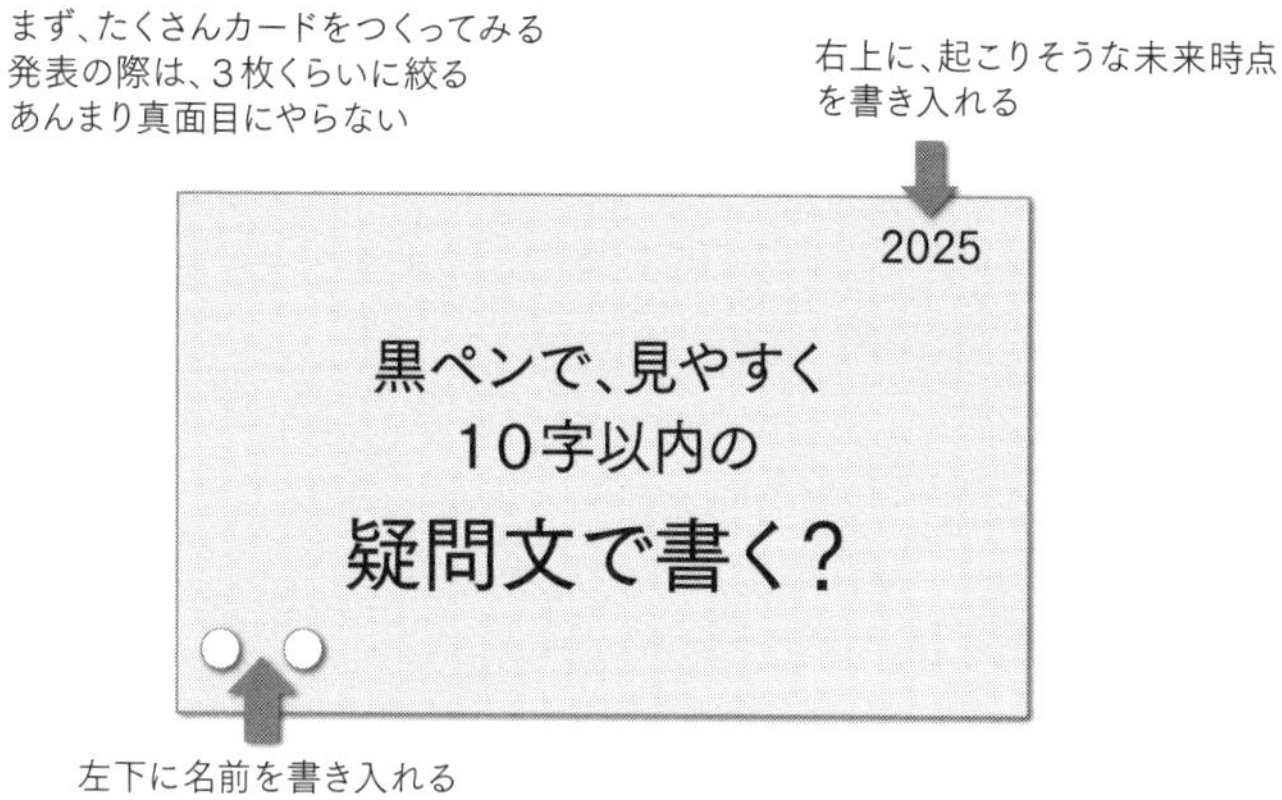
まず、たくさんカードをつくってみる
発表の際は、3枚くらいに絞る
あんまり真面目にやらない
右上に、起こりそうな未来時点
を書き入れる
2025
黒ペンで、見やすく
10字以内の
疑問文で書く？
左下に名前を書き入れる

次に、未来の不確実性事象をさわる工程では、参加者のデータカードは図表6－18（図表3－13の再掲）のような書き方で統一されています。「疑問文」です。だからテーマカードも疑問文で書かれます。

クラスタリング作業の進め方について説明します。

これはファシリテーターが行う場合と、やり方を説明した上で参加者が行う場合とがあります。

ファシリテーターは、まずもって、眼前に現れた大量のカードを前にして、わぁ大変だ、どうまとめてゆこうか、と、慌てているのです。それでもなんとか、参加者たちの心の中の期待を掴もうと、奮闘を始めます。ファシリテーターは、クラスタリング作業を繰り返すうちに、ディスカッショングループが何を目下の重大関心事と見ているのか、だんだんとつかめてくる。そうしながらファシリテーターは、その先の工程を心得ていますもので、次工程に使いやすいようなテーマカードの表記を見つけようとしています。

ファシリテーターはまた、参加メンバーにクラスタリング作業を任せて、試行錯誤してもらうことがあります。ここには無理からぬ事情がありまして……。

ファシリテーターはグループの作業に先駆けて、カードとカードをつなぐロジックを見出したり、そのロジックに適したフレームワークを発見したりするために、どうしても、一息ついて考える時間が欲しいのです。壁の大画面を遠くから鳥瞰し、すばやく思考を巡らして、次工程にうまく移れるようなしかけを、クラスタリング作業のなかで仕込まなければならない。

ファシリテーターはペアで対応しているので、相談ができます。ここでなんとか知恵が見つかるでしょう。でも、時には、あちこちの方向にアイデアが拡散してしまっている、大量の、くせ字で読みづらい（失礼！）手書きのカードが、大画面に散乱していて、なかなかに全体が掴めない大ピンチに陥ります。

ここで奥義を繰り出します。グループの中でもとりわけ瞳が輝いていて、馬力のありそうなメンバーに声をかけることにします。

「どうでしょう、クラスタリングを試してみませんか？　カードとカードの関連を矢印で示し、何か仮説を作ってみましょう。Let's enjoy !」

そうして自然にグループの背後に回ってしまい、そこで一息つくわけです。

クラスタリングは「とりあえず」の作業であり、クラスタリングによってカードがまとめられた画面も暫定的なものです。最終のシナリオ作品には使われません。

2・3　2軸プロットの技法

これは参加者の思考プロセスを、ファシリテーター側があらかじめデザインしていた方向に進めるためのテクニックです。

シナリオプロジェクトの工程には、2軸プロットが有効な場面が、3度、あります。現状認識、調査項目の選定、それにシナリオ作品のメインテーマの検討です。その様子を簡単に見ていきましょう。

図表6-19　2軸プロットの基本形

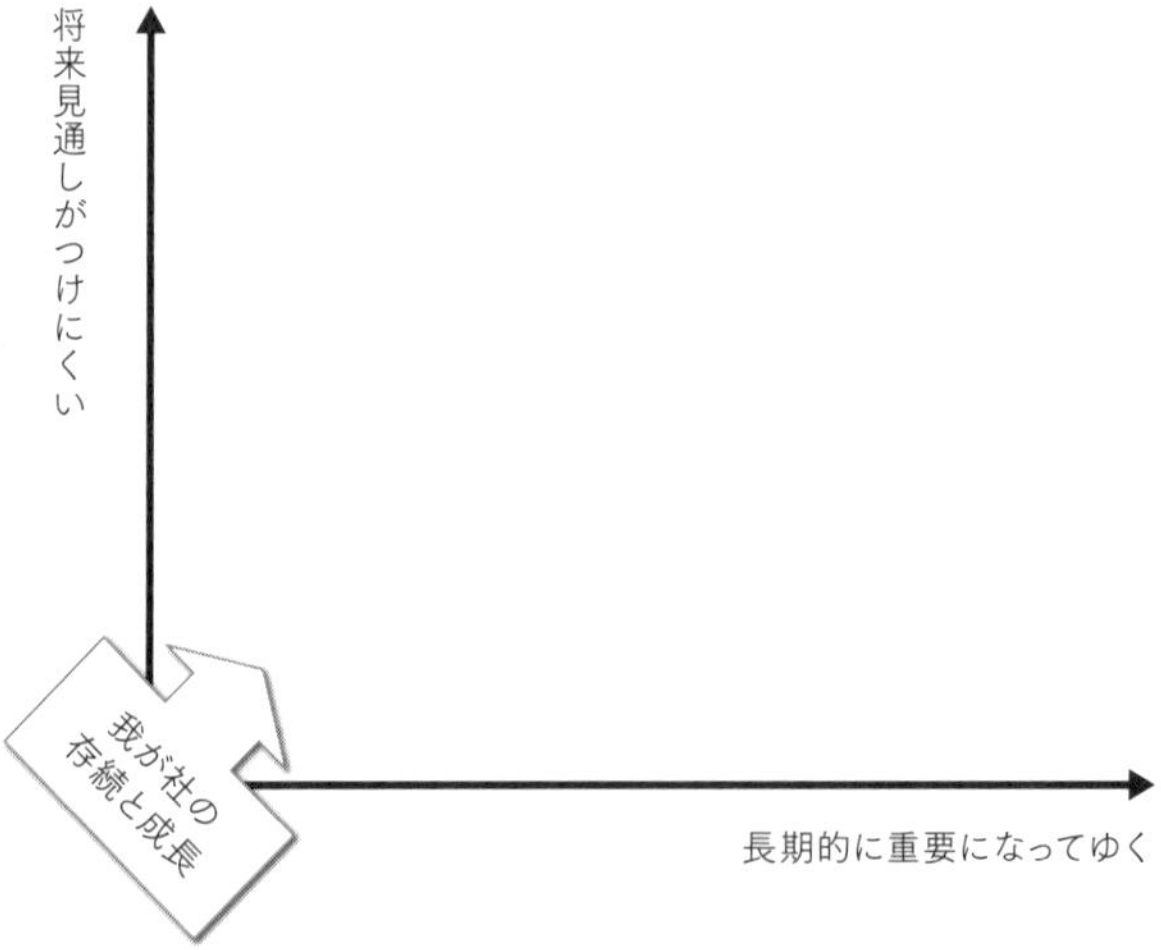

2・3・1　現状認識（Natural agenda）

トップマネジメントの方々の心の内側をつかむためのワークショップ「Natural agenda」については、第3章で説明しました。ここで現れた様々な会社の将来への懸念、心配事を、クラスタリングによって5つから8つくらいのイシューにまとめ、2軸プロットの上に配置しながら各イシューの評価を行います。そうすると、シナリオプロジェクトの全体テーマが定義できるのです。

例示して説明してみましょう。

経営企画部門のスタッフ数人が、トップマネジメント層のNatural Agendaワ

図表6-20　プロットの試作

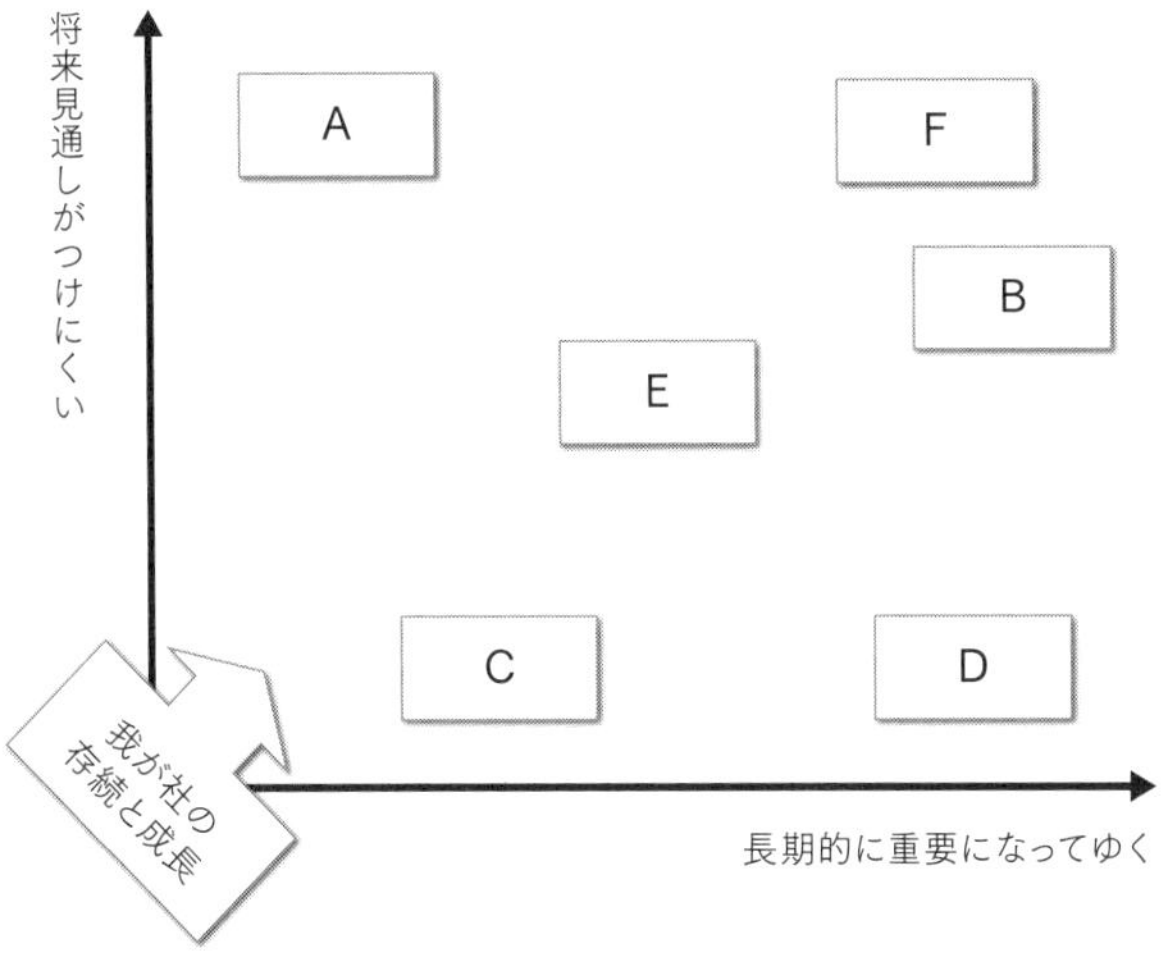

ークショップを振り返り、議論を再現しようとしているところを想像してください。

まず、図表6－19の2軸プロットの表が用意されます。

作業時間が十分とれる場合、まずグループから2人を選抜し、図表6－20のように経営陣が挙げた将来への懸念や心配事AからFまでを、相談しながらプロットしてもらいます。プロットを終えた2人は残りのメンバーに対し、なぜこのような配置としたのか、自分たちの考えを説明します。

説明者以外のメンバー数名は、先発チームが画面を形成してゆく様子をじれったく見ていました。ここで先発チームが

図表6-21　プロットの試作、修正提案

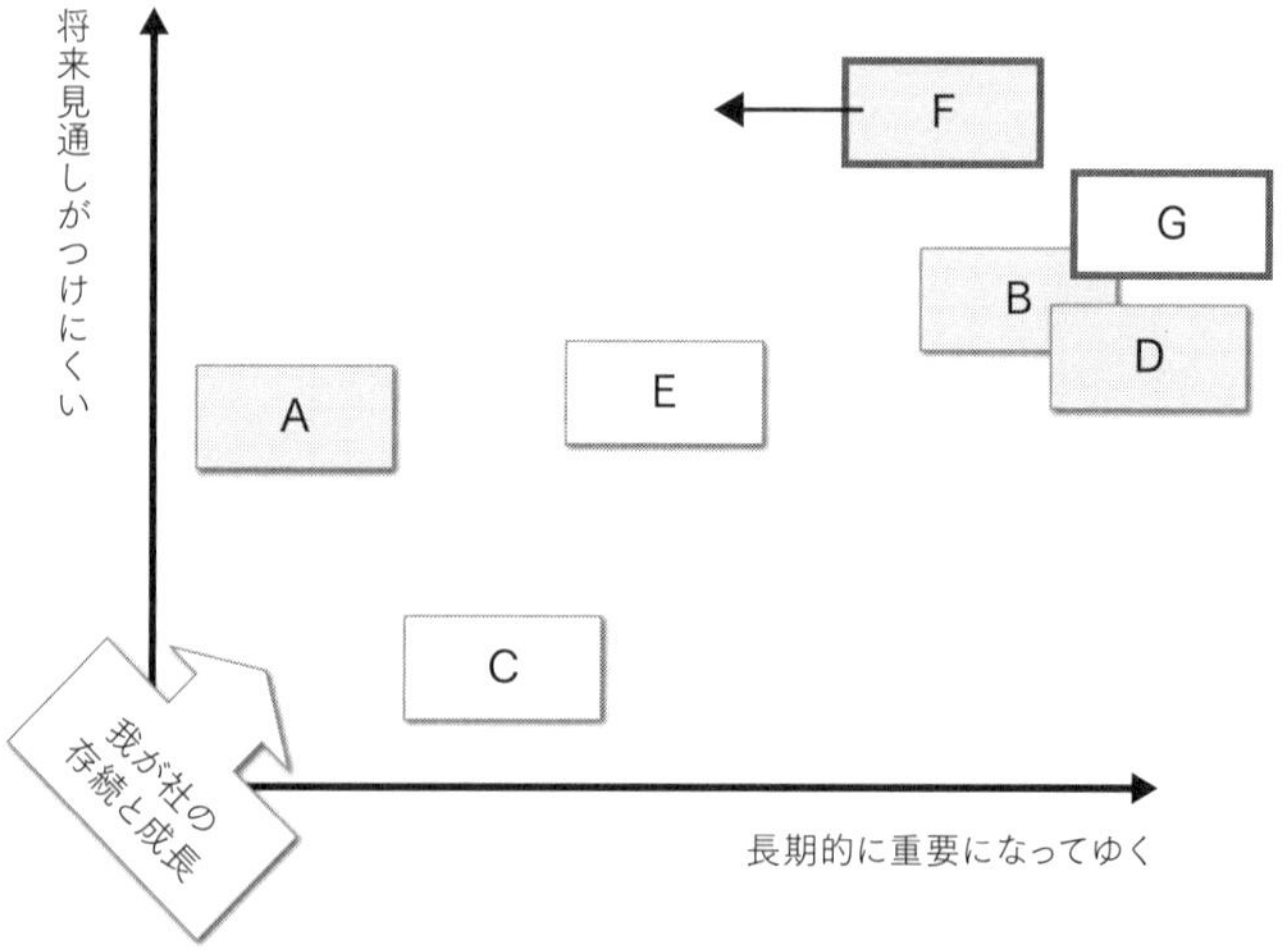

席に下がり、残った数名の後発チームが画面の前に立って、眼の前にある作業を批判的に扱っていきます。

例えば以下のような様子です。

「A」の要素は、もう少し見通しが立てやすいと思う……「F」は、短期的には重要課題だけれども、5年後には重要度合いが下がるだろう……それよりも、「D」と「B」は関連させて捉えるべきだ。こうなるとこの課題は長期的に重要になってゆくだろうし、会社は今現在、この課題には手つかずだ、だから、画面に新しく「G」のカードを入れよう……。

後発チームの話し合いが進むうち、先発チームもそこに加わってきます。自分たちの考えを勝手に修正されて、黙って

図表6-22　調査テーマの選定

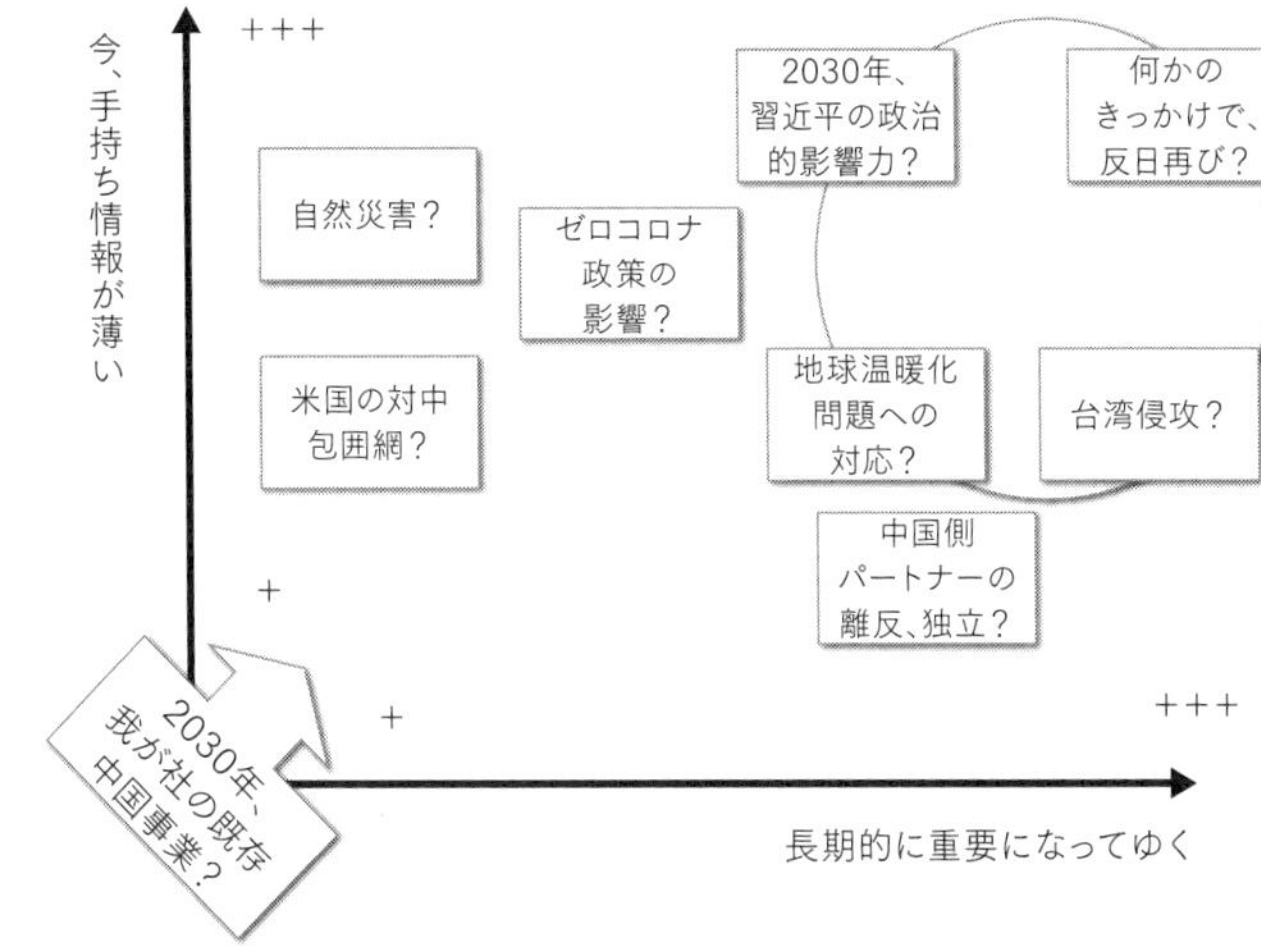

いられなくなったのです。

こうして、「我が社の存続と成長に関わる、長期的に重要かつ将来見通しがつけにくい課題は何か」という方向性に沿って、熱い議論が戦わされたのでした。

2・3・2　調査テーマの選定

2軸プロットの活用場面、その2。

こちらも第3章で手順を説明しました。ここでは第3章と同じで「2030年、我が社の既存中国事業がうまくゆくか？」というプロジェクトテーマが設定されていることにしましょう。

社内シナリオチームはこのテーマをめぐって、将来のビジネス環境を探ろうとしているのですが、どうやら「今はまだ手持ちの情報が少なくて、これ以上考えを進められない」ことに気づきました。

それなので追加調査が必要ですが、たくさんのイシュー全部を調査するのは無駄です。

そこで調査項目を絞り込むため、縦軸の定義を「今、手持ち情報が薄い」と変えた2軸プロット画面を用います。

「重要かつ不確実が高い事象と思われるので、これから深掘り調査をかけたい」というテーマを、2軸プロットで評価して選ぶ。最終的に図表6－22の右上にプロットされたテーマが調査対象に選ばれました。

2・3・3　メインテーマを探す

さてシナリオチームは追加の深掘り調査を行い、少し見通しがついてきた状態です。

プランナー／ファシリテーターは「ここはチームワークを堅固なものとするため、ていねいに進めるべきだ」と考え、シナリオ作品で取り扱うメインテーマ、すなわち重要な未来の分岐点となる事象1つまたは2つを決定しようと、もう一度、2軸プロットの技法を使うことにしました。縦軸と横軸の定義に注意を向けて下さい。

Natural agendaのときと同様に、2軸プロットの画面とそこに配置すべきカードを用意し、メンバーを先発チームと後発チームに分け、先発チームはプロットを試みました。残

図表6-23　重要な不確実性（現在〜2030年ころ）

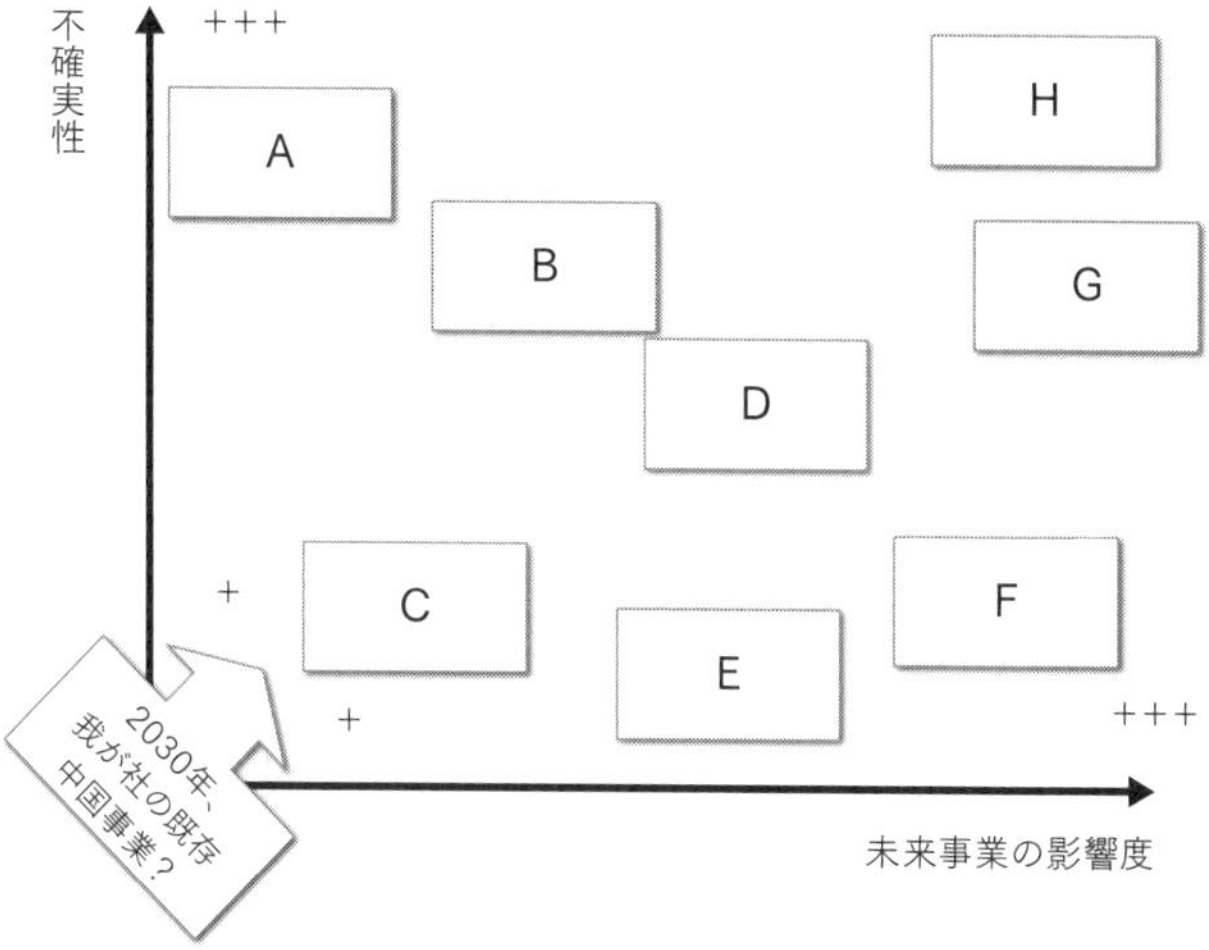

りのメンバーに対して意図を説明します。次いで後発チームが先発作業を批判的に検討し、そこからディスカッションが始まるのです。議論を通じて各カードの配置が合意されると、シナリオ作品のメインテーマ、すなわち我が社にとって避けられない重要な、見通しのきかない未来の事象、の見当がついてきます。図表6－23では「H」と「G」が選ばれています。

2軸プロットの技法を総括しておきましょう。

プランナー／ファシリテーターは、現場のディスカッションを、あらかじめ設計していた方向にもってゆくために2軸プロットを活用しています。参加メンバーの共通了解を得ようとして、この2軸プロットの画面上で作業をやって見せているのです。

なお、数学の得意な人であれば、2軸以上、何次元でも扱えるのでしょうが、経験上、2次元のこの図が扱いやすいことがわかっています。

2軸プロットで制作された図も、クラスタリングでできたカードのまとまりと同じく、シナリオの制作を進めてゆくための中間作業であり、最終のシナリオ作品には取り込まれません。

2・4 発言の記録方法

ファシリテーターは、参加者に闊達な議論を促し、平等に発言機会を得られるよう気配りしながら、同時にその場の発言記録を残していきます。

これは1人では困難な任務で、ワークショップの際プランナー側は2人でペアを組み、随時交代しながら、1人が、ディスカッションの場のマネジメントを担当し、もう1人は参加者の発言を、自分の耳に聞こえて来る言葉を、そのまま、テキストとしてPCに打ち込んでいきます。

「ＩＣレコーダーを使わないのか」「テープ起こしを外注しないのか」と、疑問を持たれる方が多いでしょう。しかし筆者は、やはり、打ち込みをお勧めします。

ラップトップ画面をにらんで懸命にタイピングしているプランナーは、機械的にその場のすべての発言を採録しているのではありません。

ディスカッションのテーマや参加者間の人間関係、経営陣の将来の希望や懸念等を理解したうえで、「この参加者のこの発言、この言い回し、このやりとりが面白い。先の工程で使えるかもしれない」と〝鼻を利かせながら〟記録する発言を選び、個々の発言を再現できるようノートを作っています。何か新しい議論の芽が、前に進める方向が、この場で見つからないか、という狙いでノートを書いています。

ですので、プランナー側のペアは、プロジェクト全体の方向感をあらかじめ共有できていて、しかも、そのときどきの場の展開の変化を、工程の流れ全体の中に意味づけていこうとしています。このノウハウは相当の訓練が必要でして、結果として新人が先輩の背中を追いかける徒弟修業のようになるのです。

3 2人体制

プランナー／ファシリテーターは、2人体制、でシナリオプロジェクトに臨みます。

期間半年におよぶ規模のプロジェクトを請け負う際、「シナリオプランニング手法の実践研修です」という理由を申し上げて、社内の若手スタッフをひとり掴まえ、パートナーになってもらうことがあります。けれども、社内に信頼できるパートナーが見つかっても、たとえば前節のような特有のノートのとり方に納得してもらえないこともあります。

なぜ発言を要約してはだめなのか？　なぜ明らかな軽口、無駄口まで記録するのか？　議事録は簡潔をもって旨とするのではないのか？

この独特のノートのとりかたには、どんなメリットがあるのでしょうか？

クライアントはプロジェクトの当事者ですから、基本的知識は十分持っており、荒唐無稽な発言はまれです。ただ、ときにジョークを口にすることがあります。プランナー／フアシリテーターは、ひそかにこのジョーク発言を狙います。

軽口のやりとりの中に、参加者の感情から発した意見が現れることがあるのです。……我が社は本当に、この公式の未来を信じるのか？　俺は、実は、心配なんだ……あるいは、トップマネジメントは、今や後ろ向きだ、梯子を外されるんじゃないかしらん……社内情勢の流動化の気配は、将来の分岐点を予感させます。胸襟を開いた社内ディスカッションを仕掛けてみれば、何かのフレームワークが産まれてくるかもしれません。また、ジョークはシナリオを書き上げる際の〝パンチライン〟として使えるかもしれません。生の言葉は、読んだ人の印象に残るものです。

そうした経験をしているからこそ、プランナーは発言者の語り口をそのまま記録し、ジョークや他の参加者のリアクションも、そのまま、再現して記録していくのです。

正確に、耳に聞こえたままにノートをとる、という心構えについては、シナリオプロジェクトを何度か完遂した経験がないと、判ってもらうのはむつかしいところです。

ファシリテーターのペアはプロジェクトの進行を先回りして読み、それを以心伝心、共有していなければなりません。互いの気合いを合わせながらファシリテーターペアは仕事に入っています。信頼関係ができていないとむつかしい仕事です。

片方が人前に立つことにホトホト疲れれば、目くばせをしてパートナーを舞台に送り出すのです。Enjoy!

［コラム5］対面ワークショップの意義

コロナ禍の数年、オンライン会議が推奨されて、企業向けワークショップにもオンラインサービスが現れました。しかし筆者はシナリオプランニングは対面ワークショップが望ましいと考えています。

人間が目の前の相手に発する言葉は、文法上の意味以外に、音や、間合いや、表情、身振り手振りに込めた感情をも備えています。

対面の場であれば、発言者それぞれの息遣いや表情に現れてくる感情面を感知できます。これは発言内容と同じくらいに重要な情報であり、発言者は表情や語気、身振り手振り、ときには即席の手書きイラストまで使って自分の思いを伝えようとし、他の参加者の「心に火をつける」こともできましょう。シナリオプロジェクトはこのような、身体感覚を伴なったディスカッションを重視します。

現状のオンラインミーティング用アプリケーションは、使い勝手にいくつかの問題があります。

オンラインのディスカッションでは、異なる端末からの音声を同時に拾えないため、一人の発言の終了を待って、順番に発言します。これはディスカッションには向かない仕様です。また発言は常に全員の前に提示されるので、局地的な議論ができません。自分より前に発言したメンバーと違う意見を言いにくいし、言うタイミングがむつかしい。結果、人の意見に乗っかった内容の発言が増える傾向があります。

複数が同時に発言でき、局地的な議論も可能で、全員の前で話すほどの確信をもっているわけでないアイデアは、隣の人に耳打ちすることもできる。このような対面ワークショップの自由度の高さは、ディスカッションが深化してゆく上で、貴重です。

シナリオプランナーは各参加者の言葉を尊重し、平等な発言機会を得られるよう、多弁なメンバーの発言を制し、沈思黙考しているメンバーの発言を促し、他者の発言と異なる意見を持ったメンバーを、その表情から見つけて拾い上げるといった配慮をします。対面ワークショップは、人類が誕生以来使い続けてきた対人コミュニケーションを信頼しています。このコミュニケーション手段は人類共通のもの。違う世代の人間同士でも同じ土俵でコミュニケーションができます。一方、オンラインワークショップではソフトウェア操作に一定の習熟度が求められます。その習得に気が向かない人たちがふるい落とされることもあって、そうすると、参加者の多様性が損なわれます。また、オンラインの場では、集中力が続かなくなった参加者が置き去りにされがちです。少なくとも大学のオンライン授業ではそうした傾向があります。

このような書き方をすると、ＩＴの技術を得意とする人たちから、「いや、オンラインでも対話は十分可能です。そういう状況は仮想空間でも作れますし、チャットでどんどん入ってくる意見を拾って、議論を深めることもできます」と反論を受けるでしょう。でも……実際のところチャットを拾う役目はワークショップの主催者が担当します。読者のお便りのなかから自分の気に入った投稿を選んで読み上げるラジオのＤＪ／ＭＣのように、自分の目に止まったチャットだけをピックアップしています。参加者の何人かは、なぜ自分の投稿が読まれなかったのか、不明のままに置かれているはずです。

ラジオのＤＪ／ＭＣは「受け持った番組を時間ちょうどで終わらせなければ」、と考えている。オンラインワークショップでも同じでしょう。たとえば少人数で議論を行うことができるＺｏｏｍのブレイクアウトルームの時間を設けていても、時間になるとタイマーで強制的に解散してしまいます。参加者もそのような進行になれているため、文句も出ず、すべて時間通りに進行していきます。クライアントを匿名のリスナーのように扱う、このような「強めの」ファシリテーションは、シナリオの仕事には適切とは思えないのです。

第7章

シナリオ作品を見る

シェルに学んだ
シナリオプランニングの奥義

SCENARIO PLANNING

図表7-1　シナリオプランニングの型式 簡単な分類

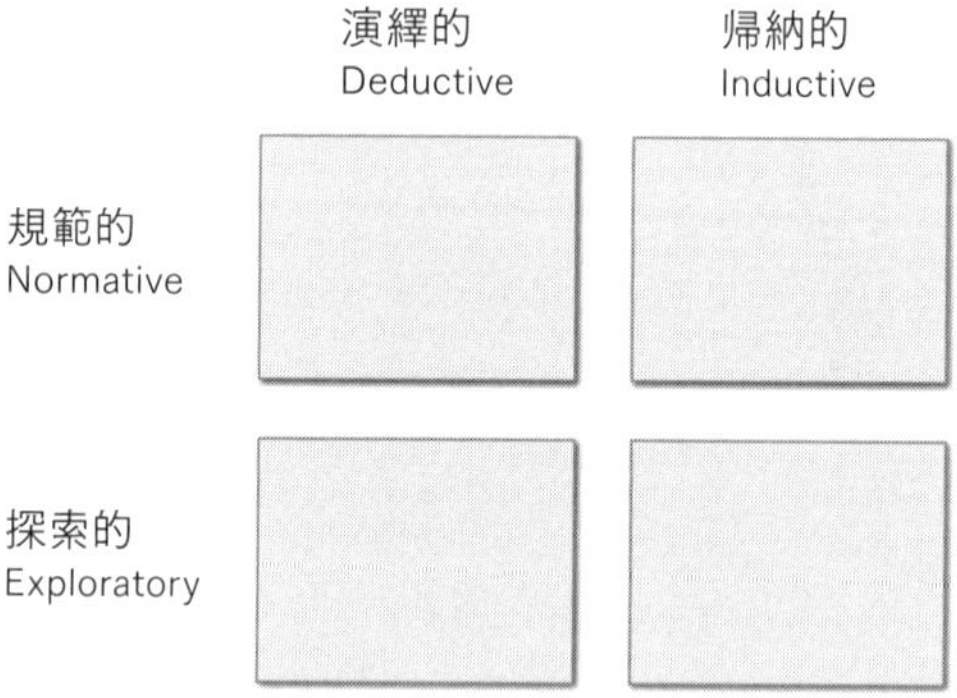

本章では3つのシナリオ作品をご紹介します。いずれもそれぞれに筆者自身が関わった作品です。いずれもエネルギー分野が舞台となっていますが扱うテーマは異なります。

第4章で説明した、シナリオプランニングの4つのアプローチの図表を再掲しました。3つのシナリオ作品がどのアプローチを採用し、その意図はどこにあったのか、図表と見比べながら各作品を読んでいただければ幸いです。

1　ケース1　ロシアビジネス参入シナリオ

今から30年近く前、1993年頃のシェルのシナリオ作品です。ここでは探索的アプローチと演繹的アプローチを組み合わせています。

1・i　時代背景　ソ連からロシアへ

1991年12月25日、ソヴィエト連邦の大統領職にあったゴルバチョフが、ソ連邦の終了を宣言し、旧ソ連邦領土の権力はロシア連邦大統領たるエリツィンと、そこから離脱・独立していく周辺国家に分散してゆく情勢となった。

新生ロシアでは市場経済の急激な導入によって経済が混乱し、ハイパーインフレに晒された。1992年のインフレ率は前年比2510%、GDPはマイナス14・5%。原油生産量はかつての1000万b／dから600万b／d程度に落ち込んだ。

エリツィン大統領のロシアは外貨を欲していた。そのためには原油と天然ガスの生産を回復させ、新規開発プロジェクトを動かし、国際マーケットに向けて輸出することだ。

旧ソ連邦は化石燃料資源大国であり、ゴルバチョフが1980年代後半から自由化路線を採用し、国内経済と旧式の産業の立て直しを図るや、西側各国は資源案件を求めて連邦政府や国営会社にアプローチを始めた。日本も例外ではなかった。

最も活発だったのはアメリカ勢である。「Oil for Friendship」の名の下に、ジョージ・ブッシュ大統領がゴルバチョフ大統領に、カスピ海北辺で巨大埋蔵量を誇るテンギス油田の開発支援を提案し、米系メジャーの参入に加勢した。その後、ロシア連邦から離脱して独立したカザフスタンのナザルバエフ大統領に対して、米国政府・企業が一体となった働きかけが続けられ、1990年6月、シェブロンの参入が決まる。91年12月、米国とカザフスタンの国交が樹立され、93年4月、ビジネスベースでのテンギス油田開発が始まった。

世界のエネルギー企業を見渡すと、BPは英国出身、トタルはフランス、エクソンモービルやシェブロンは米系メジャー。サウジアラムコ、ペトロチャイナ等も、それぞれ出自が鮮明だ。他方でシェルは、オランダ企業と英国企業のジョイントベンチャーとして

100年近く活動してきており、特定の国の政治力・軍事力をあてにしない「ヨーロッパ精神」をアイデンティティとしている。そして当時のシェルは、ロシアの石油ビジネスへの参入にあたり、社会経済シナリオを作成してロシアの長期未来とビジネスのあり方を検討することにしたのだった。

ソ連邦の崩壊には、89年ベルリンの壁の崩壊と東西ドイツの統一という前史がある。シェルのシナリオチームは92年に発表した「シェル・グローバルシナリオ　1992」で、この大変動を「Era of Revolution（革命の時代）」と呼び、「東側諸国の中央統制的な政治・経済体制は立ち行かなくなり、政治体制の自由化と経済の市場化に向かうトレンドは不可逆的である」という見解に立った。

1.2　シェル「ロシアシナリオ1993」

1.2.1　スタディ始動

シェルのシナリオチームが、ロシアへの本格参入を目指すビジネス部門と共同でロシアシナリオプロジェクトに取りかかったのは、93年。シナリオチームはかねて旧ソ連／ロシ

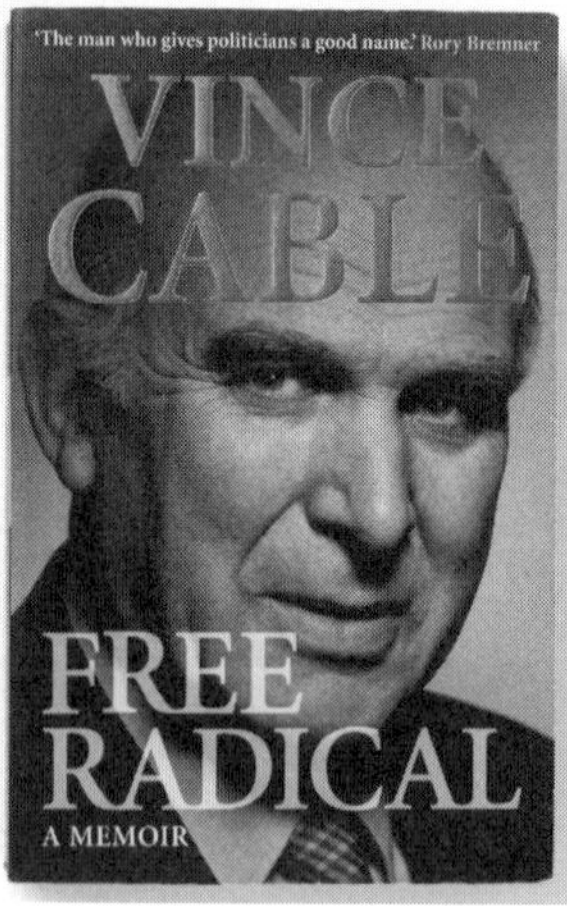

ヴィンス・ケーブル（Dr. Vince Cable）氏の著書“Free Radical: A memoir”

ア情勢の変化に注目していたため、現業部門からの協力打診は望むところだった。

　このプロジェクトはビジネス部門のロシア参入を支援するために、旧ソ連地域の長期ビジネス環境分析をシナリオ形式で行うもので、完成したシナリオ作品はもちろん外部発表はしない。

　プロジェクトの主幹はヴィンス・ケーブル（Dr. Vince Cable）。冴えたブルーの眼差しを持った、素晴らしい知性の人だった。１９９３年当時は筆者の直属の上司だったため、本プロジェクトには筆者も巻き込まれることとなった。

　ケーブルは後にシェルを離れて国会議員となり、長らくビジネス・イノベーション・教育分野の大臣を務めた。東日本大震災後、英国政府を代表して来日した。慈愛の人だった。

さて、「ロシアシナリオ1993」は、「世界規模での政治体制の自由化と経済の市場化は不可逆的であり、アメリカモデルの勝利が確定した」という「シェル・グローバルシナリオ1992」の時代精神を引き継いでいる。

1・2・2　現状認識

エリツィン大統領の権力は不安定だった。ゴルバチョフの急激な市場化政策が大失政で、ハイパーインフレが国民の貯蓄・資産を痛め、多くを貧困に追いやった。共産党勢力の反革命を武力で鎮圧する状況だった。

旧ソ連邦の周辺地域では、バルト海3国と中央アジア、カフカース地方がロシアから分離独立していった。中央アジアのカザフスタン、トルクメニスタン、それにアゼルバイジャンなどではとうに人口の多くがイスラーム化していた。

国有企業の民営化も混乱を生んだ。国有企業の資産を略奪的な手段で手に入れて、ばく大な富を築き上げた新興財閥（オリガルヒ）たちが出現、権力をふるっていた。石油・天然ガス産業も例外ではなく、外国の石油会社にとっては、誰がプロジェクトの交渉相手なのか、誰が本当に決定権を持っているのか、よくわからない情勢だった。

図表7-2　1993年に見えていた事象

【将来確実なこと】
・埋蔵量／商業化ポテンシャル：原油より天然ガス
・天然ガス輸出で、外資を稼ぎたい
・生産ガス輸送：新たなインフラ建設が必要

【将来の不確実性】
・天然ガス開発と輸出手段のオプション？
（パイプライン？　LNG？）

・西シベリアガスはパイプライン、紛争地域を経由、ヨーロッパへ
　このパイプラインに、カスピ海の新規ガス田開発を接続するか？
　　→ロシアは旧ソ連邦中央アジアやコーカサス諸国への、政治的・軍事圧力を高めるだろう……
・それとも……？

1・2・3　確かそうな見通し

シナリオチームの現状分析作業は、以下の見通しに帰結した。

エリツィンの権力は当分不安定で、政権維持は予断を許さない。モスクワの司法・行政権限は不十分で「略奪資本主義」は止めようがない。

ロシアの化石燃料資源は石油よりガスが豊富であり、商業化のポテンシャルは長期的にはガスの生産輸出が中心であろう。経済が崩壊したロシアは喫緊に外貨収入を必要としており、速やかに石油・天然ガスを増産して輸出を図りたいだろう。だが開発生産技術が旧式であり、技術と投資資金を求めて、欧米エネルギー企業の参入を認めるしかない。その

結果、欧米エネルギーメジャーの新規参入競争が起こっているのだ。

1・2・4　不確かな見通し

ここで、天然ガスの輸出手段が分からない。パイプラインで東欧や地中海経由でヨーロッパに輸出するのか、それともLNGに加工して船で積み出すのか。ここがビジネス部門にとって一番見通しがつきにくい問題だった。

シナリオチームはこの問題を、現在のロシア国内体制に内在する重大な不確実性に着目して解こうとした。

それは「ロシア連邦と地方自治体間で国有財産がどう配分されていくのか?」という問題に気付いたところから始まった。

1990年6月、ロシア共和国は、共和国内の領土・資源に関する管理・処分権を旧ソ連邦から獲得していた。同じことが、今度は、ロシア共和国内部でも起こるかもしれない。現に、地方ボスがあちこちで出現していた。モスクワ中央政府が混乱して、有力な州知事が台頭しつつあったのだ。州知事は大統領が任命するが、新興財閥と組み、地方でボス化している(96年以降は各州で州知事選挙が制度化され、地方ボスの権力が選挙を経て、更に強化された)。

さて、シェルのシナリオチームでは、「ロシア連邦と地方自治体間で今後、国有財産がどう配分されていくのか？」という課題を研究するうち、ロシア共和国の将来の国内体制について、2つの異なる未来イメージを得たのだ。

ひとつは中央統制主義。モスクワ中央政局が安定し、ロシア共和国はロシア民族中心の多民族国家になる。

もうひとつは分離主義。連邦のなかで、異なる民族がそれぞれに担ぐ地方ボスが、分権割拠している状態となる。

このあたりの分析は演繹的に進められた。シナリオプランナーがロシア国内に出向いて権力周辺の関係者にインタビューできるわけもない。プロジェクトリーダーのケーブルが、あるタイミングで「このフレームワークで進めよう。これですっきり説明できそうだ」と決めたのだ。

シナリオを書き進むための、基本的視角、すなわちシナリオの分岐点が決まった。現在苛烈な様相を見せているモスクワの政治闘争は、将来どう収束するのか、それは地方ボスの権益にどう影響を与えるのだろうか？

これが「ロシアシナリオ1993」の、社会経済シナリオのフレームワークである。

1・2・5　社会経済シナリオ

将来の中央政府（モスクワ）と地方政府との間のパワーバランスの未来像は、二つの異なる発展が、同じ程度の確率で、想定できる。

●求心力シナリオ（Centripetal force）

エリツィン大統領の権力は、次第に安定していく。ロシア民族が支配するモスクワ中央は、地方ボスに対する権力を強化していく。石油／天然ガス産業はロシア連邦にとっての重要産業であるから、連邦が国有化する。モスクワに本社を置いた国営企業が、欧米企業と交渉して技術と投資資金を導入し、資源輸出の増進を図る。つまり、輸出収益はモスクワの国営企業とロシア連邦の国庫に帰属させる。

●遠心力シナリオ（Centrifugal force）

モスクワの政治闘争は当面、収束しない。他方で中央政府は西側のハードカレンシーを喫緊に必要としていて、石油／天然ガスの生産輸出態勢を立て直す必要がある。欧米メジャーは民族主義的地方ボスたちと個別に接触し、請負契約を交渉している。モスクワは、地方のあちこちで再構築されていく、今や民営化した石油／天然ガス企業が、欧米企業と提携していく成り行きを追認するだろう。

1・2・6　事業戦略シナリオへの展開

社会経済シナリオを踏まえて、天然ガス開発新規参入を目指すビジネスシナリオが検討された。

「求心力シナリオ」が出現する場合は、既存油ガス田（Heartlands）の改修・増産プロジェクトが有力となる。生産されたガスをロシア国内の既存パイプライン網につなぎ、西ヨーロッパに輸出する。参入交渉の相手方はモスクワ中央政府となる。

このシナリオでは他の欧米メジャーとの激しい競合が予想される。それに備えてモスクワに大規模な現地法人を設立してはどうか。技術専門家に加えて法律家や会計士、現地雇用のクラークや通訳、大人数のガードマンを含む大規模な組織が必要になる。シナリオチームは、このシナリオをノルマンディ上陸作戦にちなんで「D-Day」と命名した。

一方、「遠心力シナリオ」が成立する場合は、どう対応すればいいか。

新規参入の交渉相手は地方の民族政権になるだろう。探鉱開発利権について、地方ボスとひそかに交渉を始めることになるかもしれない。その場合、埋蔵量が大きく、モスクワから地理的・政治的に離れたロシア連邦周辺部（Peripheries）が交渉のターゲットとなる。次の問題は、それがどこになるかである。中央アジアのイスラーム政権か、それとも東シベリアか、それとも……。

1・3　シェルのロシアビジネスの展開

シェルのビジネス部門は「求心力シナリオ」に基づく「D-Day」戦略の可能性をも追いかけていた。モスクワ中央政府との交渉では、国を開いたばかりのロシアの権力や意思決定の仕組みがめまぐるしく変わっており、ロシアの内部事情に通じるコンサルタントを高額で雇ったりもした。またこの「求心力シナリオ」は、他のエネルギーメジャーズが共通してロシアビジネスの前提としていたイメージであり、外国勢同士の競争は苛烈であった。

それまでロシア共和国の石油の過半を生産していた西シベリアの設備は、ソ連崩壊で打撃を受けていた。旧ソ連では1987年に外資の参入を可能とした合弁企業法が成立したため、多くの企業がソ連に関心を向け、中でも石油・ガス案件の数では西シベリアがもっとも多かった。

利権交渉は「発射台」、つまり最初にどれだけ有利な契約条件を獲得できるかが勝負となる。シェルは各社の競争が過熱しているプロジェクトを、ひそかに、避けようとした。

一方「遠心力シナリオ」に基づく地方ボスとのひそやかな交渉戦略「Tip-toe（しのび足）」は、隠密オペレーションだった。ロシア連邦共和国の政治の中心から遠い極東サハリン州の資源開発は、中央政府の政治干渉や政治的な混乱の影響が一番小さく、カントリーリスクも小さいと判断された。極東、沿海地方知事のエフゲニー・ナズドラチェンコ氏と、シェルのチームとの交渉がつづけられた。

シェルは自らが得意とするＬＮＧオプションを最初から狙った。そのためにロシア国内に石油・ガスパイプラインを建設するアイデアは棚上げして、天然ガスを液化して船で輸送するＬＮＧプロジェクトに乗ってくれるビジネスパートナーを求め、それは日本の総合商社勢に落ち着いた。

当時は日本政府もロシアの石油・ガス権益の新規獲得を狙っていた。

筆者は当時の石油公団の要請で、同公団がロシア資源スタディの参考とするため、ロシアシナリオワークショップのデザインとファシリテーションを数カ月間請け負ったことがある。このプロジェクトは西シベリアのガス資源を対象としていた。90年代の初め、当時の通商産業省の幹部を団長とする調査団が西シベリアに入ったと記憶している。

ともあれ日本勢をパートナーとして、サハリンのガス田をＬＮＧ化を前提に開発する。このようなシェルの戦略はうまくいった。94年4月、Sakhalin Energy Investment 社が設立されて、同年6月22日、生産分与契約の調印にこぎ着けた。原油の初荷は99年9月。ＬＮＧの初荷は２００９年3月。

これが「サハリン２」の起源である。

１９９３年のシェルのロシアシナリオスタディから、ＬＮＧの初荷が実現した２００９年まで、16年間が経過している。この間、ロシアの国内情勢は大きく変化した。１９９９年8月、エリツィン大統領は、連邦保安庁長官のウラジーミル・プーチンを首相に指名、自身は同年12月31日大晦日のテレビ演説で、いろいろとうまくいかなかったことを国民に謝罪し、大統領を辞任、後継にプーチンを指名した。

プーチンはやがてサハリンの地方利権をモスクワに回収し、サハリン2に国営企業ガスプロムの参加を認めさせた。サハリン2が生産分与契約に基づくコスト回収を終えたのは２０１２年3月のことで、事業費２４５億ドルが償還された。

2009年2月18日、LNG加工施設の稼働式典。
左からオランダ・フーフェン経済相、ロシア・メドベージェフ大統領、イギリス・アンドリュー王子、日本・麻生首相
（写真提供）共同通信社

1・4　振り返り

92年から93年にかけて、シェルの内部ではロシア参入を目指して、あまたの石油・天然ガス開発プロジェクトすべての可能性を検討していた。プロジェクト候補の地理的広がりは、ウラル山脈以東の西シベリア、中央アジア、東シベリア、極東サハリンにまたがっていた。やがて選択が全社的な課題となり、ロシアに関する長期的なビジネス環境についての深い読みが必要になった。シナリオチームは、ここで起用されたのだ。

「ロシアシナリオ１９９３」に基づく「Peripheries, Tip-toe, LNG」戦略には、寿命があった。エリツィン大統領から剛腕のプーチン大統領に権力が移り、以降、ロシアの「遠心力シナリオ」の世界は、「求心力シナリオ」の世界に変わったのだった。

最後に、当時シェル内部の人間であった筆者がなぜ、シェルグループの実際のビジネスの現場で使われ、対外的に秘密とされたシナリオプランニングについて公に語っているのか、について付記しておきます。それはこのプロジェクトの責任者であったケーブルが自伝にこのエピソードを紹介しており（Cable, Vince. Free Radical, Atlantic Books, 2009）、加えてロシア参入戦略のビジネス部門の責任者だったトニー・ビカス＝マイルズ（Tony Vicars-Miles）も公の場で参入の経緯について発言しているから。筆者も、もはや守秘義務を維持する理由がなくなったと判断して、シナリオプランニングの物語を書いたのです。

2 ケース2 電力ビジネス参入シナリオ

日本のA社で2014年に行われたシナリオプランニングの事例。このお話は既にA社のトップマネジメントが公開の席で発表されています。

半年を費やしたプロジェクトで、内容は少し変えていますがプロジェクトのプロセス、およびシナリオ作品のロジックと結論は変えていません。ここでは探索的アプローチと帰納的アプローチを組み合わせています。

2・1 電力ビジネス規制緩和

2011年3月の東日本大震災と原子力発電所の運転停止の後、政府は日本の電力システムの改革を決定し、14年、電力ビジネスに関わる規制緩和の内容とスケジュールが確定した。

15年から20年にかけて、電力小売りビジネスへの参入自由化が漸進的に進行していった。16年から新規参入者や既存電力会社が新しい料金プラン、サービス内容を順次発表しはじめ、需要家側は各事業者の提供するプラン／サービスを比較して電気の売り手を切り替えることが可能になった。

電力ビジネスは大きく発電ビジネス、送配電ビジネス、小売りビジネスの3部門に分けられる。発電ビジネスについてはすでにほぼ自由化されており、企業は発電所の建設運営を行って発電事業者になることができた。ただし、発電した電気の販売には様々な制約があったし、需要家に電気を届けるためには既存電力会社の送配電網を使用しなければならなかった。

電力システム改革では既存電力会社の送配電部門を独立させ、誰でも公正・平等に送配電網を利用できるものとした。そして小売りビジネスを自由化することで、既存電力会社と新規参入者が、発電と小売りのビジネスで競争できる制度環境が整うのだった。

図表7-3　経営陣の野心

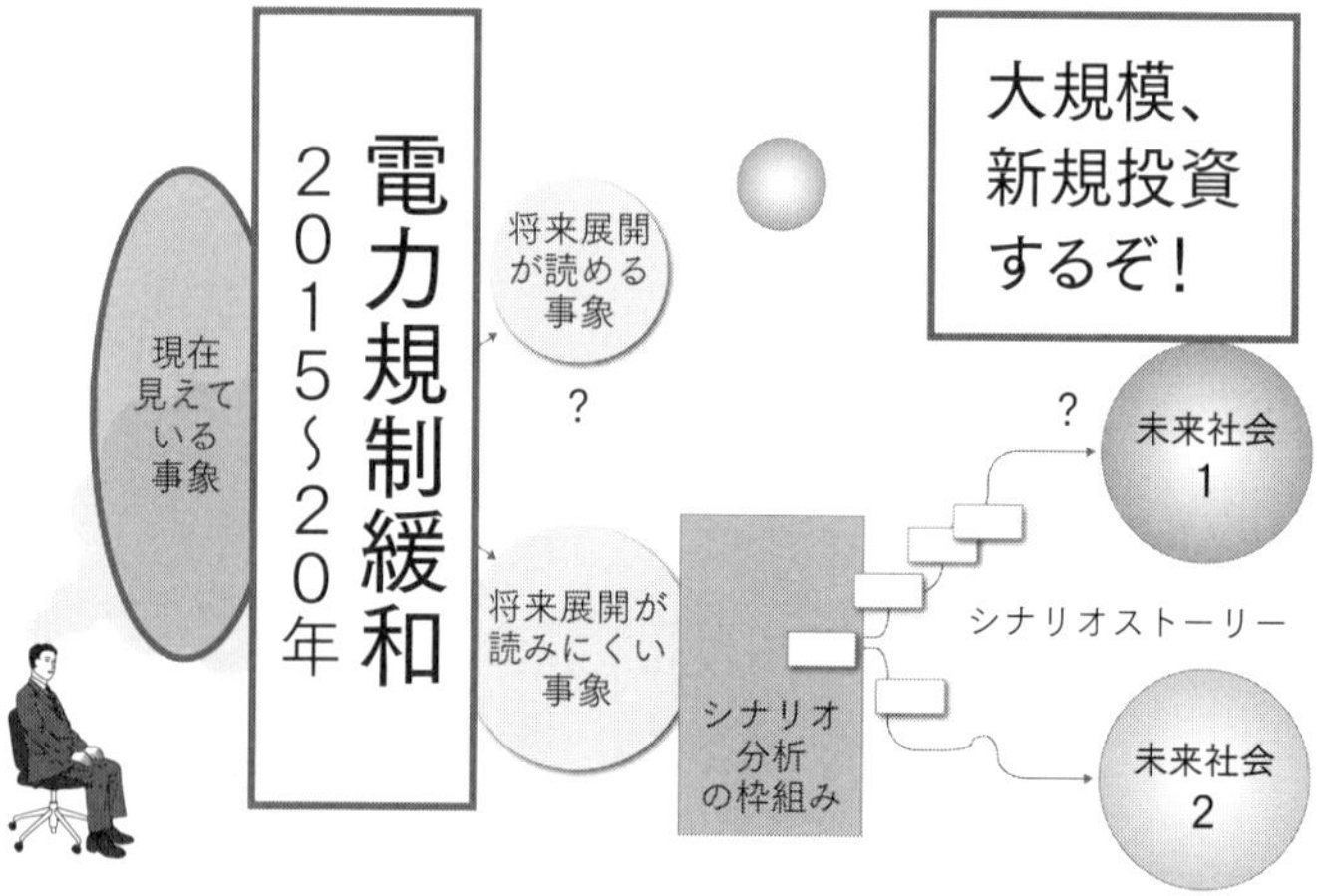

2・2　シナリオプロジェクト発動

A社は以前から発電事業者としていくつかの発電所を運転していたので、電力ビジネスには知見があった。

電力規制緩和の内容とスケジュールに具体的な見通しが立ってきた時点で、A社経営陣には、大規模投資を行って、このビジネスをさらに伸ばしたいという思いがあった。ついては電力ビジネスの長期未来の機会とリスクを認識したうえで、経営判断をしたい。そのために社内シナリオチームが組織されて、集中的な検討を命じられた。

このプロジェクトは、会社内に戦略目標が明確に存在している、規範的アプローチが使える典型的なケースだった。クライアントは経営陣であり、プロジェクトのテーマは「新規大規模投資を行って、電力事業を拡大させたい。どの分野に、どう投資すべきか？」である。

シナリオプランニングに期待される役割は、２０１４年現在から10ないし15年くらい先までの電力ビジネスの将来像を、複数の可能性を提示しながら経営会議レベルの場で説明することだった。

シナリオチームの最初の仕事は強度を上げた質の高い調査を行うことであり、これには外部専門家との意見交換を含めて数カ月を要した。次にシナリオプランニングの型式に沿って、プロジェクトテーマに関係しそうな未来事象を抽出してゆく。そして長期的に確実性が高い事象と、不確実な事象を分けていく。

検討作業の経過は省略する。以下の結論を得た。

2・2・1　この先10－15年、確からしい事象

- 政府は安定的な電力供給を目指す
- 原発を強力に推進することは困難だろう
- 市民社会には、エネルギー問題／電力問題の知見が増えている

●電気事業のアンバンドリングは不可避で、発電・送電・配電、各セグメントで競争が起きる
●新エネ・再生エネに対する市民社会／政府の支持
●電力系統の基盤は弱い。大きな投資が必要
●電力供給システムの運営には、発送配電の緊密なコーディネーションが不可欠

2・2・2　不確かな事象

●政府の側の市場メカニズムに対する信任、不信任
●政府の考える電源構成のあるべき姿
●電力系統への投資は進むのか

2・3　シナリオのフレームワーク

経営陣ディスカッションの場で最終的に使われたフレームワークは、図表7－4のとおり。経営判断に直接用いることを想定して、論点を単純化し、陰影を鮮明にしている。

このフレームワークは時系列に沿って、漸進的、帰納的にデザインされている。

電力システム改革を経て2025年ころに至るまで、ビジネス環境に2つの不確実性が

図表7-4　日本の電気事業の未来像

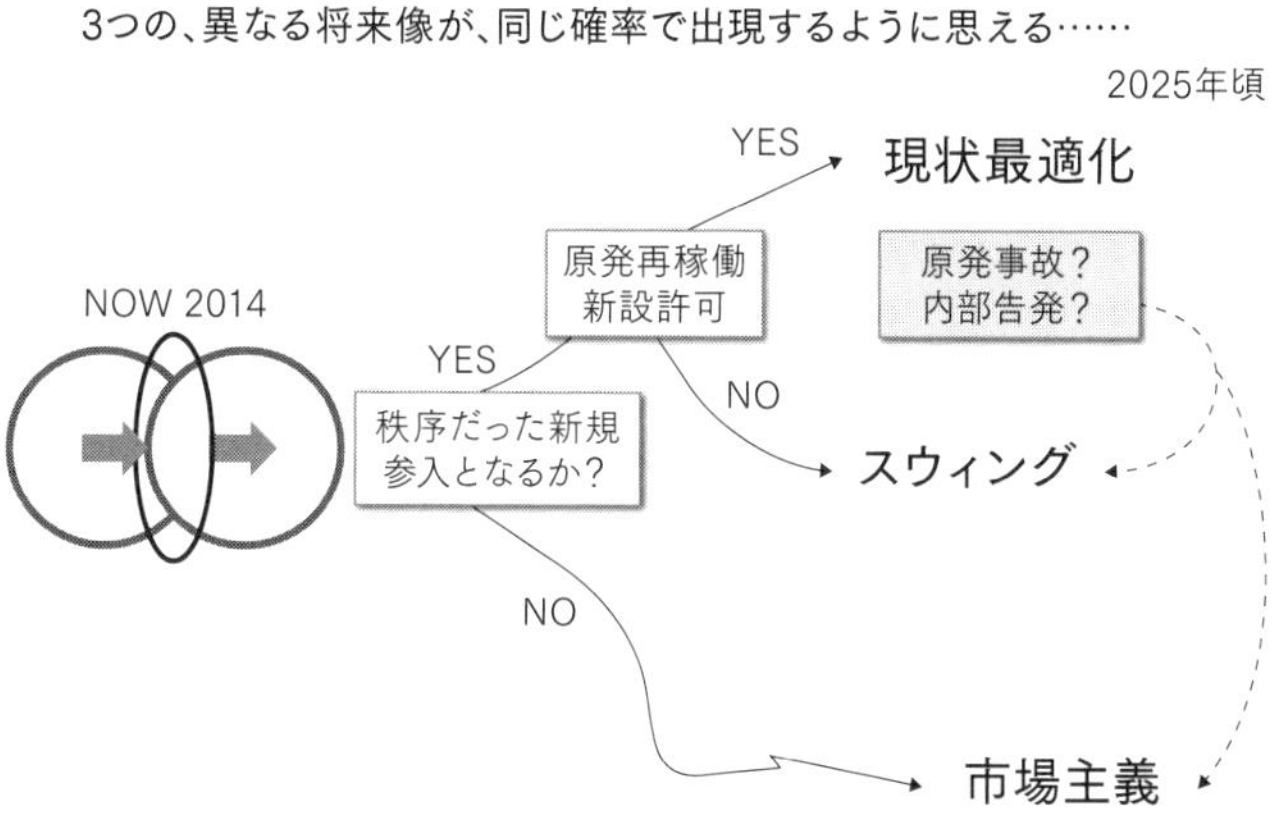

3つの、異なる将来像が、同じ確率で出現するように思える……

現れる。

第1の不確実性は、今後電力ビジネスへの新規参入ブームが訪れるだろうが、その参入は秩序だっているだろうか、それとも無秩序な乱戦になるのか、という点。

第2の不確実性は、現状で全面停止している（当時）原発が再稼働し、年齢の高いプラントが更新されてゆくのか、それとも再稼働のペースは上がらないのか、という点。

秩序だった新規参入が見られ、原発再稼働も順調であれば、「現状最適化シナリオ」が現れる。参入が無秩序・乱戦になり、再稼働が順調であれば、「スウィングシナリオ」になる。参入が無秩序で、再稼働が思わしくないと「市場主義シナリオ」が現れる。ただし、「現状最適化シナリオ」が現れていても、運転中の原発が事故を起こしたりすれば「スウィング」や「市場主義」へと軌道が変わるだろう。

3つのシナリオストーリーは、未来のビジネス環境の特徴をよく捉え、かつクライアントが使いやすいよう4側面に整理して語られた。すなわち「政策動向」「系統運用」「電源構成」「電力ビジネスの将来像」である。

2・4 「現状最適化シナリオ」

このシナリオでは、行政府の主導によりエネルギー市場の秩序が保たれる。新規参入者には事前資格審査の申請を課す、製造業に対して新規参入企業から買電するよう要請する、といった行政の介入が起こる。シナリオの全体イメージは2010－15年のドイツの電力事業の状況を参考にした。

●政策動向

政府は、高効率の石炭ガス化発電と天然ガス発電の建設を推進する。政府の行政指導により、電気事業の投資と操業は全国レベルでの全体最適化が目指される。

●系統運用

新規事業者への系統利用制限はない。送配電部門は別会社化して独立している。現状日本の電力系統インフラはＥＵや米国に比べて非常に弱いため、電力系統インフラへの投資に公的資金が投入される。ＬＮＧターミナルの利用権が新規事業者に解放される。

●電源構成

２０２５年時点で、原発は37基稼働中。政府の新エネ再生エネへの補助金が継続している。

●電力ビジネスの将来像

電力／都市ガスの利用者は、購入先をたやすく変更することができる。

発電設備能力は原発再稼働によりベースロード電源が厚いために、過剰で低稼働であり、発電ビジネスは低収益性に苦しむ。既存電力企業／都市ガス企業間で、電力販売の本格競争が起こる。既存電力企業は低収益化してゆき、多角化や海外事業進出を目指す。

このシナリオでは新規参入者も低収益に苦しむ。ＩＣＴ出身の参入者は、電力の調達や売値が不安定で、需要家から歓迎されないだろう。

2・5　「スウィングシナリオ」

このシナリオでは新規参入大ブームの後、淘汰が起きる。シナリオの全体イメージは2000年代の英国電力事業の歴史を参考にした。当時の英国では、EU出身の新規参入者たちが自由化以降の英国政府の介入の幅広さに驚愕することになった。

●政策動向

政府内部ではエネルギー安定供給と市場メカニズムに関わる見解が割れている。この状態は長く続くだろう。政府は結局、新規参入を無制限に認可してしまう。ただし、細かいところでの規制や行政府の介入が残り、新規参入者はとまどう。

●系統運用

新規事業者への系統利用制限はない。送配電部門は別会社化して独立している。LNGターミナルの利用権も解放されている。ただし、電力系統インフラ投資は政府支援が不十分で進まず。電力需要の漸増に追いつかない。

●電源構成

原発は21基稼働中。政府の新エネ再生エネ補助金政策は、時に一貫性を欠くようになる。

●電力ビジネスの将来像

参入規制の緩和が激しい競争を引き起こしている。電気・都市ガス需要家は契約先をしばしば変更し、その結果、電力小売のマージンは低調である。既存プレーヤーは競争に生き残るが、新規参入者は系統接続コストの高止まりに苦しみ、身売り、統合、撤退が起こる。淘汰のあとに寡占化が進む。

2・6 「市場主義シナリオ」

当時の米国テキサス州を観察して得られたシナリオである。ここでは政府も産業界も消費者も市場メカニズムを信任している。

●政策動向

政府はＩＣＴ業界のロビイング攻勢に晒される。政府は市場メカニズムを信任することにし、規制緩和が貫徹する。

非常に優秀な、強い規制権限を備えた電力市場監視機関が活動している。プレーヤーの行動は規制当局によって常時監視されている。

国内電力マーケットにデリバティブ取引が導入され、取引が盛んになる。

●系統運用

送配電部門は独立会社化している。電力供給システムは一体的なコーディネーションを失ってしまい、結果、日本国内で大規模停電が起こる。ここでＩＣＴ産業が系統インフラの投資に乗り出し、電力系統は次第に強化されてゆくだろう。

●電源構成

原発は再稼働しない。ＩＣＴ企業は新エネ・再生エネ由来の電気を消費者に売り込む。既存プレーヤーの保有しているガス火力、石炭火力はピークロード電源となる。

●電力ビジネスの将来像

ＩＣＴ企業が小売ビジネスを席巻、既存電力会社に提携を提案してくる。

発電と小売ビジネスにおける競争が厳しい。消費者は小売り電力がネットで買えるため、めまぐるしく契約先を変えている。消費者は多様なサービスと電気料金とを〝一緒に〟購入している。ＩＣＴ企業はプライシング・イノベーションに集中。これにはほとんど追加コストがかからない。

このシナリオでは電気ビジネスの将来見通しは不透明となり、新規発電設備への投資判断が困難になる。

2・7　社内ディスカッション

シナリオチームは、社内の電力事業部門のポジションを正確につかむこと、そして経営層の中に存在している異なる意見を掘り起こすことに注力した。作りかけのフレームワークとストーリーを抱えて、社内の関係部署に持ち込み、様々なレベルでのディスカッションを重ねた。この下準備が、社内の意思決定への根回しになってゆく。

同時に社外の専門家の批判を受けながら、シナリオの内容の修正を繰り返した。

プロジェクトを始めておよそ5カ月後、経営陣を一同に集めたディスカッションが行われた。その際、図表7－5のシナリオ総括表が使われた。おおよそ半日のワークショップであった。最初の1時間でシナリオ作品を説明、質疑応答までを行う。コーヒータイムを挟んだ残りの時間で、戦略オプションをいくつかに絞り、3つのビジネス環境シナリオを

図表7-5　シナリオ・ストーリーの比較

	現状最適化	スウィング	市場主義
政府規制	**強い**	**規制緩和の方向不安定**	**過度な自由化**
原発	政府は、再稼働・建て替えの推進姿勢を変えない	再稼働推進	原発ゼロを目指す
電力先物市場	弱い 流動性が過小	強い 流動性あり	強い デリバティブも盛ん
発電量調整	ベースロード電力が厚い原発、石炭火力が、REをバックアップ	発電事業者各自の、電源発電コスト判断に従う	市場が決める
小売料金プラン	標準化	淘汰を通じて標準化	色とりどり（損する家庭も出てくる）
発電設備容量	過剰	不足気味	不足気味
既存プレーヤー	リストラ、海外進出 上流プロジェクトも	淘汰の数年を生き延びる	ICT出身の参入者に脅かされ、ICTプレーヤーに提携を申し込む
新規参入者	事前資格審査制による参入規制	参入ブームの後、淘汰	ICTプレーヤーが、電力のビジネスゲームを変えてしまう
小売ビジネスの覇者	既存プレーヤー	既存プレーヤー	ICTプレーヤー

参照しながら、各戦略オプションのチャンスとリスクを評価してゆく。

2・8　検討結果

経営陣は経営戦略策定のベースとして、「スウィングシナリオ」を選択した。2014年当時のエネルギーの論壇で声が高かったのは「市場主義シナリオ」だったが、これは退けられた。

スウィングシナリオのアイデアのもととなった英国の電力業界を観察して、過当競争とその後の淘汰の時期を通じて発電ビジネスの利益が大きかったことに注目した。スウィングシナリオの世界では、行政府のエネルギー政策が安定供給と市場主義の間で揺れてしまい、腰が定まらない。これが最大の不確実要素であり、この不確実性にさらされてICT系の新規参入者は淘汰されるだろう。また現行の再生エネ補助金の政策も、長くは当てにできないだろう。

以上を踏まえ、次のような事業戦略が選定された。

自前で木質バイオマス発電所を新規に建設する。政府補助金の使える最大設備規模で設計し、できることなら自己資金で投資する。当社は「大型の木質バイオマス発電所の運転開始、国内一番乗り」を達成する。投資決定手続きを可能な限り前倒しし、行政府の補助金誘導を早期に受け入れ、早期に利益を取りに行く。カスタマーに支持される再生エネ起源の新電源を持てるので、優位。このオプションは、「現状最適化シナリオ」と「市場主義シナリオ」に対してもリスクが小さい。発電する電力をどう売ってゆくのか、については後で考える。

戦略的合意は大略このような内容で、電力事業部門の期待に応える結論となった。A社は、この戦略目標を達成することができた。

3 ケース3　脱炭素に向かう社会シナリオ

この項は、出光興産株式会社経営企画部　熊谷峻氏が執筆された。

本シナリオは社内研修事業の中で研修生28名により作成されたもの。本書に掲載するにあたって再編集している。

このシナリオ作品は、探索的アプローチと帰納的アプローチを組み合わせて作られている。シナリオのフレームワークは「メカニズム」を採用している。

1　着眼点

2015年にパリ協定が採択されて以来、気候変動対策としての脱炭素化は、現代社会における一大関心事である。特に、2020年後半から、世界各国の政府や多くの企業が温室効果ガス排出ゼロを目指す、いわゆるネットゼロ目標を掲げており、脱炭素に向かう世の中の潮流はその勢いを増しているように見える。

脱炭素社会を実現するためには、現在のエネルギーシステムを新しいものに転換しなくてはならない。再生可能エネルギー、バイオマス、水素、CCS（Carbon Capture and Storage、CO_2回収・貯留）などなど、必然的に脱炭素の議論はエネルギー供給サイドの話が多くなる。

様々な脱炭素手法の検討がなされているが、脱炭素社会を一発で実現できるような〝夢のソリューション〟は存在しないとされており、様々な打ち手を組み合わせた〝総力戦〟が求められる。

総力戦となれば、エネルギー需要サイドも、何らかの貢献が期待されることになろう。例えば、化石燃料で動く自動車や飛行機の利用を減らしたり、あるいは家庭で使用する電気の量を節約したり、といった対策が考えられる。

しかし、それだけではない。エネルギーは私たちの暮らしと密接に結びついている。食の分野では、餌の生産や牛のげっぷに含まれるメタンガスなどの影響から、牛肉の生育過程で発生する温室効果ガスは、豚肉よりも3・8倍多いことが報告されている。また、私たちが身につけている衣服は、特に染色の工程で温室効果ガスの排出が多く、世界の温室効果ガス排出量の8%を占めていると言われており、毎年流行が変わることや、大量生産・大量消費型のファストファッションの事業モデルが、こういった排出量に寄与していることが考えられる。

このような背景を踏まえ、本シナリオ検討では、次の問いをフォーカルクエスチョンとして設定し、エネルギー供給側ではなく、エネルギー需要側、すなわち暮らしの視点から脱炭素に向かう世界の将来を洞察することを目指した。

フォーカルクエスチョン：

「足元では脱炭素化の潮流が加速しているように見えるが、長期的な将来に向け、人々の暮らしはどのように変化し得るか？」

2　現状分析

まず初めに、シナリオ作成の土台となる現状分析を行った。

図表7－6は、現状分析結果の概要を取りまとめたものである。

2・1　政府と企業

政府（G）は、企業（SおよびM）に対して、グリーン成長戦略などのロードマップを明示することで、脱炭素に向けた商品・サービスを展開していくように圧力をかけている。また、企業には、機関投資家や環境NGOなど、様々なステークホルダーからも同様に脱炭素に向けた取り組みを加速するよう、圧力がかかっている。

次に、企業同士の関係性に着目してみると、各種製品の販売を担うマーケター（M）は、その仕入れ元であるサプライヤー（S）に対して、サプライチェーン全体での低炭素化を進めるべく圧力をかけている。

このような外的な動機に加え、企業には、脱炭素に取り組むことが自社のブランド力のアップにつながる、という内発的な動機も同時に存在している。

以上のような外的および内的な動機に基づいて、企業は様々な脱炭素・サステナビリティ商材（例：代替肉、リサイクル素材を使ったスニーカーなど）を製品化し、これを消費者に対してアピールしている、という現状がある。

図表7-6　現状分析結果の概要

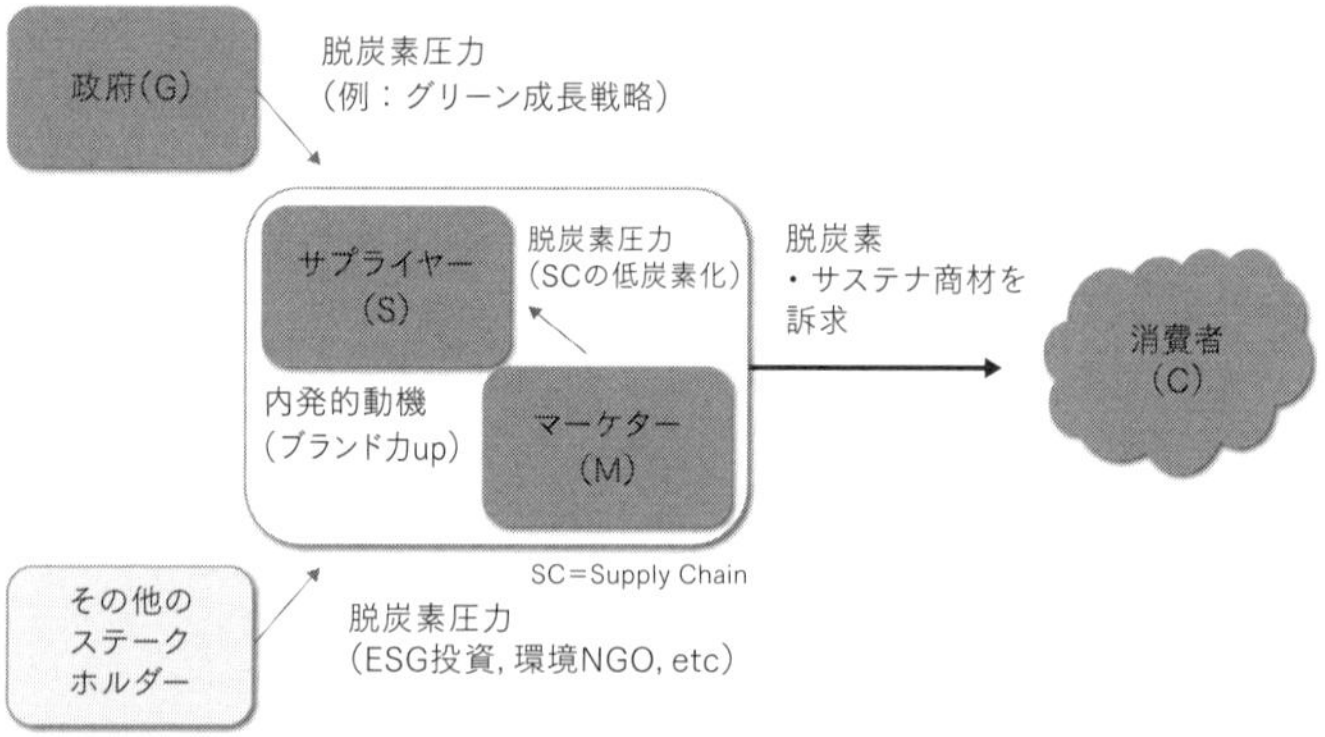

2・2　消費者

では、消費者（C）の購買行動は、どうなっているか？

商品の脱炭素・サステナビリティ特性に魅力を感じて、その製品を購入する、という消費者、いわば脱炭素／サステナが好きな（熱心な）人も、いないわけではない。

しかし、実際のところ、消費者の購買行動基準は極めて多様である。消費者の購買基準は、コスト、利便性、デザイン、冒険心、なんとなく、などなど、非常に多岐にわたっており、同じ人物であっても日によって違う行動をとることもある。経済学でいうところの、経済人（ホモ・エコノミクス）として常に振

図表7-7　現状分析結果の概要（図表7-6に追記）

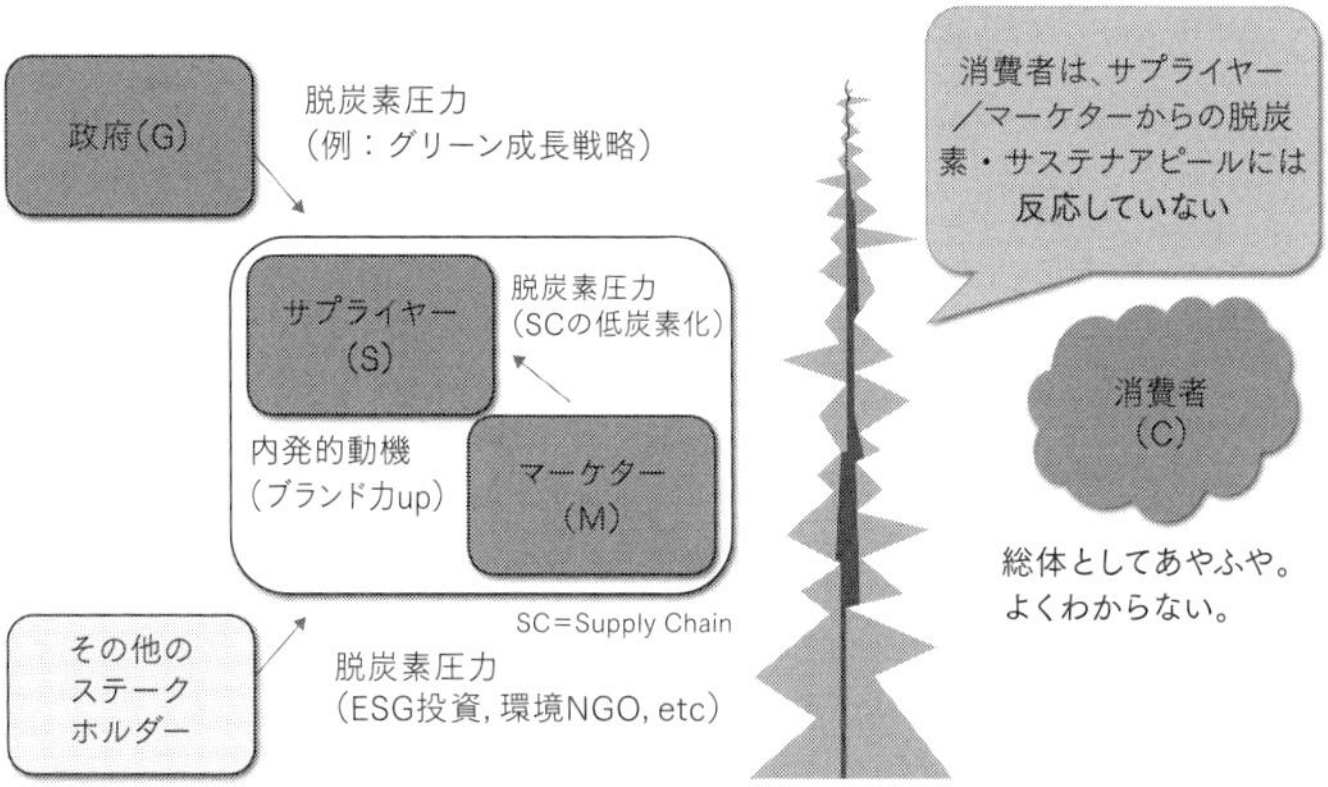

る舞うわけではない。消費者は国や企業の論理とは別の世界＝「生活者としての現実世界」を生きており、総体として、その購買行動は極めてあやふやで、単一のモデルで表すことは到底できない。

すなわち、消費者は、企業からの脱炭素・サステナアピールには必ずしも反応しておらず、企業と消費者の間には溝が存在している、という現状が明らかになった（図表7－7）。

ここまでの分析結果を踏まえ、フォーカルクエスチョンの解像度を上げることにした。

フォーカルクエスチョン（更新版）：

「日本の消費者は、これからの20年の間に、脱炭素／サステナビリティ思想を、購買・消費行動に取りいれるだろうか?」

3 シナリオ

このフォーカルクエスチョンに対して、いくつかのシナリオを作成し、未来の可能性を探索した。

3・1 「G」シナリオ

政府による行動経済学的アプローチが未来を動かす

①「うまくいく」シナリオ

このシナリオでは、2020年代前半に、様々な消費財について、そのライフサイクルでの炭素排出量(=カーボンフットプリント)の見える化の仕組みが導入される。こうした取り組みにより、PETボトル飲料を購入するよりもマイボトルを利用する人や、量り売りを利用することで過剰包装を回避する人が、少しずつ現れ始める。

「見える化」のような仕組みは、消費者に、何も強制していない。消費者にはカーボンフットプリントの「高い」商品を買う自由が、依然として残されている。このような、人々の選択の自由を完全に保ちつつ行動に影響を与えるための民間や公共機関による介入を「ナッジ」という。キャス・サンスティーンによれば、ナッジが効果を発揮する条件として、Fun（楽しい）、Easy（簡単）、Attractive（魅力的）、Social（社会的）、Timely（時節を得ている）という5つの要素の頭文字を取って、「FEAST」が重要であるとされている。

2030年頃になると、消費に起因する温室効果ガス排出への関心をさらに高めるため、「個人間の炭素クレジット取引」の仕組みが導入されていく。こうした仕組みの導入に加え、脱炭素教育が必修化されるなど、脱炭素理解の基礎的な地盤が固まっていくことで、脱炭素商材の人気が次第に高まり、同時に、より強い制度の導入を許容する土壌が徐々に形成されていく。

2030年代後半には、内燃機関を持つ自動車に、おどろおどろしい「CO_2マーク」が付されるようになったり、脱炭素商材をゴールデンラインに陳列されたりすることが、販売店に要請されるようになっていく。

こうしてだんだんと強力な仕組みが導入されることで、徐々に脱炭素商材を選ぶ人が増え始め、いわゆるアーリーアダプターの数が一定のレベルまで達すると、そこから一気に社会全体へと、このような購買基準が波及していく。

2040年。海外でタバコのパッケージに真っ黒な肺の写真が付されているように、高環境負荷商品には気候変動被害を示す写真が付されるようになっていき、消費者の多くが脱炭素・サステナブル思考を購買行動に取り入れた状態が定着する。

②「うまくいかない」シナリオ

このシナリオでは、購買行動における脱炭素思想が社会全体に波及する前に、アーリーアダプターの中で、脱炭素を推進する政府の「裏の思惑」を疑う人が現れ始める。例えば、「政府と企業は一体となって脱炭素を進めようとしているが、その推進機関は政府役人の天下り先を意図して設置されたのではないか？」といった具合です。

こういった懐疑派の人々は、だんだんと様々な製品に付されたカーボンフットプリントの計算方法についても疑問視するようになり、「既得権を持った企業に有利なルールになっているのではないか」など、様々な指摘が飛び交うようになっていく。

疑いの目は徐々に気候変動の科学そのものに向かい、脱炭素と異常気象の関係性に関する科学的論拠の頑健性さえも俎上に上げられるようになる。

こうした一連の懐疑派の主張により、脱炭素推進策の社会全体における共感レベルが下がり、消費者は混乱し、戸惑う。こうなると、ナッジの成功要因の一つであった「Social」は反転し、むしろグリーン認証の付されていない製品を、愉快に、好んで購買する層も出始める。消費者はいつも「良い子的選択」をするとは限らない。日本社会においては、海外で見られるような大規模なデモ行動に発展する可能性は考えにくいが、自身の消費行動において、政府のナッジに意思を持って抗する自由主義が、日本式リバタリアニズムとして現れてくる。

こうして、脱炭素思想は購買行動に広く取り入れられないまま、20年が経過してしまう。

3・2　「S／M」シナリオ

企業による共感を呼ぶマーケティングが未来を動かす

①「うまくいく」シナリオ

このシナリオは、自社の脱炭素・サステナ商材をPRしたい企業が、メディア企業とタッグを組むところから始まる。

こうした企業連合は、メディアマーケティングを使って自社の脱炭素商材をPRしようと、脱炭素商材が登場する番組が制作・放送されるようになる。

番組の内容としては、例えば、出演者がサステナ衣料や代替肉を愛用するという生活リアリティ番組で、視聴者参加型（SNS投稿に応じて内容が変化など）、感動的なストーリー（アレルギー持ちで肉が食べられなかったが、代替肉で初めて肉を食べたなど）、といった特徴を持つ。

フィリップ・コトラーのマーケティング理論によれば、受け手が共感し、反応する内容は、次の3つの類型に分類することが出来るとされる。

① 見たこともない、新しいモノ・コト

② モノ・コトに関するコンセプト、感動的なストーリー
③ 顧客参加型（作った人がみえる・身近に感じる）

このシナリオでは、上述の類型に合致する特徴を備えた番組が消費者の関心をとらえ、番組自体が第二弾、第三弾と続いていき、これに同期して番組に登場する脱炭素商材への消費者の関心も高まっていく。

企業側はこれを好機と捉えて、脱炭素商材の生産・販売を拡大し、脱炭素商材はどんどん身近な店舗で買えるようになっていく。

こうなると、プロダクト・プレイスメント効果によって、販売がさらに拡大していく。生活リアリティ番組の中に自社の脱炭素商材を登場させているので、広告としてスキップされることがなくなるのだ。

脱炭素関連市場は拡大し、そのような商材を選択することは消費者にとっても珍しいことではなくなった。

②「うまくいかない」シナリオ

このシナリオでは、メディアマーケティングのコンテンツに関する、些細な「やらせ」が発覚することから、ほころびが始まる。

具体的には、番組出演者が番組外では大量消費型（非・脱炭素型）の消費選好を持っていることがバレたり、スポンサー企業から出演者への個別金銭授受（ステマ化）が露呈する、といった具合である。

こういった火種は、ネット上ですぐに拡散する。

瞬く間に番組や出演者のSNSが炎上し、ファンは離れ、番組プロデューサーが謝罪し、番組が終了する、という展開に転落していく。

しかし、これだけでは終わらない。

このようなバッシングの流れは、番組制作に関与していたスポンサー企業にも飛び火していく。

消費者の矛先は、終了した番組を超えて、スポンサー企業の過去の言動に向かう。いわゆるキャンセルカルチャーである。特に今回は脱炭素をテーマとした番組だったこともあり、グリーンウォッシュの可能性について厳しく詮索されることになる。スポンサー企業の過去の言動が徹底的に掘り返され、風評劣化が加速、企業はキャンセルカルチャーの餌食になっていく。

こうした一連の騒動を受けて、脱炭素・サステナ商材の信憑性は失墜していく。

3・3 「C」シナリオ 消費者による共感の連鎖が未来を動かす

①「うまくいく」シナリオ

このシナリオでは、2020年代前半、世界の自然災害に関連する画像や動画がSNS上で短期間に爆発的に拡散する現象（いわゆる「バズり」）が、気候変動の進展に伴って頻発するようになっていく。

2018年に、ウミガメの鼻にプラスチックストローが刺さった痛ましい動画がバズったが、たとえ他人事でも困った人の叫びは共感を呼びやすい傾向がある。

こうして気候変動被害に関連するバズりを目にする機会が増えていくに従い、徐々に気候変動問題は日本の消費者にとっても、身近に認識されるようになっていく。特に若い世代を中心に、サステナビリティ活動が盛り上がる。実際に、若者を中心としたグループが渋谷の街に気候時計を置くなどのプロジェクトを立ち上げ、クラウドファンディングで1000万円の資金調達を達成する事例なども現れてきている。

気候変動に対する関心の高まりに呼応して、既に販売されている身近な脱炭素関連商材への関心も高まっていく。

すると、2030年頃、身近な脱炭素商材ネタに関するバズりも増え始める。身近な話題ほど、共感を呼びやすい傾向があるのだ。

2016年に大きなバズりを生んだ「保育園落ちた日本死ね」も、まさに身近なネタがバズった例と言える。

一度商品がバズると、SNSを通じて多くの消費者にその商品が認知されることになる。電通は、「SNSは、人とつながる場から情報と出合う場へ変化している」と指摘しており、SNS上で「この商品はバズりました、みんな買ってますよ」と言われると、つい買ってみたくなる、という消費者心理が働くことになる。

こうして脱炭素商材を買う人が増えていくと、脱炭素商材を選ぶことは、だんだんと「ちょっとした興味」から「同調圧力」へと変質していく。特に日本人は「みんなやってますよ」という言葉に弱い。

このシナリオでは、脱炭素・サステナ商材を後押しする世論が盛り上がっていることを好機と捉え、政治が動く。先ほどの「保育園落ちた日本死ね」の例では、これがバズった年、待機児童ゼロを公約の一つとして掲げた小池百合子氏が都知事に当選し、その二年後、実際に東京都の待機児童数は減少に転じた。

このように、バズりをきっかけに政治が動くことで、脱炭素・サステナ思想を購買行動に取り入れる姿勢が消費者に定着していくことになる。

②「うまくいかない」シナリオ

このシナリオでは、身近な脱炭素ネタがバズった後、その内容がマーケティング目的の「意図された仕掛け」であったことが露呈する。

「100日後に死ぬワニ」というTwitter上でバズった4コマ漫画があったが、最終回公開後、すぐに書籍化やグッズ販売といった商品PRが打たれ、感動の余韻に浸る間もなく金儲けの狙いが見えてしまった、ということでネガティブな意見がネット上で目立ったことがあった。

ネタの内容がポジティブかネガティブかという要素には依拠しない。これはバズりの特徴の一つである。

また、「100日後に死ぬワニ」でも実際にそうだったのだが、ネガティブな話題が大きくなると、その内容の否定（「発覚！実はマーケティング狙いではなかった」など）がバズり、そのまた逆が……という形で、すぐに様々な主張が乱れ飛ぶようになる。「バズり現象そのものは短期的で継続性がない」ということもまた、バズりの特性の一つなのだ。

このシナリオでは、AI（人工知能）によって元ネタが機械的に生成されていた、という事実が明るみに出る。実際に、AIによる自然言語処理は人間と見分けがつかない水準にまで達している。過去のバズりの事例を解析して、AIがバズりネタを生成する将来も十分に考えられる。

ここまでくると、もはや個人が情報の真偽を判断することは困難になっていき、脱炭素関連のバズりネタの信憑性が疑問視されるようになっていく。

脱炭素関連ネタの信憑性が悪化したことで、気候変動問題から「逃げきれる」世代や、「逃げきれない」世代の中でも子供や孫を持たない層を中心に、脱炭素への関心が薄れていく。内閣府のデータによると単独世帯や夫婦のみ世帯は2040年に向けて増加する見込みとされている。

これに対し、Z世代を中心とする若い世代は、気候変動問題を自分事としてとらえている割合が多いため、次第に気候変動対策をめぐる世代間対立が顕在化するようになっていく。

脱炭素商材自体の信憑性が毀損されたことがきっかけとなって、元々社会に内在していた「気候変動問題への当事者意識の違い、からくる世代間対立」という構図が呼び起こされたのだ。

このような対立の構図を背景に、結果として脱炭素・サステナ思想は社会の主流派には成長しない。

4　総括

「G」「S/M」「C」の3つのシナリオの概要を図表7-8にまとめる。

うまくいくシナリオでは、それぞれのアクターの働きかけによって、消費者の多くが購

図表7-8　シナリオまとめ

	「G」シナリオ	「S/M」シナリオ	「C」シナリオ
仕掛けるアクター	政府	企業	消費者
うまくいくシナリオのメカニズム	段階的なナッジ	消費者の共感をよぶメディアマーケティング	バズりをきっかけとした世論形成と政策導入
うまくいかないシナリオへの脱線	消費者のリテラシー向上と、日本式リバタリアニズム	些細なほころびから、キャンセルカルチャーの餌食に	バズりの暴走による信ぴょう性の失墜と世代間対立

買行動に脱炭素思想を取り入れるようになる未来を描いた。

一方、うまくいかないシナリオでは、消費者が広く共感しはじめる「正義感のようなもの」（不当性、不信、虚偽、過剰権力性など）が、SNSで盛り上がり、政府や企業が働きかける脱炭素思想、脱炭素行動に対する賛同が低調のままである。このようなうまくいかない状態（＝消費者の多くが購買行動に脱炭素思想を取り入れない）となる未来を描いている。

第8章

気候変動問題とシナリオプランニング

シェルに学んだ
シナリオプランニングの奥義

SCENARIO PLANNING

本章では気候変動問題を取り上げているシナリオプロジェクトを2つ、紹介します。最初はシェルの「ニューレンズシナリオ2013」で、シェルシナリオチームの気候変動問題への見解を見ることができます。シェル伝統のシナリオプランニングの思想、理論、手法に忠実に従ったとき、気候変動問題はどう見えてくるのでしょうか。筆者はこの部分を『エレクトロヒート誌　No.238.2021』に掲載された論考をベースに書いています。第二に、気候変動に関する政府間パネル（IPCC）第6次評価報告書等で使われたシナリオの手法について紹介します。『研究開発リーダー誌 Vol.18, NO.10 2022』に初出。

1　ケース1　「ニューレンズシナリオ2013」

1　はじめに

最初に、お話の道筋を示します。

①シェルは数年に一度、グローバルシナリオを作成し、公表する。これは世界大の、主

に社会システム全体を扱っているシナリオで、未来世界の政治・社会・経済・国際関係や技術進歩等のありようを、いくつか複数の姿に描き分ける。エネルギー／気候変動問題は、社会全体シナリオの中に包摂して叙述される。

②サステナビリティ、すなわち持続可能な開発の思想は、気候変動問題に限定せず様々な社会経済課題を含んだ世界大の社会システム全体の挙動を考えようとしており、これはシェルの姿勢と一致する。

③「ニューレンズシナリオ2013」でシェルは、「マウンテンズ」と「オーシャンズ」と名付けた2つのストーリーを描いたが、実は、ここには深刻なメッセージが書き込まれていた。どちらのストーリーも地球温暖化の緩和を目指す「2℃未満目標（当時）」に届かない。2012年ころのシナリオチームは、現時点の我々の世界は、社会的・経済的・政治的に低炭素社会という規範的目標を目指しているとは思えない、という現状認識に立った。

④シェルのこの現状認識は、その時分の世の中に受け入れられなかった。気候変動関連で活動するNGO／NPOは、一部のマスコミと共に、一斉に「シェルは低炭素社会にコミットしていない。覚悟が足りない、実現を信じていない、2℃目標に後ろ向きだ」と攻め立てた。彼らはシナリオプランニングの思想と理論と技法を理解していた。そ

のうえでシェルの現状分析とシナリオ的なアプローチの価値を、〝戦略的に〟全否定した。

2 「ニューレンズシナリオ2013」の位置

2・1 グローバルシナリオの系譜

シナリオチームが「ニューレンズシナリオ2013」の作成にとりかかったのは2011年ころで、最終版の発表までに2年をかけています。

前作品は2008年4月の「エネルギーシナリオ2008」でした。すなわち「エネルギーシナリオ2008」の賞味期限は5年。さらに、「ニューレンズシナリオ2013」の次のグローバルシナリオは、2021年2月に発表された「The Energy Transformation Scenarios」でした。つまり、「ニューレンズシナリオ2013」の基本ロジックは、8年間、保持されたわけです。

2・2　気候変動問題の台頭

●サステナビリティ科学への注目

その当時のシナリオチームは、２００９年に現れたストックホルム・レジリアンスセンターの研究成果[1]に注目しました。

この研究所は「地球の閾値 planetary boundaries」というフレームワークを提案していました。曰く、地球環境問題は、温暖化問題を専一に追いかけるのではなく、他の課題とのバランスを研究し、地球エコシステムの安定性を考えるべきである。他の課題とは、生物多様性の喪失、窒素循環、リン循環、海洋酸性化、淡水資源、土地利用、オゾン、エアロゾル、化学物質の汚染だ。温暖化を含めてこの9つの指標を統合的にモニタリングし、それぞれが地球エコシステムの閾値＝限界を超えないように管理してゆくのがサステナビリティ科学ではないか、と。

筆者の推測ですが、当時シナリオチームは、シェルの社内でCO_2排出量マネジメント

1. A Safe Operating Space for Humanity, Nature 461, Sept. 2009

に専心、特化した技術開発やエンジニアリング検討を進めてゆくと、それは、何か、今現在よくわかっていない他の問題を引き起こしはしないか、という問いかけをやっていました。だから「地球の閾値」研究に注目したのかもしれません。

●問題の進展

2009年12月に開催されたコペンハーゲンCOP15、の評価はむつかしいものでした。リーマンショック後、気候変動問題は各国の政治課題から大きく後退し、そのためもあってか、COP15では当初目標だった「ポスト京都議定書」の採択に至りません。国際合意を求めて、環境活動家が呼びかけた大規模デモがコペンハーゲン市街で発生し、約千人が拘束されました。

が、COP15の終盤、全体会合とは別に、国や機関の首脳級会合が30回ほども開かれています。首脳たちが膝をつき合わせての議論。これは、新しい、有望な問題解決プロセスなのか？

シナリオチームは、ここは会社の立場を代弁した議論をしています。曰く、国際合意ができないとなれば、各国ごとにCO_2排出規制措置に乗り出すだろう。すなわち、国内の化石燃料の使用制限や懲罰的な課税の発動で、これでは世界標準となりうる信頼できる炭素価格が現出しない。そうなると、排出削減オプションの選択に際して、マーケットメカニズムが活用できないではないか、と。

3 「ニューレンズシナリオ2013」の概要

3・1 社会経済シナリオ概要

「ニューレンズシナリオ2013」が提案するのは、「マウンテンズ」と「オーシャンズ」という2つのシナリオ世界です。

シナリオ作品は現状分析が出発点です。

シェルは現在の社会に現れている3つの「緊張状態 tension」に注目します。

第1に、貧富の格差が拡大しています。これを維持したい側と、直ちに生活の向上を要求する側の緊張状態が観察できるのです。第2に、IT。これは国家の側の市民監視力強化にも、個々人の発信力強化にもニュートラルに使える技術です。第3に、各国の政治リーダーたちは緊張した、困難なオペレーションを強いられています。グローバリゼーション、国内既得権益層の圧力、そして大衆からの要求、これらの課題が、各国の政治家に解決を求めています。

シェルは、ここで演繹的アプローチを採用しています。経緯の説明がないままに、我々は、3種類の異なった緊張の在り方があることに気づいた、と言い切っています。また、

（出所）シェル

3つの緊張状態の間の関係性が未来の在り方を決定する、という、「メカニズム」のシナリオフレームワークを使おうとしているのです。

この3つの「緊張状態 tension」が動因（ドライバー）となって、未来世界を形作ってゆくのです。

「マウンテンズ」は、影響力を持つ人々や組織の権力が固定化される、現状維持の世界。社会システムの安定が最も重要であり、

てっぺんにいる人々は改革を徐々にかつ慎重に行い、市場原理にのみ委ねないよう調整していきます。地球温暖化問題もこのようなシステムの上で議論され、解決が図られるでしょう。結果、社会経済システムは硬直化して経済は活力を削がれ、社会の流動性は抑制されていきます。

対して「オーシャンズ」では、権力は社会システムの中に広く分散しています。発展途上国では中間層の勃興が力強い。経済活動は改革の大波に乗り高まりますが、社会の一体性は時に損なわれ政治は不安定化します。よって大きな政策は停滞せざるを得ず、市場原理による調整にゆだねられるしかありません。国際間協力は弱いでしょう。地政学的な様相はいっそう複雑になり、世界規模でのルール作りや多国間協調など容易ではなくなります。温暖化対策など世界大の課題も停滞せざるを得ません。ここもまた市場原理による調整にゆだねられることになります。

3・2　サステナビリティへのまなざし

このシナリオ作品ではエネルギー／気候変動問題は、社会システム全体を扱うシナリオの中に取り込まれています。これはサステナビリティ思想の系譜に沿った姿勢と言えます。

サステナビリティ思想は、気候変動問題を数多の社会経済問題のひとつとして取り扱います。この思想は社会システム全体を見ようとするのです。また、この思想は倫理的です、つまり、人間の、社会の視点から、人間社会のシステムとそれを取り巻く環境の、あるべき姿を考えてゆこう、ということです。

「ニューレンズシナリオ2013」に乗せたシェルの企業メッセージの中には、サステナビリティ思想がみられます。すなわち、このシナリオ作品の冒頭でシェルグループの最高経営責任者ピーター・ボーザー氏が、以下のように述べています。

2011年、私は社内のシナリオチームに「水、エネルギー、食糧の問題連関」を調べるよう依頼しました。これこそが課題です。私たちはこの複雑な課題を「ストレスネクサス（ストレスの連鎖）」と呼んでいます。……ニューレンズシナリオは、水、エネルギー、食糧といった必要不可欠な資源に対する需要が2030年までに40％～50％増加すると予想しています。従来通りのビジネスを行っていては、環境を大きく損なわずに、この規模の需要を満たすことはできません。これまでと違うやりかたが求められます。

このメッセージを受けて、「ニューレンズシナリオ2013」の中では、「ストレスネク

図表8-1　淡水消費量（マウンテンズ）

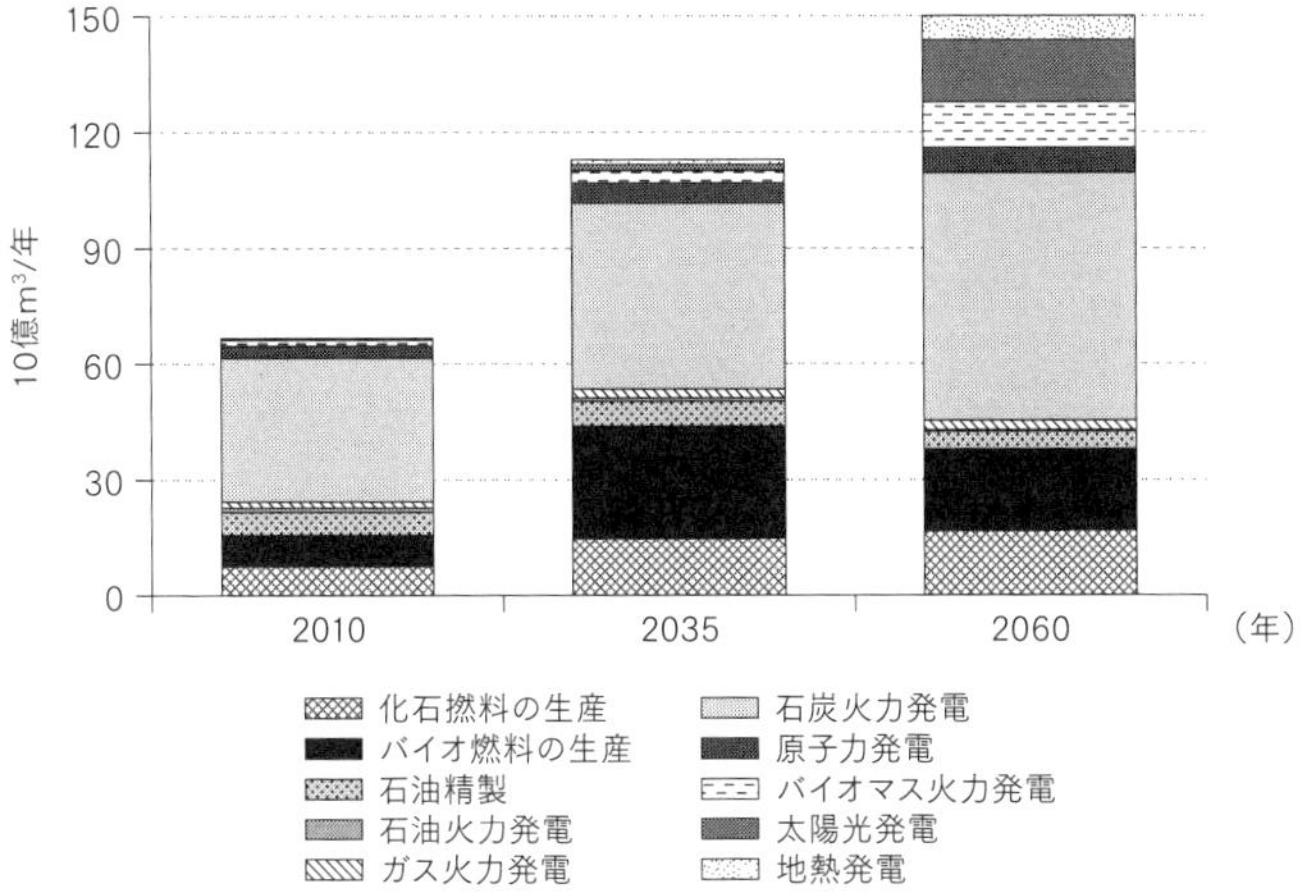

（出所）「ニューレンズシナリオ2013」日本語版

サス：水とエネルギーの繋がり」という別項が立てられます。曰く、

「エネルギーと水の関連について詳細なモデルを作って検証したところ、2060年までにエネルギー産業の淡水消費量が2倍以上に増えるという結果でした。これは、内訳は若干異なるものの、マウンテンズとオーシャンズの両方にあてはまります。主な要因は、石炭火力発電の増加ですが、他の発電方式での水の消費量も増していきます。バイオ燃料の生産や石油・ガス生産における使用量の増加も大きな要因です。けれども発電所におけるワンスルー冷却方式が段階的に廃止されるなど、水利用効率の高い発電設備への転換が進

んでゆくため、エネルギー産業の淡水取水量は早ければこの先10年以内に頭打ちになります」と。

ストックホルム・レジリアンスセンターの提案する「地球の閾値」を、シェルは、本業たるエネルギー産業に応用しました。そしてエネルギー生産と水需要のトレイドオフ問題を解説したのです。

3・3　気候変動問題の公開ディスカッション

シェルが「低炭素社会」――2022年現在の標語は、「脱炭素社会」となりました――に賛同し、そこにビジネスチャンスを求めることには変わりはありません。が、2012／13年の時点で現状分析したら、社会的・経済的・政治的なドライバーが、果して、低炭素社会という規範目標を、専一に目指して働いているのか、どうか？　ここはきちんと考えてみるべきではないだろうか。「ニューレンズシナリオ2013」のなかでシェルは、こんな議論を展開しました。こういう立場を、シナリオプランニング理論では「探索的アプローチ」と呼びます。

シェルはエネルギー／気候変動問題の未来を考えるには、まずもって、未来の社会経済システムの有り様を措定してから検討すべきではないか？　そして未来の社会経済システムには、様々に異なった姿が想像できるはずでしょう、と主張したのです。

ところでこのシナリオ作品は、実は、深刻なメッセージを含んでいました。シェルは社内に複雑精密なエネルギーモデル（World Energy Model WEMと略称される）を維持しています。このモデルを廻しながらシミュレーション作業を行います。アウトプットは、中長期や50年先の各地域別、エネルギー供給／需要セクター別に整えられたエネルギーシステムの将来像です。

さて、シェルは「マウンテンズ」と「オーシャンズ」の2つの未来の社会全体シナリオが、それぞれにどんなエネルギーシステムを生み出し、またそのシステムによって支えられているのか、をシミュレーションしました。そうしたら、どちらのエネルギーシステムでも2℃未満目標（当時）に届かなそうなのです。

シナリオチームとしては冷静で堅固な現状分析から仕事を始めたつもりです。そうしたら気候変動問題の観点からサステナブルでない2つのシナリオが描けてしまいました。どうしましょう？　と、公けの場で問いかけはじめたのでした。

振り返って、2013年当時のエネルギー／気候変動問題の論議は、2つに分断されていました。一方は、温暖化緩和のためには、理論上、計算上は、これこれの政策を取れば

図表8-2　2℃目標への道のり

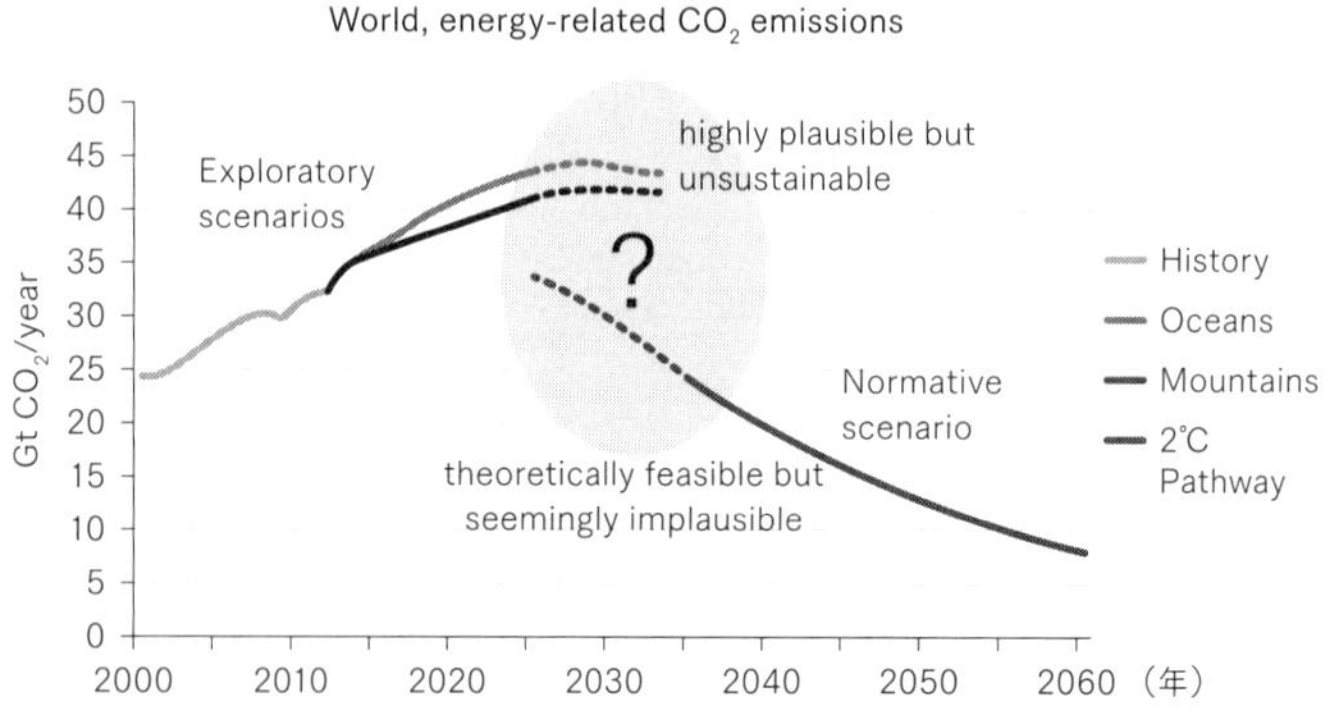

（出所）シェルグループのディスカッション資料

温度上昇を抑え込める。ただちに行動をとるべし、リーダーシップはどこに行った！　と責め立てていました。他方からは、技術進展・普及には時間がかかり経済的にも社会制度的にも進捗は遅くなる、これが精いっぱい、と反論していました。

「ニューレンズシナリオ2013」はこの論争の様を、敢えて、明らかにして見せたのです。この作品が2つの立場を橋渡しするきっかけになって、対話が始まるのでは？　シナリオの叙述形式に探索的アプローチを選んだ意図が、ここにあったのです。我々の世界はそれほど規範的に、単線的に進んでいない。シェルは根拠に基づく議論と実行可能なアクションの探索を呼びかけたのでした。

シナリオチームは、図表8－2を携えて、様々な対外発表の場を探しながら何カ月もディスカッションをやっていました。

2℃目標への道筋をたどる「規範的シナリオ normative scenario」は、数理モデルを廻せば解が出て来る。しかし、おそらく、世界大の政治・社会的合意が取り付けられてこの経路に沿って進行する、と措定するのはむつかしい……マウンテンズとオーシャンズには、社会全体シナリオとして両方、同程度に、現実化する可能性を見るが、気候変動の観点からはサステナブルでないストーリーになっています……さぁ、聴集の皆さん、どうお考えでしょうか？

このようなシェルの姿勢は、その時分、世の中に受け入れられたとは言い難いものでした。すごくはしょって語れば、気候変動関連で活動するNGO／NPOは、一部のマスコミと共に、一斉に「シェルは低炭素社会にコミットしていない、覚悟が足りない、実現を信じていない。2℃目標に後ろ向きだ」と攻め立てました。彼らは知的であり、シナリオ手法の思想と理論と技法を理解していた。そのうえでシェルのシナリオの現状分析と探索的アプローチの価値を、〝戦略的に〟全否定したのでした。[1]

シナリオチームは、向こう傷を負ったのです。

3・4　立て直す

この体験を受けて、最終的に公表した「ニューレンズシナリオ2013」では、「経済発展と持続可能性についての考察」という一項を立てて、CO_2排出／気候変動問題を図表8－3のように整理しています。

この図は、いったい何を言っているのでしょうか？　大事な論点なのでシナリオ作品の日本語版原文の解説箇所を引用します。

持続不可能な事態を回避するために肝に銘じるべきは、積極的かつ総合的な政策を実施する必要があるということ、加えて、途上国経済の不調によって温室効果ガス排出量が抑制されるだろう、といった主張は断固として行わないことです。実際、賢明な政策を促すには、各国経済が活力に満ちている必要があります。経済が低迷すると環境問題への対応が後回しにされる傾向があるからです。

迅速かつ協調的な政策の効果は二酸化炭素排出量の推移を示したグラフから見てとることができます。このグラフは、オーシャンズに描かれた世界経済の軌跡を前提にして、マウンテンズのエネルギー資源開発や供給サイドの動向と、オーシャンズ

図表8-3　21世紀末、2℃目標の達成

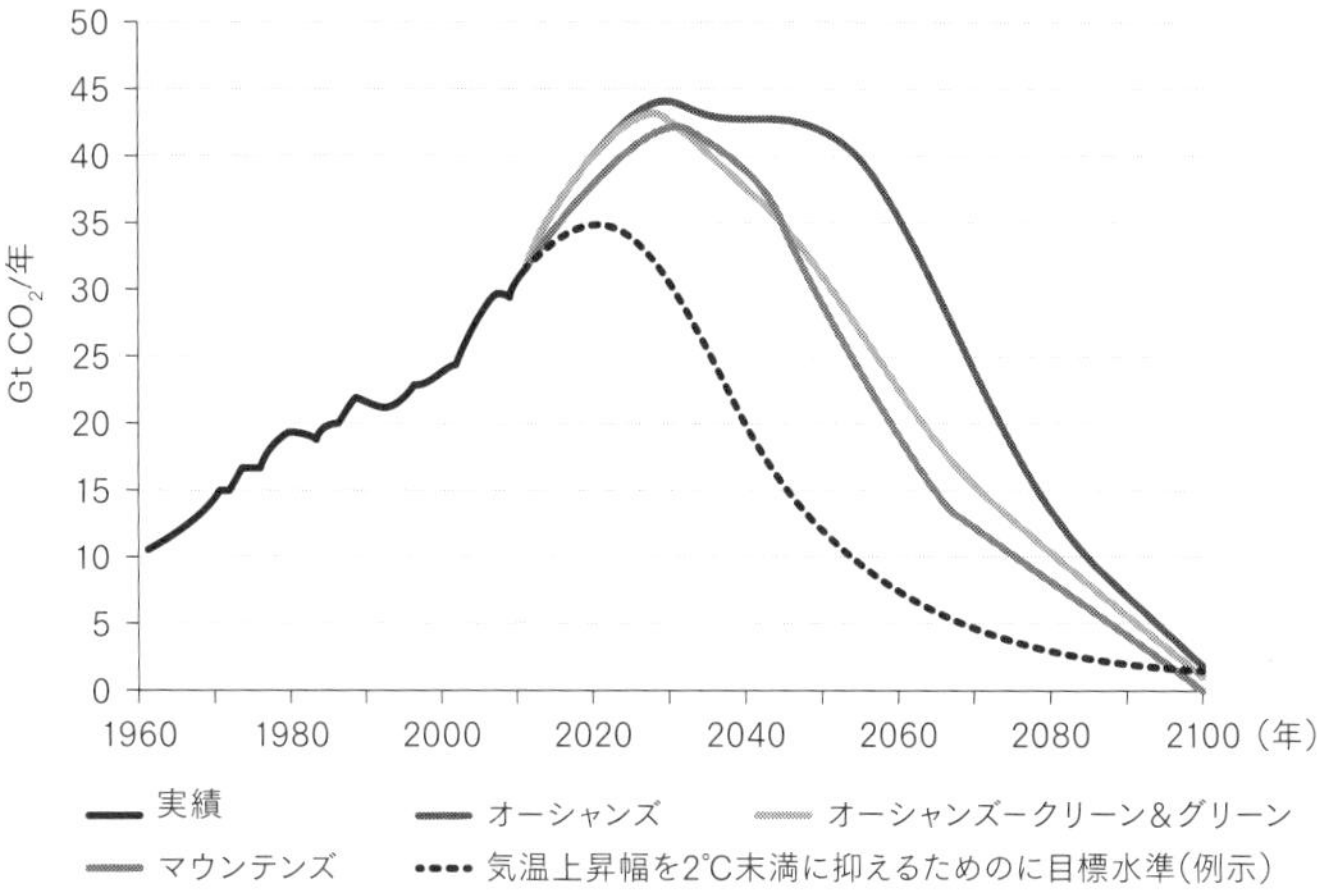

（出所）「ニューレンズシナリオ2013」日本語版

で書き込んだ省エネ政策の早期実施（「オーシャンズ：クリーン&グリーン」）とを組み合わせて感度分析を行ったものです。排出量の観点からすると、なお理想には届かないものの相当な効果が示されており、勇気づけられる結果です。

「オーシャンズ：クリーン&グリーン」で得られた感度分析結果によれば、エネルギー需要が増大してゆくと、初期段階では化石燃料の供給増とCCS技術の組み合わせ、すなわち増進回収法（EOR）への適用が起こります。2030年代に至れば

様々な再生可能エネルギーがそれなりの規模で経済活動に組み入れられるようになります。当初は需要の新規増加分を賄う程度ですが、徐々に石炭や石油の一部をも代替し、都市計画の省エネ化が起こり、経済発展に必要とするエネルギー消費量が低下しはじめます。

ここは、ちゃんと解説をしましょう。

当時のシェルは、気候変動問題の緩和のために、理論上、計算上で成立する「2℃未満を達成している規範的シナリオ」すなわち、図中の点線の経路（＝シナリオ）は、やはり現実的にむつかしいだろう、という見解でした。

そこで、将来の現実化が信ぜられるところの、「マウンテンズ」と「オーシャンズ」という2つの未来世界像を踏まえながら、社内のエネルギーモデルを参考に、21世紀末2℃未満という規範目標に向かう経路を描いたら、マウンテンズとオーシャンズに加えて「オーシャンズ：クリーン＆グリーン」のシナリオが現れました。この第3シナリオは、EOR、再エネ、都市計画の省エネ化などの技術開発の進展と、それら新技術の世界大の、大規模な普及を動因（ドライバー）としたものです。

そこで、「ニューレンズシナリオ2013」最終版では、気候変動問題を扱う「経済発展と持続可能性についての考察」というページが新たに編集されました。もし省エネ技術や低炭素技術の進展と普及を目いっぱい取り込んだ場合の、〝理想にはなお届かないものの〟、〝勇気づけられる〟ストーリーを描いたのです。ただし、この「オーシャンズ：クリーン＆グリーン」が語られるのは、このページの中だけです。

つまりシェルは、発展途上国で勃興する中間層に、〝社会経済システムは硬直化して経済は活力を削がれ、社会の流動性は抑制〟される「マウンテンズ」に賛同してもらうのは、どだい無理だろう、という見解でした。故に途上国での経済活動が力強い「オーシャンズ」のストーリーに、技術進展・普及要素を、最大限、加味した第3シナリオ「オーシャンズ：クリーン＆グリーン」を重ねたのでした。一見してわかるように、第3シナリオは「マウンテンズ」の経路と、ほぼ、変わらないのです。点線とのギャップは縮まっていません。つまり第3シナリオは、なお、2℃未満目標を目指している経路には届かないのです。

1．事例をひとつあげておく。
英国　Guardian誌　Sun 17 May 2015　"Shell accused of strategy risking catastrophic climate change" Shell accused of strategy risking catastrophic climate change | Environment | The Guardian

シナリオチームは、ここで、公開に踏み切りました。

4　シナリオ作品公開の後で

4・i　企業メッセージへ

企業メッセージの発信を担う最高経営責任者ボーザー氏の見解は、どうか？　曰く、「ニューレンズシナリオは複雑な内容を含んでいます。私たちがどのように環境変化に順応し、対応し、そして強靭なビジネスを創造するかを問うています。この問いについて更に考え、シナリオで考察される問題を議論してゆくプロセスが重要です……このシナリオが読者のアイデアを喚起することを願っています。またこの機会に、皆様も討論に参加して下さいますようお願い申し上げます」

ボーザー氏はシナリオチームの採用した探索的アプローチを是とし、読者に、探索への参加を呼びかけたのでした。大変まじめで率直なのだけれど、果たしてシェルは、NGO／NPOやマスコミの批判をかわせたのでしょうか？

2年後の2015年3月。

シナリオチームはロンドンの保険シンジケートLloyd'sの社内会議で「ニューレンズシナリオ2013」をプレゼンしました。Lloyd'sも社内でシナリオプランニングをやっている同志です。そこでは第3シナリオを含まないオリジナルのスライドが掲示されました。

シェルは、「我々は現在、持続不可能な道程に乗っている。「クリーン&グリーン」を実現する方策を探さねばならないのだけれども、喫緊の課題は異常気象（climate variability）と、水／エネルギー／食糧のストレスネクサスですね」と語り、「オーシャンズ：クリーン&グリーン」を書き込んだ公開版スライドは付属資料扱いとしたのでした。

4・2　シナリオチームからのメッセージ

改めて、シナリオチームから発せられた対外メッセージを確認しておきます。以下は「あとがき」の一部です。日本語版原文を引用します。

シナリオは、世の中のさまざまな動きがどう繋がり合っているのかを教えます。フィードバックを繰り返すことで当初めざした方向がどう修正されるのか、ある方向に向かおうとする流れがそれに逆行する流れを生み出し、結果、物事は不可避的に循環し、繰り返し起こることを教えてくれます。

マウンテンズの冒頭で示した緩慢な政治改革は、社会的緊張を生み出し、いずれ政治的行動に結び付き、変化が始まります。オーシャンズで描いた改革の姿では、新たな既得権益を手にした多様なグループが生まれて、もう一段の改革を抑える、とされました。需給の緩急は市場での価格変動とそれに対する当事者たちの反応を呼び起こし、その結果、需給バランスは調整されます。

つまり片方のシナリオの中にもう片方のシナリオの種が埋め込まれており、その逆もまたしかりということです。こうしたシナリオストーリーの語り口は、東洋の伝統的な考え方によって立つ読者には比較的なじみがあるかもしれません。一方、西洋の思考様式を身につけた読者には、定量化され一方向に向かうシナリオの語り口の方が、括目して聞いてもらえるのかもしれません。東西が繋がった世界に住む私たちは、両方の「視角（レンズ）」を通して見ることを学びつつあります。

シナリオの効用のひとつは、人々を団結させて未来を探究させ、「存在すら知られていない」分野を顕在化させることにあります。こうした探求がめざすのは、魅力的な小冊子や報告書を作ることではありません。もちろんシナリオは魅力的な小冊子たり得ますし、それもまた良いでしょう。しかし重要なのは、シナリオが人々を探究の旅に連れ立ち、世界をより深く考察させ、人々がより良い選択ができるよう導くことです。

シナリオチームはシステム思考とシナリオプランニング理論に依拠して、自分たちを説明しているのです。

5 まとめ

「ニューレンズシナリオ2013」の制作と発表の過程に見られたシェルのシナリオ運動を総括しましょう。

シェルは2008年ころ以来、ずっと「低炭素社会がシェルのあるべき未来」と、公式に宣明しています。シェルグループの組織内部では、低炭素社会に向けて、ビジネスポートフォリオの戦略的転換を粛々と進めてゆくわけです。

他方でシナリオチームは、グローバルシナリオを公表して世の論壇で大いに議論を仕掛けたいのでした。このチームは、シェルの企業戦略が、外部環境の長期的な変化に適応してゆけるのか、というリスク分析が本来の任務です。だから、シェルが好きな人にも、嫌いな人にも、シェルの〝ものの見方〟を聴いてもらい、様々な批判を社内に持ち帰って来ようとします。それが任務なのです。

２０１３年時点のシナリオチームは、低炭素社会の実現という倫理的な未来目標を、実効的に目指そうという社会合意が存在しているのか、しかと確信できなかった、という事情です。

シェルが、低炭素社会あるいはネットゼロ社会という目標に世界大の合意がある、と認識して、社会全体シナリオの制作に臨んでゆくのは、２０１５年12月の「ＣＯＰ20パリ合意」以降のこととなります。

2　ケース2　IPCCとTCFD

さて次に、気候変動問題に関して、シナリオプランニング理論で言うところの規範的アプローチを用いているＩＰＣＣ（Intergovernmental Panel on Climate Change　気候変動に関する政府間パネル）と、ＴＣＦＤ（気候関連財務情報開示タスクフォース）によるシナリオの理論と手法の活用について紹介します。

２・１　「multiple paths」を採用したＩＰＣＣ

ＩＰＣＣは、気候変動枠組条約締約国会議（ＣＯＰ）に最新の科学的知見を提供するという主目的で、世界気象機関（ＷＭＯ）及び国連環境計画（ＵＮＥＰ）により１９８８年に設立された研究者集団の国際組織です。

ＩＰＣＣも研究方法と意見表明のフレームワークにシナリオプランニングの手法を用います。直近では２０２１年９月に第６次報告書（ＡＲ６）を公表して、そこで提言された「産業革命前から今世紀末までの気温上昇を１・５℃に抑える」という努力目標が、同年11月に英国で開催された「国連気候変動枠組み条約締約国会議（ＣＯＰ26）」で採択されました。この採択は、長期未来に向けた「ひとつの」「あるべき」未来像を国連の場で合意した、ということで、こうした「あるべき未来のシナリオ」は、一般的に「規範的（normative）シナリオ」と呼ばれます。

ＩＰＣＣのＡＲ６レポートは、現時点で上場企業が年次報告書を公開する際、気候変動が自社に与える影響を報告する箇所でしばしば参照されるレポートです。

以下ではまず、この第６次報告書の内容と、そこに使われたシナリオプランニングの手法を解説します。

ＩＰＣＣは２０１４年10月の第５次報告書（ＡＲ５）以降、レポートの中に複数の社会経済シナリオを提示しています。21年９月の第６次報告書（ＡＲ６）では、『産業革命前から今世紀末までの気温上昇を１・５℃に抑える』という、規範的未来、を実現させるとして、それは社会・経済・国内政治・国際関係・技術進展・ビジネスモデル・思想信条・宗教等々の、どのような社会経済条件の下で実現するのだろうか？」という問いを立てました。そして、ＳＳＰ（Shared Socioeconomic Pathways 共通社会経済経路）という呼称で、その規範的未来目標に至る複数のシナリオを示しています。

ここで用いられるのは、ひとつの規範的未来に対し、いくつもの経路を想定するという、第４章で紹介した「様々な経路 multiple paths」のフレームワークです。そこに描かれた社会経済シナリオは５本あります。シナリオ名は「ＳＳＰ＋番号」というスタイルで命名され、「ＳＳＰ１」は持続可能シナリオ、「ＳＳＰ３」が分断シナリオ、「ＳＳＰ４」が格差シナリオ、「ＳＳＰ５」が在来型発展シナリオ、そして「ＳＳＰ２」は交渉途上シナリオとなっています。

どんなストーリーなのでしょうか？　以下は「ＳＳＰ３　分断シナリオ」の要約です。

図表8-4　規範的目標に向かう、複数経路

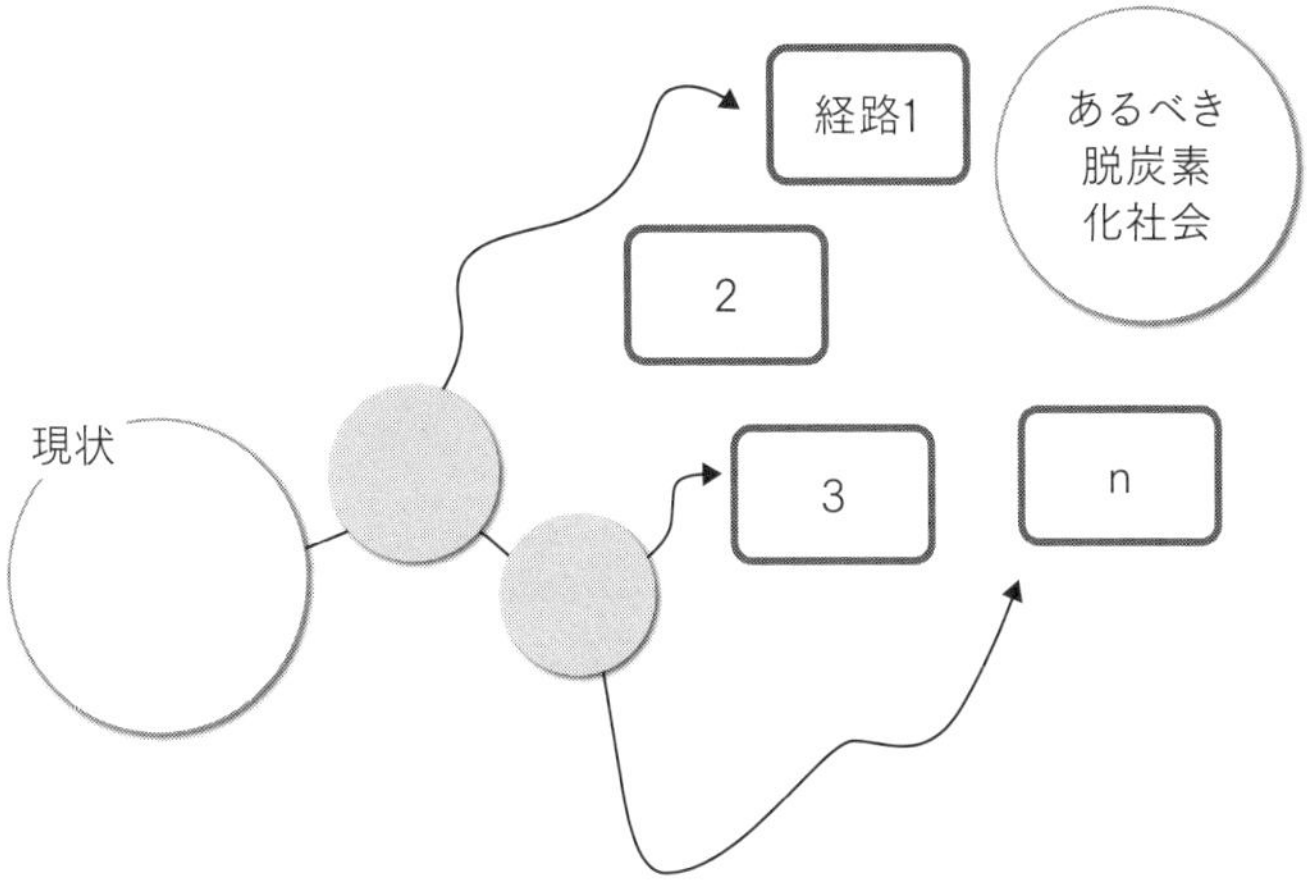

（出所）筆者作成

緩やかな経済発展、急増する人口、遅いエネルギー部門の技術進歩に起因して、温室効果ガス排出量は大きく、結果的に緩和が困難な状況になる。人的資本への投資は低く、不平等は大きく、地域化された世界で貿易フローは減少、制度面の発展は望ましくない方向に向かう。多くの人々が気候変化への脆弱性の高いまま、また、世界の多くの地域が適応能力の低いまま、取り残される。

この「SSP3　分断シナリオ」は

いかにも惨憺たる未来イメージで、ＩＰＣＣに集う研究者たちは当然、「ＳＳＰ１　持続可能シナリオ」の未来を望んでいるのだと思われますが、一方で他のシナリオの可能性を貶めてもいません。ＩＰＣＣは研究者集団だけあって、「目標の達成には、様々な経路があり得るだろう」という、分析的な姿勢を採ることができます。我々の未来は我々の意志と感情と行為によって方向づけられます。最終的に規範目標たる「１・５℃、脱炭素社会」を目指すとしても、そのためには「ＳＳＰ１」から「同５」まで、様々に異なる未来の社会経済状況を潜り抜ける可能性があろう、という主張を研究者集団は、是としているのです。

2・2　ＩＰＣＣがシナリオに込めた意図

はたしてＩＰＣＣは「ＳＳＰ３　分断シナリオ」のような暗澹とした未来を経由しても、なおかつ「21世紀末までの気温上昇1・5℃未満の脱炭素社会」の目標に到達すると考えているのでしょうか。

ＩＰＣＣが発表したモデルスタディでは、ＳＳＰ３の未来は、「21世紀後半に、膨大な規模の二酸化炭素隔離・貯留（ＣＣＳ、ＣＣＵＳ、ＢＥＣＳ）が実施される」と想定して、つじつまを合わせます。

現実にはそんなことはありそうもないかも……筆者は「ＩＰＣＣは実際にはシナリオ手法を利用して、規範目標が実現できない未来の可能性についても、公に示唆し、警告を発している」、と解釈します。

ＩＰＣＣは、先の第５次報告書（ＡＲ５）では「温室効果ガスの濃度がどう増えていくか」という経路を示すＲＣＰ（Representative Concentration Pathway 代表的濃度経路）シナリオを発表しており、この時のシナリオは、温室効果レベルを示す放射強制力の値により、ＲＣＰ１・９（産業革命前から今世紀末までの気温上昇が１・５℃未満）、ＲＣＰ２・６（約２℃上昇）、ＲＣＰ８・５（約４℃上昇）などと書き分けていました。２０２１年のＡＲ６のＳＳＰでは、「ＳＳＰ１－１・９」、「ＳＳＰ２－４・５」というように、ＡＲ５で書き込まれたＲＣＰの複数想定と複数の社会経済シナリオとの組み合わせを説明しようとしています。

筆者がここから読み取るのは、ＩＰＣＣは、「気候変動問題への対処は、社会全体のガバナンスの問題ＳＳＰと関連する」という理論的立場を採っている、というポイントです。具体的に証拠づけましょう。図表８－５は、ＡＲ６レポートの一部を環境省が和訳したものです。地球全球平均の海面水位の変化をモデル試算した結果を図示しています。

図表8-5　1900年を基準とした世界平均海面水位の変化

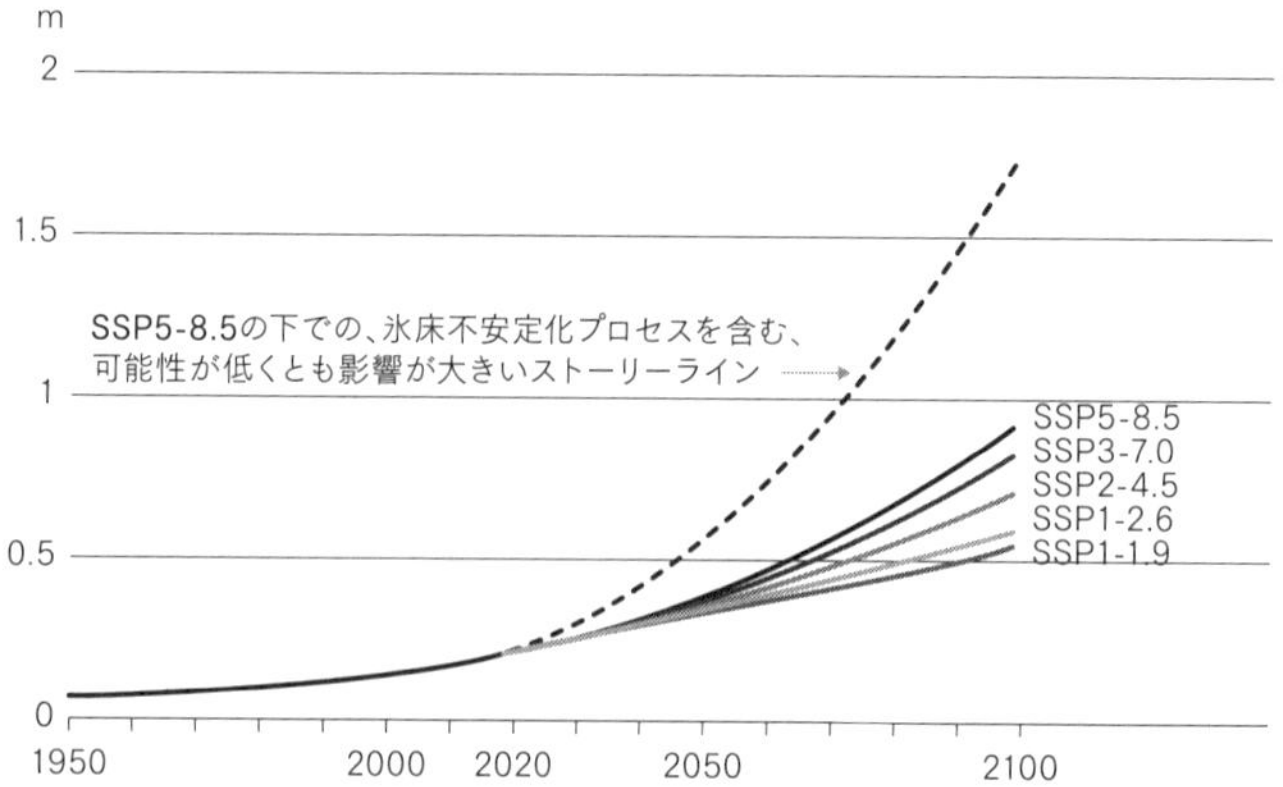

（出所）環境省

IPCCは「『SSP3－7・0　分断シナリオ』や『SSP5－8・5　在来型発展シナリオ』の経路に乗ってゆくと、今世紀末、全球平均の海面水位は70から100センチ上昇する」『SSP1－1・9　持続可能シナリオ』の経路でも、50センチ程度の上昇が起きる」という試算を公開しています。

なおこの図ではそれに加え、「SSP5－8・5の下での、氷床不安定化プロセスを含む、可能性が低くとも影響が大きいストーリーライン」、いわゆるテールリスクが具現化したケースを点線で示しています。そこでの海面水位の上昇は1・5m以上となっています。

明らかにIPCCは、自分たちが示した「最終的には脱炭素が達成される」シナリオ以外のオルタナティブな未来があり得、もしこのまま事態が推移すればむしろそちらのほうの未来が到来する可能性が高いかもしれない、さあ、どうしますか？　と危惧しています。ただし、気候変動被害の規模を予測し、現世代がそれに事前に対処しようとする際、このようなテールリスクをどう扱うのか。この問題については筆者はよくわかりません。

2・3　TCFDからの注文

さて、企業が気候変動問題に取り組む際に参照することを求められるのが、いわゆるTCFD運動です。第2章でも触れました。TCFDとは金融の安定を司る国際組織FSB(Financial Stability Board　金融安定理事会）により、「金融機関として、企業の気候関連の情報開示を促進させる」ことを目的として設立された「気候関連財務情報開示タスクフォース（Task Force on Climate-related Financial Disclosures)」を指します。上場企業たるもの、気候問題についての報告書を作成し、開示し、かつその際にシナリオ分析を行うようTCFDは求めているのです。

求められているTCFD仕様の報告書の内容について、本書の行論に関係するところを

図表8-6　気候関連リスクとは？

気候関連リスクについては、①低炭素経済への「移行」に関するリスク、②気候変動による「物理的」変化に関するリスク、の2つに大別した

種類	定義	種類	主な側面・切り口の例
移行リスク	低炭素経済への「移行」に関するリスク	政策・法規制リスク	温室効果ガス排出に関する規制の強化、情報開示義務の拡大等
		技術リスク	既存製品の低炭素技術への入れ替え、新規技術への投資失敗等
		市場リスク	消費者行動の変化、市場シグナルの不透明化、原材料コストの上昇
		評判リスク	消費者選好の変化、業種への非難、ステークホルダーからの懸念の増加
物理的リスク	気候変動による「物理的」変化に関するリスク	急性リスク	サイクロン・洪水のような異常気象の深刻化・増加
		慢性リスク	降雨や気象パターンの変化、平均気温の上昇、海面上昇

（出所）環境省

中心に説明します。

TCFDは「民間企業の経営で考慮すべき気候変動関連のリスクは『移行リスク』と『物理的リスク』に分けられる」とします（図表8－6）。

次に、TCFDのガイドブックに記載されているシナリオ手法の解説には、以下のような内容が書いてあります。

① 気候変動科学には本来的に不確実性が備わっているので、企業側はシナリオを一本に特定してはならない。全ての可能性を探り、それから戦略ディスカッションに資するいくつかのシナリオを採用するように。

② 物理的リスクでは、ある国で起こ

る気候変動に起因するもっとも過酷な物理的損害（hazard）を想定するように。

すなわちＴＣＦＤがいう「物理的リスク」には、21世紀末の温度上昇が１・５℃に抑えられなかった場合を想定した海面上昇リスクが、当然ながら含まれているわけです。

続いて「移行リスク」について、ＴＣＦＤの解説を意訳してみます。

①経路は複数（No single pathway）

仮に21世紀末、同レベルの二酸化炭素濃度や地表平均気温に到達する、という見通しを置くとしても、その経路は多様である。気候変動のダイナミックス、経済活動の状況、エネルギー利用の形態、技術開発動向、気候変動対策に乗り出すタイミング、これらの不確実性の組み合わせから、いくつもの異なった経路が発生する。

②順調な経路と行きつ戻りつの経路（"Orderly" and "Disorderly" Pathways）

ＩＰＣＣのシナリオでは、「順調で秩序だった脱炭素化の経路」を描くが、これは社会経済システムの将来変化を単純化している。対策アクションが遅れたり、国際的な連携が不十分だったりすれば「行きつ戻りつの経路」が現れる。企業が「順調で秩序だった経路」

シナリオを、自社の気候変動関連のリスクの検討に使う際には、ご注意願いたい。このＩＰＣＣの経路は、現実的な帰結を予想するために用意されたものではない。

ここを読むと、ＴＣＦＤはＩＰＣＣ報告書に書き込まれた規範的シナリオは、何か、懸念すべき問題を企業経営に与えることを危惧しているのかしら?、というようにも読めるでしょう?

3 気候変動問題と民間企業のシナリオプランニング

シナリオプランニングの根幹にある思想は、「未来社会は予測できず、我々の目の前には複数の未来の可能性がある」というものです。それゆえにシナリオ作品には、必ず複数のシナリオが用意される。「思った通りにいかない場合」のリスクを明示化するためです。また、この手法は主にビジネスでの活用を目指すものです。

ＣＯＰ国際会議の「決意表明」とは、複数の未来の可能性の中から、ひとつの規範的未来を選択し、目標とした、というアナウンスでありましょう。規範的目標の達成の道程には人間の意志と感情と行為が介在し、そこには本来的な不確実性が存在しています。気候変動問題の未来には、「あるべき規範的シナリオ」が達成されない場合がありうるし、望ましくない未来世界の出現もありうる。シナリオプランニングの思想からすれば、これがフェアな見方だ、ということです。

経営者は自社の事業の長期にわたる存続を実現させるために、「あるべき規範的シナリオ」だけを長期ビジネス環境の想定にするのは不適当でありましょう。「達成されないシナリオ」の存在も考慮しなくてはならない。「達成されないシナリオ」の下でも企業は存続し、操業しつづけようとするのです。

ＩＰＣＣは、字面の表面上、すべてのシナリオで最終的に脱炭素が達成されるようにストーリーを描いたとしても、本音では脱炭素が達成されないオルタナティブの未来が存在することを当然の論理的帰結と考えている、と推測できます。ＴＣＦＤもまた、企業が気候変動についての報告書を発表する際、ＩＰＣＣの「順調で秩序だった脱炭素」シナリオのみを参照すべきではない、と繰り返し強調しているのです。

別の言い方で、この論点を説明してみましょう。

日本のエンジニアリング会社の社内で作成された海外プロジェクトの起案に、以下のような記述があったとしましょう。架空のお話です。

「ＣＯＰ会議で『1・5℃目標、２０５０年から60年にかけて世界全体の温室効果ガス排出量を実質ゼロとする』と合意されました。したがって世界はそのようになるものと考えるべきで、我が社が受注を目指す某国沿岸地域の大規模護岸工事においても、設計の前提として、将来の海面上昇リスクを『SSP1－1.9　持続可能シナリオ』をベースに想定しています。ちなみにホスト国側もCOPパリ合意を批准しています」

こんな起案が経営会議の場で通るはずもありません。事業環境想定を順調な経路をたどる規範的未来像のみに絞ってしまうのは、TCFDの根本目的に反します。企業経営者としては、公的機関の姿勢にかかわらず「あるべき規範的シナリオ」と「達成されないオルタナティブシナリオ」の双方を「自分事」として熟考し、決断し、そして企業の存続に関わるビジネスリスクを我が身に引き受けねばならない、ということです。

第 9 章

なぜいま シナリオプランニング なのか

シェルに学んだ
シナリオプランニングの奥義

SCENARIO PLANNING

本章では具体的な技法の説明を離れて、あらためて「シナリオプランニングとは何か」を、振り返ります。

シナリオプランニングとは何か？　なぜいまシナリオプランニングなのか？

余談も多くなるので、本章の最後にコラムとして書きます。

1　シナリオプランニングへの誤解

実は本書を書き始める際、編集者殿が「最初に、日本でシナリオプランニングが浸透していない理由を解説していただきたい」と申し入れてこられた。

はて、筆者はこれを習得してほぼ四半世紀になるのだが、日本国内で継続的にシナリオプランニング関連の仕事があります。どうして日経グループを含む日本の言論出版界ではこんな評価になっているのでしょうか。

どうやら言論出版界は少々誤解をしているようです。

シナリオプランニングは、「組織の重要な経営判断に際して、未来のビジネス環境を、真剣な自分事として、より幅広く、より深く検討したうえで判断を下しましょう」と、提案しています。企業経営ではこんな場面は常在します。シナリオプランニングは「クライアントがややこしい議論を、効果的に、効率的に、しかも驚きをもって、未来を開いてみる」という体験を提供しつづけていて、これを求める企業は途切れることがない。なのに、なぜ編集者殿の眼には、今の日本の産業界ではこれが不活発で浸透していない、と映るのか？

いくつかの理由を思いつきます。

2 マニュアル化がむつかしい

シナリオプランニングの活動をうまくマニュアル様式で書けないのです。逆にマニュアル様式で書き倒したビジネス書は、正直、実務の上で役立つこと、少ない。

本書は民間企業の社内で、シナリオプランニングを実践的に使ってみたいと思い立った読者諸賢に向けて書いたつもりです。だからなるべくマニュアル様式で書こうとしますが、どうしてもこれに乗らない部分があり、ここの説明がうまくゆきません。グラフィックを多用してカッチリと説明される手法やノウハウ、またスキルへの欲求が尽きない若い人たち。肩甲骨に翼を生やそうと漂流している若い人たちにとっては、本書ははなはだ不親切なのかしらん。やはり、キャリア10年以上の、挫折や辛抱の実体験を通過している企業人向けの本なのかなぁ。

マニュアルとしてうまく書きにくい。ここには2つの理由がありそうです。

第一に、シナリオプランニングの活動は、プランナーとクライアントとの協働を前提とします。そのためプランナー側は、クライアント個々の事情によって、シナリオプランニングの型式と進行を、自在に、臨機応変に取り換えています。だから一般化した説明がむつかしい。

第二は、本書のタイトルにある「奥義」にかかわる点。

この活動を上手に進めるには経験が必要なのです。「奥義」習得には、やはり、十分に経験を積んだベテランと一緒に、時間を共にしながら働くのが早道です。ベテランはいくつもの失敗経験や、実践的知見を蓄積しています。筆者は大昔、シナリオプランニングの徒弟奉公をシェルのロンドン本社でやりました。それはなかなかに辛抱を必要としました。

着任したもののまったくの未経験。周りのイギリス人、オランダ人、シンガポール人、アメリカ人などなどが、「コイツ、どこに使えるのかな」と、いう目でこちらを見ている。自分が周囲から観察されていることが痛いほどわかりました。そこで、自分で「猶予期間は半年」と決め、手持ちのスキルを活かせる分野を探し、やがて私淑すべき先輩を選ぶことができ、そして、心安らかになって徒弟奉公を続けました。

歳月を経た筆者は、今、後進の若手たちに経験を残すべく、「奥義」を伝えるべく、一緒に働きます。

このような事情は、どこの会社のどんな仕事でも同じでしょう。「この先輩は実に仕事ができるなぁ。この人についていって仕事を憶えたいな」と、心を決めて、背中を追いかけながら、そんなに褒められもせず、でも辛抱してついてゆくのです。マニュアル化できない「奥義」は、どうしても残っているのです。

シナリオプランニングの実践の場といえば、ワークショップです。

ここにもやはり、経験と「奥義」が必要です。ワークショップは、脇道に入ったり、プロセスの手戻りが起こったりします。なにしろ、よくわからないことのほうが多い未来のことを語ってみる、という思考プロセスを時間をかけてたどるのですから、試行錯誤はあたりまえ。

ただし、世間には、クライアントとのワークショップを、わざと時間切れにして中途までしか行わず、「あとは、我々でまとめておきますから、どうぞワタクシメにお任せください」と、議論とデータを自分の会社に持ち帰る。それから自社の得意とする、マニュアル化されているフォーマットにクライアントの議論を押し込んでしまう、というようなコンサルタントがけっこう活動しています。これなら失敗を避けられる。しかし、これではクライアントと真面目に伴走していないではないか。筆者は、「シナリオプランナーたるもの、シナリオプランニングの手法をとっかえ、ひっかえ、できるだけの手を尽くしながら、クライアントの学びや気づきのペースに合わせて、最後まで伴走するべきだ」という立場であります。

実は、クライアントの側も、ややこしい議論をたどるのに飽きて、「適当にまとめてくれ」と外部コンサルに頼んでしまうことがある。これでは、未来を「自分事」として、粘って考え抜いているとは言えません。

筆者がやってきたシナリオプランニングは、まさにこの点、すなわち、「クライアントがややこしい議論を、効果的に、効率的に、しかも驚きをもって、自らの未来を開いてみる」

という体験を提供しようとしています。

「奥義」とか、「真面目な伴走」とか、いかにもたいへんそうな話をしました。だけれども、シナリオプランニングは、まずもってワクワク、楽しい活動です。なにしろ未来を語るのです。ここには自由と好奇心があります。恐れずにやってみることです。寛大さも必要です。

シナリオプランニングは、知的な冒険なのです。

3 「シェル流」とは

読者諸賢が気になっているかもしれない「シェルに学んだ」、というタイトルの説明をしましょう。

シナリオプランニングにはいくつかの「流派」があるのですが、本書でご紹介したのは筆者が長年お付き合いしてきたロイヤル・ダッチ・シェルグループ（シェル）の理論と手法です。

シェル本社内に常在しているシナリオチームは、この活動の研究と実践知識を、1970年代の初めころから50年以上にわたって、ずっと、途切れることなく蓄積しています。

現在、シナリオプランニングの活動は世界大に広まっていて、日本でもいろいろな組織が試みています。また、この手法を使うコンサルタントは内外に大勢います。だから、理論面や実践的な工夫の面で、様々な方向に進化してゆくのですが、やはり、シナリオプランニングの「本家」たるシェルの動向は、これは意識せざるをえないのです。

シェルのシナリオチームは、主に企業内の経営戦略ディスカッションに参画する活動を本務としていますが、シナリオプランニングに関する対外発信も旺盛です。筆者は今から四半世紀前の1991年から95年にかけて、シェルのロンドン本社のシナリオチームに在籍し、以降、この場所でずっと学んできました。もう30年以上のお付き合いです。だから、91年以降の活動についてはだいたい把握しています。それ以前の歴史は、先輩方から聞いた昔話や公開されている書き物から学びます。シナリオチームは先輩後輩の絆がつよく、もう物故された先輩方から、昔の話を、たくさん、繰り返し聞く機会がありました。だから1970年ころの最初期の活躍ぶりも、なんだか自分の経験の一部のような気さえするのです。シェルの戦略決定と実行の歴史を振り返ってみれば、シナリオプランニングを活用した素晴らしい成功も数多あり、他方でうまくゆかなかったケースも数多あります。

筆者は、仲間たちからシェル流シナリオプランニングの理論と精神を学びました。他方で、手法や技法のほうは、クライアントの過半が日本の組織なもので、おおいに「日本化」されています。

4　シナリオプランニングとは、何か

この話題について、改めて、一般化した説明をしてみます。

4.1　それは、何か？

シナリオプランニングとはその名の通り、シナリオを使ったプランニングのことです。シナリオとは、未来世界を物語るストーリーのことです。

演劇の台本を思い起こしてほしい。芝居に使われるシナリオは、当然、観客を想定している。観客は演劇の仮想空間のなかに我が身をおいて、ハラハラドキドキ、楽しみます。シナリオプランニングも観客を求めます。が、観客を前にしたプランナーはのっけから大見栄を切るんです。

「未来のことなど今、わかるはずもないでしょう、皆さん！」と、語りかけます。そして「だから、いくつかの未来の可能性を、同時にご披露しましょう」と、話しの穂を継ぐ。

もちろん、未来予想図が、「ほーらー、思った、とおりに、かなえられてく！」という幸せもありましょう。が、そうならない場合も、きっと多いはず。我々が日常的に経験していることです。

ところで、シナリオプランニングのシナリオ作品は、芝居とは違って筋書きは一つではない。同時並行で流されるたくさんの筋書きを、観客の皆様に同時に聴いていただく、という、こんがらがった体験を提供します。でも、ご安心ください。ここには、よく工夫されたフレームワークと語りの手法があります。本書ではそれらを順を追って説明いたしました。

以下では、あらためてシナリオプランニングを経営戦略ツールとして活用する意味を、

・ビジョンと戦略

・オーダーメード
・良質の意思決定
の3つの側面から考えましょう。

4・2　ビジョンと戦略

シナリオプランニングをやろうとすれば、まず、準備作業が必要です。それは組織目的や将来のビジョンを明確にしておく、という作業です。あるいは、企業側にこれから手掛けようとするプロジェクト案件があれば、その案件をビジネスモデルのフォーマットに整理して記述しておく、という準備作業です。

企業は存立目的を持っています。その目的を達成するために、組織のリーダーはビジョンと戦略を設定し、社員に賛同を求め、企業を取り巻くステークホルダーに働きかけてゆくのです。

企業のリーダーは、企業全体をどこへ向かわせるのか、あらかじめ明晰に自覚していなければなりません。リーダーは船長。今回の航海はどの港に向かうのか、船上のクルー全員に目的地を周知させます。そうすればクルーたちは、船を吹き抜ける風が順風なのか、それとも逆風なのか、わかります。

ところが、船の周りの風、周りの環境はどんどん変化していくのです。企業であればビジネス環境であり、政府であれば政策環境のことです。長期未来の環境は、まちがいなく現在と不連続な展開を見せる可能性があるのです。

ここで、シナリオプランニングの出番です。

シナリオ作品は、リーダーが未来世界に起こる思いがけない変化を実感できるよう工夫して書かれます。また、現在企業が採用しているビジョンと戦略が、未来に起こりうる大変化に耐え得るかどうか、を検証できるツールに仕立ててあります。

この手法の一番の特徴は、シナリオ作品の中に描かれた2〜3の未来社会は、それぞれに全く異なった姿をしていて、しかも、あたかも将来に同じ確率で現実化するように見え、聴こえる、という点です。それぞれの未来社会が、情報力と説得力が同じレベルに感じられるよう、材料の選択やレトリックが工夫されて書かれているのです。

そうなると、リーダーには現在から未来に向かう変化の道筋がいくつか見えてきます。分かれ道も見えます。自分に好都合な道筋も見えれば、全く不利な道筋も見えるでしょう。リーダーは歩いてゆく道筋を無碍に一つに絞れず、立ち止まって、大いに悩む、これがシナリオプランニングの仕掛けなのです。

なんか意地の悪そうな仕掛けですね。でも、なぜこれをやるのか。

民間企業は、大規模投資などの戦略意思決定をなした後に、ここは行政府機関などと違って、説明責任だけではなく、結果責任をも問われます。「もしこの戦略決定が後々失敗したなら、その時は経営者が責任をとって辞めればいい」というはなしではない。企業は、失敗の傷と負債を抱いて前に進んでゆかねばならない。これが経営責任ということでしょう。だから、意思決定の際には未来のビジネス環境を、前もって、真剣に、できるだけの幅と深さをもって考えなければならない。

4・3　オーダーメード

シナリオプランニングが企業内で意味ある活動であるためには、トップマネジメントが抱いている切実な問題関心に応えなければなりません。だから経営層を最初から、シナリオプランニング活動に巻き込むことが大切です。

例えば、シナリオの「射程」についてです。経営層は、現時点から何年先の未来までを見通したいのか。プロジェクトライフから考えて15年先までか。地球環境問題なら、21世紀末までなのか。

また、シナリオの領域と内容もオーダーメードです。アジア地域の5年後の国際関係を論ずるシナリオなのか。それとも、日本の健康産業の2040年時点でのビジネス環境を考えるためのシナリオを作るのか。

どこの企業でも通用するような汎用タイプのシナリオ作品はありえず、その企業固有の戦略課題に合わせたオーダーメードで作られなければなりません。

4・4 良質の意思決定を促す

シナリオプロジェクトは、往々にシナリオ作品の制作と発表では終わらないことがあります。シェルのシナリオチームは、戦略決定過程の一部に関わるよう求められることがあります。チームはこの過程に参加し、シナリオごとに異なる戦略の効果とリスクについて、分析的でロジカルな見解を述べる役割を引き受けます。

現実の組織運営や意思決定過程は、複雑で矛盾に満ち、リーダーの個性や力量に負うところも大きいでしょう。そんな中でも、より良質の決定ができるよう、質のよいシナリオ作品を提供し、分析的な議論の場を設営する、シナリオプランニング活動にはここが期待されています。

5 挑戦する難題

これは端的に言って、未来の不確実性です。

今現在の我々は、どのような手段を使っても未来の有様を正確に知ることなどできません。しかしながら企業は、未来のビジネス環境に向かって経営資源を投企して、そこから、その「賭け」に見合う対価を得ようとする。それが企業の社会的使命。だから戦略的な大きな決定に臨む際、企業は、なんとかして未来への見通しを得たいものだ、と願います。

過去から現在を見渡すトレンド分析が使えない事象など、世の中にはたくさんあります。だいたい未来の統計なんて、あるはずもないのです。

過去から、現在と未来を見渡そうとするトレンド分析。これってそもそも、バックミラーに頼って車を運転しているようなものです。前方不注意、なのではないでしょうか？

過去／現在と未来との間には、しばしば、不連続が出現するのです。新しい技術が大規模に導入されれば、例えば、生産効率は変わるでしょう。消費者／購買者の側に、新しい

図表9-1

我々は、
後ろ向きに、後ずさりしながら、
未来に入ってゆく

ポール・ヴァレリー　1932年

流行現象が大規模に起これば、今まで売れ筋だった商品は、短時間で廃れてゆき、生産ラインが急遽改変されます。

ですので未来の不確実性というやっかいな問題を、なんとかして取り扱おうとする手法が必要であります。シナリオプランニングは、このむつかしいところに実務的に、実践的に挑戦しているのです。

5・1　リスクと不確実性

ここで、未来の不確実性問題について、簡単に理論に触れておきましょう。

リスクと不確実性に関しては、20世紀前半に活躍した米国の経済学者、フランク・ナイトの古典的名著『リスク、不確実性および利潤』（1921年）の考え方が有名です。シェルもその考え方に従います。

ナイトは、自然現象のように繰り返し起こり、確率分布が客観的に知られているものを「リスク（risk）」と呼び、確率分布そのものがわからない「不確実性（uncertainty）」とを区別しました。

リスクには「大数（ビッグデータ）の法則」が効く。すなわち、十分な量の観察と準備により、将来の出現確率をある程度予測でき、いずれ、保険商品も開発されてくる。

一方、確率分布がわからない（起こるかどうかもわからない）「不確実性」は、企業経営者の決断によってしか処理できない。実は、そこにこそ利潤（あるいは損失）の源泉があります。

5・2　不確実性問題の原因

もちろん、ある程度予測できる未来もあります。

地球の大気温度は、21世紀末には19世紀半ばよりも1・5℃くらい上昇するのは、ほぼ確実でしょう。読者諸賢は来年、1歳年を取るでしょう。日本国内の人口は、移民政策の大きな変化がない限り、2050年には1億人を割り、内4割が高齢者でしょう。

しかしながら、どうしても、びっくりする事象が、突然、現れる……。

図表9-2

世の中は、思い通りにいくものはひとつもない

科学技術の不確実性は、大きい

人間行動は、不合理極まりない
人間は、いつも正直に振舞うとはかぎらない

政治は、迷走する
国際関係は、油断がならない

世の中は、不確実性とリスクに満ちている

2022年秋のわたしたちは、1年前、ウクライナ侵攻を予感していたでしょうか？　この日本で安倍元首相が銃撃によって暗殺されたのです。貴兄は、1年前、円／米ドル150円のレベルを想定していたでしょうか？　わたしたちは、絶えず新しい事態に曝されて日々を生き、目の前の事態に大慌てに対処しながら日々を生きています。

不確実性問題の一番の原因は、この社会が人間によってかたちづくられているから。

人間は、それぞれに異なった存念や、魂胆や、希望や、絶望や、好き嫌いを抱えて、生きる。個々人がより集まって関

係性をつくり、この関係性は、「社会」という別の実在（Entity）として扱われて、外部から観察できる対象となります。

が、わたしたち個々人は、この「社会」の中で、いつも合理的に振る舞う、とは限らない。小さなウソもつく。やるべきことを先延ばしにしてチーム全体の効率に掉をさす。昔の体験は思い出話となっておおいに飾り立てられる。あの人が好きになった、新しい恋が始まってもう他のことはどうでもよくなった。どうやら周りには油断ならない人物もいる……だから人間と社会の挙動は、合理的な推論だけでは予想できない。

一方で、人間は、意図をもって未来を変えることができます。

トランプ大統領は、米国ワシントンDCの政治・行政過程の慣行を破壊したではないか。パリ協定の思想に賛同する我々は、社会経済システムそしてエネルギーシステムを全面的に脱炭素化へと、改変しようとしているではないか。

5・3　シェルの経営哲学は不確実性問題に対処している

不確実性問題に、企業としてはどう対処すべきでしょうか。

企業の前面に、今後も、おどろくべき予期せぬ大変化が現れます。そういう状況でも、投資決断しなければならない、ということもある。

上場企業のガバナンスは、経営陣がリスクをどう評価して投資決断をしたのか、未来のリスクと期待収益のトレードオフを、どう評価したのか、ここを明らかにしておくことを求めています。でも、そもそも、出現確率が判らない。確率分布そのものがわからない不確実性（uncertainty）が、ありそうです。

ここでシェルは、この不確実性問題に対処するため、社内戦略企画部門とその時々の経営層は、極めて簡単かつ実践的な知恵を発達させました。それは、

未来のビジネス環境を、正確に予測することは、できない

という哲学に、組織を挙げて合意している、ということです。

5・4　実践的な知恵

それがシナリオプランニングです。

だから必ず複数の未来環境を想定します。そして、どの未来が最も出現しそうかということを考えず、どの未来も同じ確率で現れる、と想定する。これが、シェルのシナリオチームが50年にわたって長期未来のビジネス環境分析を手掛けてきた末の実践知であり、ま

た、「絶対に譲れない立場」と考えているところです。

具体的には……未来のビジネス環境シナリオを、2つか3つ、作るのです。それらは、トップマネジメントと現業部門の懸念に、ドンピシャに応えていなければならない。とにかく、あまりたくさんシナリオを作ってしまうと、経営層のアタマが混乱して、うまく考えられない、というのがシェルの経験です。こういうのを、実践的な経験知、と呼ぶのです。

6 意味ある未来の射程

経営層やプロジェクト関係者は、システムプランニングで未来の不確実性を体感し、対応策をリハーサルしようとしています。

だから、どこまで先の未来を見通したいのか、ここは企業ごとに、また課題ごとに「射程」が違います。「2年先に数千億円の巨大投資を考えていて、このプロジェクトは2040年まで、ずっと健全に運営されていなければ儲からない」というならば、シナリオプランニングは25年間の未来射程を持っています。

「我が社は『2050年のカーボンニュートラル』にコミットする。そのような全社戦略を来年中に発表し、投資家に公約する」というのなら、40年くらいの先を考えるのでしょうか。

短い未来射程のシナリオプランニングも成立します。今夜のニューヨーク相場はどう動くか、予測がむつかしい局面になった。東京相場はもうじき閉じる。どう手仕舞っておくか……このシナリオスタディの有効期限は半日でしょう。

以上のお話を、図表9－3でまとめておきます。

予測可能性が高いと判断された課題には、むりにシナリオプランニングを使う必要はありません。

他方で、遠い未来に「我が社は未来にこうありたい」という経営ビジョン。これも、そうありたい目標を述べているわけですから、当面、その実現性を検証しなくてもよいかもしれません。

ですから、シナリオプランニングを用いるに適切な「未来の射程」とは、図に示した通り、企業の抱える戦略課題に関連して未来の展開がだんだん予測しづらくなってくる、で

図表9-3　予測可能性と不確実性のバランス

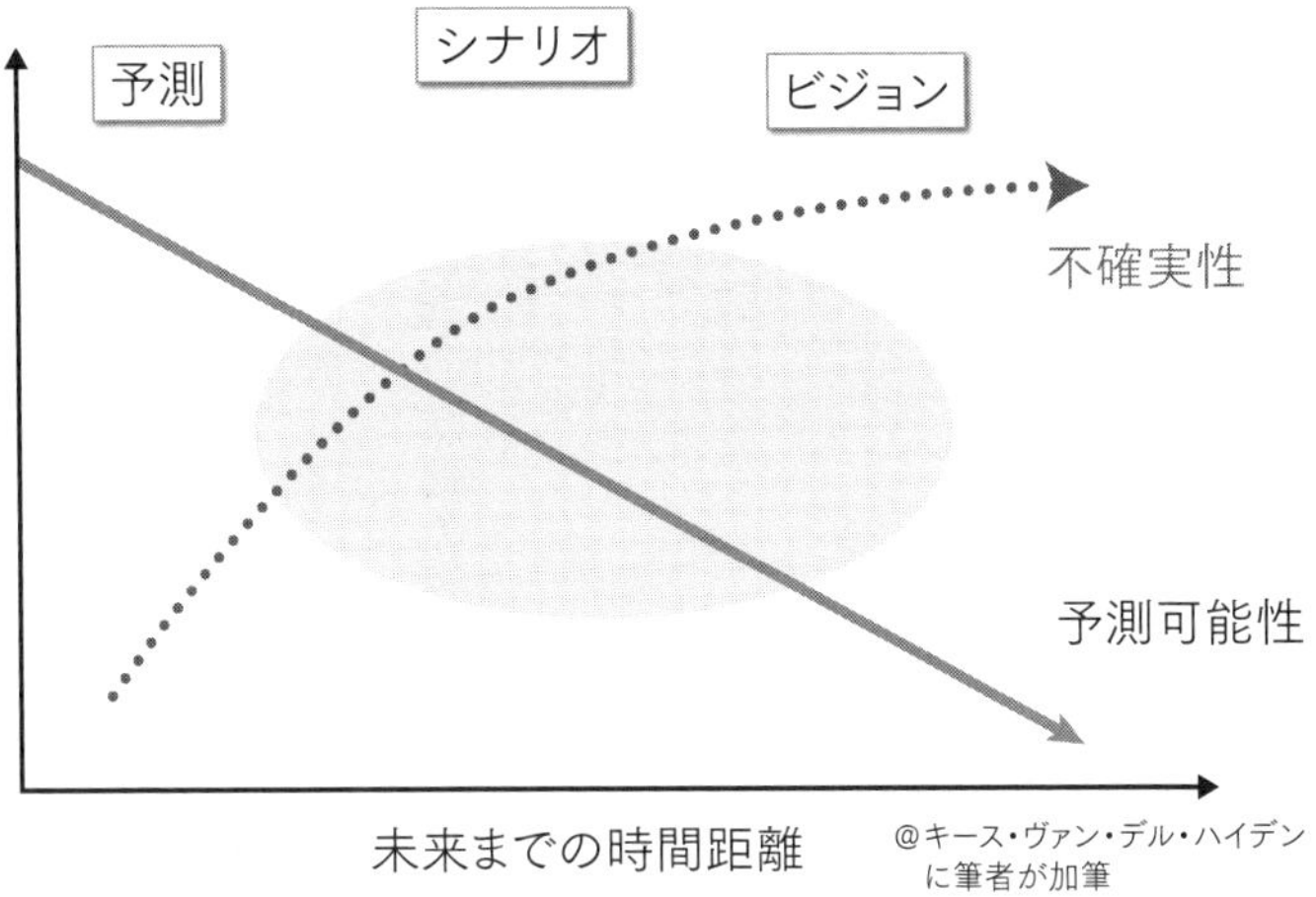

も、課題は戦略的な重大事でありつづける……

「それで、じゃ。今、なんか先手を打っておかねばならんのじゃ」。〝このあたりの〟射程です。

ここで急いで付記しますが、とうてい予測が当たりそうもない状況が見えていても、シナリオプランニングを使わない場合もあります。来年度の総合予算を考えてみればよいでしょう。総合予算をシナリオ手法で2本作り、これで経営するのは無理です。予算は組織の方向を統括するための仕組みであるから、「組織内での」予測可能性を担保しているものです。

だから、もし、来年にビジネス環境の激変が予期される場合は、その変化を先取りした想定を社内で正式に承認して、総合予算に取り入れるか、あるいは、おおまかな危機管理用のプランを用意しておいて、もしも激変事態が起こったら、年度総合予算は作り直しでしょう。

【コラム６】日本の言論出版界

本章の冒頭で触れたごとく、日本の言論出版界には、「今、日本ではシナリオプランニングが浸透していない」という感想があるのかもしれません。筆者はといえば、「言論出版界のほうがシナリオプランニングについて誤解をしているのだ」、と観察します。

シナリオプランニング手法の淵源は、１９５０年代のアメリカの軍事戦略検討にあります。米ソ冷戦下、ソ連の戦略的意図と具体的な作戦行動が、アメリカ側としてはよくわからない状況のもとで、彼我の作戦行動を様々にシミュレーションしていました。軍事用途では現在もこの手法が使われます。日本の自衛隊も、もちろん使います。「ワーゲーミング」という呼称で知られている。もちろん社会的影響も考慮されて、ゲームの中身はほぼ外に出てこないのです。だから出版物にはなりません。

左様、気骨ある企業は競争他社に先んじて儲けるために、抜きんでた戦略を、それもビジネス環境が「想定外」に転じても、なお、堅固でありつづけられる（future proof な）事業戦略を作ろうとします。ここではシナリオプランニングが大いに使われているのですが、外部からはこういう社内検討が見えないのではないか。企業としては、社内の重要戦略案件を検討しているのだから、当然社外秘。おいそれと外部には話しません。自立自尊を旨とする企業ほど、企画調査能力は高く、規律意識も高い。社外秘扱いは徹底されているでしょう。

今、日本の企業経営は、「親方日の丸」をとうに離れ、現下の、見通しのきかない変転激しいVUCAの時代に立ち向かっています。ある程度の規模を持つ企業内の企画部門は、戦略企画用のいろんなツールを使いこなし、ビジネス環境に関わる外部情報もほとんどタダで採り放題。シナリオプランニングは、既にあちこちで試みられていて、隔日の感があります。強い企業は、もはや外部コンサルに頼らずともシナリオプランニングを自分の力で進められるだろう。これが、筆者の見解です。

筆者は、出版言論界の住人は企業活動の〝外部〟にある各種メディアやコンサルとのお付き合いが多いのではないか、と推測しています。ここではシナリオプランニングと言えば、『2050年、日本の未来』とか『○○産業の未来展望』といった、未来本のこと。出版物というものは、今書いているこの本もそうですが、消費されるのです。他方でこれを作るのには時間がかかる。書棚に並ぶときにはネタが時代に遅れています。したがって、変化の急なVUCAの傾向が昂進すれば、それだけ未来本に書かれるご託宣が怪しくなるでしょう。書き手は、現実世界の変化のほうが自分の想像力を凌駕する時代に、ひるんでいます。

振り返って、ビジネス書の購買者の側も未来本に手が伸びません。読者は未来本の中に、ありそうな、信じられそうな未来の姿、を読みたいのでしょう。そして書き手の側も、手持ちのデータと文飾を尽くしてありそうな未来を描こうとする。VUCAの時代には、これは無理でしょう。

このコラムの結論です。

「シナリオプランニングとは、シナリオ作品の制作と公開と出版の活動だ」という誤解がありそうです。

ビジネスの場で使われるシナリオプランニング活動とは、本来的に、企業がより幅広く、より深く、未来環境を探索して、そしてそのうえで、何らかの決断に至ろうとする、組織内活動なのです。

社内のシナリオチームが、「周到に徹底討論したら、我々が立ち向かう未来を構造的に理解できた気がする。社内で共通理解ができた。これからビジネスリスクを取ってゆくための、よい準備ができた！」と、心身ともに、晴れやかになること、これを目指しているのです。

ここでは、時間をかけて美麗に書かれたシナリオ作品など求められていない。骨太のロジックと、ワークショップの中でみんなで探し当てた印象的なストーリーが備忘録で残されれば、用が足りるのです。

我々は、未来に、さらに驚くべき事件を経験するでしょう。そして我々の社会は、なお、あきらめずに未来のありようを探索するのです。

シェルは、よいシナリオ作品の条件として「memorable, yet disposable」「容易に覚えられ、容易に忘れられる」という性質を挙げています。

これこそ、まさに奥義。至言です。

あとがき

この本は、民間企業をクライアントとするシナリオプランニングについて書きました。

筆者は、自分自身が企業をクライアントとして〝がっぷり四つ相撲の〟プロジェクトに深くかかわって全力を振るえた機会は、ここ30年の間に10件程度かな、と思い出しています。

最初の体験は、シェルグループ本社のシナリオチームで働いているときでした。着任して10カ月、なんでも引き受ける徒弟修業の後、当時のシナリオチームの幹部たちが、「こいつは使えそうだ」、と私を評価してくれました。そしてだんだんと、当時のシェルの取り組んでいた大きな戦略課題に触っていきました。ワクワクする体験でした。

ソ連崩壊とロシアへの新規ビジネス参入、中国への大規模石油化学投資案件……。

ロンドン勤務を終えて、出向元の昭和シェル石油に帰任。そこでは10年くらいの間に、いくつかシナリオプランニングの手法を求める社内プロジェクトがありました。製油所の閉鎖、発電事業への新規参入……どれも真剣な案件でした。

そのうちに筆者が珍しい手法を持っている、といううわさが広まり、ある日、業界他社の企画部門長から昭和シェル石油の企画部長に連絡が入りました。要は、「私を借りたい、我が社のさる部門の長期戦略ディスカッションを預かって、よい議論をさせてくれないか」という頼み事でした。そして守秘義務契約が結ばれ、ライバル会社に貸し出された。そこは業界の仲間です。報酬は、なし。ただし毎回のワークショップ後の飲み会はちゃんとつける、という条件で、これが筆者の日本での社外クライアント第一号。このプロジェクトは、実に、懸命にやりましたね。

その後、自分の仕事を徐々に研究教育の場に移してゆきましたが、時折、様々な業種の企業から、シナリオ手法を使ったコンサルティングを頼む、とお誘いが入ります。

個社からの依頼は、それこそ戦略課題にさわる真剣な仕事になります。あるいは、似た業界の数社が組んで予算を持ち合ったプロジェクトもありました。このケースでは、各社共通の戦略課題を扱うのですが、出来上がったシナリオ作品を使って戦略ディスカッションを前に進めるのは、個社それぞれの仕事です。

読者諸賢。

なんでもかんでもシナリオプランニング手法を使わなくてもよいのです。投資規模が大きな、長期にわたって企業業績に大きな影響を与えそうな戦略課題、ここにこの手法を使ってみたいわけです。

よって、戦略課題を扱う〝本格的な〟シナリオプランニングの機会は、なかなかありません。〝本格的な〟、つまりプランナー／ファシリテーターが、最低半年くらいクライアントに伴走する規模のシナリオプロジェクトは、いつもあるわけではない。若手のシナリオプランナーが真剣に腕を磨ける場は、限られる。そこが悩みではあります。

筆者はいろいろな集まりで、シナリオプランニングの説明や、実践的な研修も引き受けています。そこで出会った方々が、将来、この手法を自分で使ってみたり、あるいは少なくともこの手法のことを思い出してもらいたいものだ、と願っています。

謝辞

シェルのシナリオチームの先輩後輩の皆さんに、深く、感謝しています。彼らは私がチームを離れた後も、友宣を維持し、時にシナリオの仕事で協働しました。とりわけシンガポール生まれの英国人Cho Oong Khong氏に、Thank you.

2021年に大学を引退して以来、筆者のシナリオプランニング研究は、2つの研究会の場が支えてくれます。どちらの研究会でも私がほぼ最高齢なものではずかしいのですが。

研究会メンバーたちから「引退したのだから時間があるでしょう。いよいよやってきたことをまとめなければなりません。ずっと、取り散らかしてきたんでしょうから。爺さん、老い先も短いんでしょうから」と励まされて、この本を書きました。

2つの会のメンバーをまとめて、アイウエオ順で記して、謝意を表します。麻田玲、磐田朋子、木原正樹、吉備友里恵、日下一正、熊谷峻、鎮目瑠美、杉野綾子、杉山大志、紺野登、中村幸太郎、増田武士、の各氏。敬称は略させていただきました。

角和昌浩

2022年10月

（写真提供）Alan Sakhavarz ／共同通信イメージズ

【著者紹介】
角和昌浩（かくわ・まさひろ）
元東京大学公共政策大学院客員教授
1953 年生まれ。77 年東京大学法学部卒、昭和シェル石油入社。製油所勤務、タンカー業務、原油調達交渉、石油製品貿易、経営企画、新規ビジネスなどに従事。91年から95年にかけてロイヤル・ダッチ・シェルグループ本社のシナリオチームに在籍。2003年よりビジネスと研究教育の二足の草鞋を履く。日本エネルギー経済研究所、電力中央研究所、名古屋大学エコトピア科学研究所客員教授、東京大学公共政策大学院特任教授／客員教授。2017年昭和シェル石油退職。2021年東京大学退職。「本家」のシェルでシナリオプランニングの奥義を極めた日本人として著名。

シェルに学んだ
シナリオプランニングの奥義

2022年11月29日　1版1刷

著　者　　角和昌浩
　　　　　©Masahiro Kakuwa, 2022

発行者　　國分正哉
発　行　　株式会社日経BP
　　　　　日本経済新聞出版
発　売　　株式会社日経BPマーケティング
　　　　　〒105-8308　東京都港区虎ノ門4-3-12

ブックデザイン　野網雄太（野網デザイン事務所）
本文組版　朝日メディアインターナショナル
印刷・製本　三松堂

ISBN978-4-296-11512-9

本書籍に関するお問い合わせ，ご連絡は下記にて承ります。
https://nkbp.jp/booksQA
Printed in Japan